Georg Kirner

Ein Rucksack voller Abenteuer aus Russland und der Mongolei

Georg Kirner

Ein Rucksack voller Abenteuer aus Russland und der Mongolei

aufgezeichnet von Peter Puller

TD

Verlag Tobias Dannheimer Kempten

Die Deutsche Bibliothek – CIP-Einheitsaufnahme

Kirner, Georg:

Ein Rucksack voller Abenteuer aus Russland und der Mongolei / Georg Kirner. Aufgezeichn. von Peter Puller. - Kempten : Dannheimer, 2002
ISBN 3-88881-041-8

ISBN 3-88881-041-8
Fotos: Georg Kirner
Gesamtherstellung: AZ Druck und Datentechnik GmbH, Kempten

Gedruckt auf chlorfrei gebleichtem Papier

Abenteurer – Weltenbummler – Überlebenskünstler

Viele träumen vom großen Abenteuer. Nur wenigen gelingt es, ihre Träume Wirklichkeit werden zu lassen. Georg Kirner aus Baldham bei München ist ein Musterbeispiel der Spezies „moderner Abenteurer“. Trotz eines bürgerlichen Berufs ist es ihm seit vier Jahrzehnten immer wieder gelungen, die Zivilisation für ein paar Monate hinter sich zu lassen. Die Erfahrungen und Entdeckungen, die er in den entlegensten Gebieten der Erde macht, dokumentiert er in Dia-Vorträgen und Büchern. Georg Kirner zählt nicht zu denen, die eine Gruppenreise als Abenteuer verkaufen. Er ist ein Weltenbummler unter den Abenteurern. Die Ziele seiner Reisen sind rund um den Globus verstreut: vom Nordpol bis Südamerika, von Borneo bis Russland, von der Wüste Gobi bis zur Kalahari.

Warum macht man das? Diese Frage wird Extrembergsteigern und Abenteurern immer wieder gestellt. Warum werden sie nach einiger Zeit kribbelig und wollen die Sicherheit zu Hause gegen die Ungewissheit der Ferne eintauschen? Georg Kirner ist vom Fernweh „infiziert“ und mehr noch: Er hat sich eine ursprünglich kindliche Tugend bis ins Rentenalter erhalten, die Neugier. Er möchte wissen, wie fremde Kulturen leben, wie die Höhlenbewohner von Borneo mit Blasrohren jagen, wie die Steinzeitmenschen von Neu-Guinea ihre Hütten auf bis zu dreißig Meter hohe Bäume bauen und wie Inuit bei größter Kälte überleben.

Georg Kirner, der mehr als 170 Länder bereist hat, war 1986 „Abenteurer des Jahres“ und bekam für seinen Einsatz für bedrohte Naturvölker als einziger Abenteurer Deutschlands das Bundesverdienstkreuz. Doch für ihn sind weder Titel noch Statistiken wichtig. Was zählt, ist das Erlebnis. Dabei ist er kein unbekümmerter Draufgänger, sondern einer, der sich behutsam und mit Bedacht fremden Völkern nähert, der versucht ihr Vertrauen zu gewinnen und sich in ihre Lage zu versetzen. Das Abenteuer ist für den Spurensucher nicht Selbstzweck. Er dokumentiert auch die Bedrohung der letzten Naturvölker durch Grundstücksspekulanten oder Tropenholzhändler. Georg Kirner hat eine bemerkenswerte „Karriere“ hinter sich: vom Almhirten in der Nähe von Bayrischzell bis zum weitgereisten Abenteurer. Dass er in einigen brenzligen Situationen all sein Geschick und Können einsetzen musste, um mit heiler Haut davonzukommen, versteht sich von selbst. Bei drei Flugzeugabstürzen hatte er einfach Glück oder – wie er selbst sagen würde – einen rettenden Schutzengel.

Trotz allem ist der Kirner Schorsch aber ein bayerisches „Original“ geblieben, der als begnadeter Erzähler auch im Bierzelt oder auf einer Messe gut ankommt. In seinen Schilderungen „menschelt“ es und in seinem Tun kommt immer wieder der Hang zum Unkonventionellen durch. Etwa wenn er als Studiogast im „Bayern 1 – Rucksackradio“, der ältesten Bergsteigersendung in Europa, in der Früh um halb fünf mit dem Fahrrad vorfährt und damit seine erste Trainingsstunde schon hinter sich hat. Oder wenn er zur Vorbereitung für eine Nordpol-Expedition nächtelang im Kühlhaus schläft, um die Kälte zu fühlen und seinen Schlafsack zu testen. Am besten gefällt mir aber die Geschichte, wie der Schorsch Kirner die Satteltaschen seines Fahrrads mit Steinen füllte, um sich für die „erste Alleindurchquerung von Tibet mit dem Rad“ fit zu machen. Seine Trainingsstrecke war München – Venedig und am Brennerpass hielten ihn die italienischen Zollbeamten an, um sein Gepäck zu kontrollieren. Sie vermuteten Rauschgift im Inneren der Steine, aber die Untersuchung mit Spezialgeräten verlief ergebnislos. Fazit der Grenzbeamten: „Die Steine sind in Ordnung, aber der Kerl scheint nicht ganz bei Trost zu sein …“

Lassen Sie sich in diesem Buch von Georg Kirners Schilderungen „packen“ und in eine andere Erlebniswelt mitnehmen: in die Steppen der Mongolei, in die Taiga und zum Aralsee. Wenn Sie nach der Lektüre wieder in die Zivilisation zurückkehren, werden Sie manches Alltagsproblem ein bisschen gelassener sehen …

Ernst Vogt
Leiter der Bergsteigerredaktion (Hörfunk) des Bayerischen Rundfunks

Mit dem Fahrrad durch Russland

Eine Reise durch die Vergangenheit
in eine verlorene Zukunft

Der Krieg

„Halb verhungert sind meine Kameraden und ich durch Russland gelaufen, mit der Angst im Nacken. Du kennst ihn eh, den Sepp. Schon als kleine Buben haben wir gemeinsam gespielt, später sind wir gemeinsam ausgegangen. Und dann waren wir zufällig gemeinsam an der Ostfront, beide als Sanitäter. Für uns ist es nicht um das deutsche Vaterland gegangen sondern nur ums Überleben. Der Krieg war schon fast zu Ende, als uns die Russen dann gefangen genommen haben. Ich sag´s dir, Bub, das war eine harte Zeit. Aber einige Monate später, als eigentlich schon längst wieder Frieden war, ist uns dann die Flucht gelungen, dem Sepp und mir. Beide waren wir halbe Krüppel, aber trotzdem haben wir es irgendwie geschafft. Nur mehr Haut und Knochen waren wir und niemand durfte uns sehen. Hätten die uns wieder erwischt, würde ich heute nicht hier sitzen und dir all das erzählen.

Jedenfalls verdanken wir unser Leben in erster Linie der russischen Zivilbevölkerung, die uns immer wieder geholfen hat. Die Bilder von deiner Mutter, deinen Geschwistern und dir habe ich ihnen immer wieder gezeigt und der Sepp die Fotos von seiner Familie. Anders haben wir ihnen ja nicht erklären können, dass wir nur nach Hause zu euch wollten. Aber sie haben alle verstanden. Mit Brot, Wasser und manchmal einem Schlafplatz in der Scheune haben sie uns die Flucht ermöglicht. Dabei wären sie von ihren eigenen Leuten erschossen worden, wenn man sie dabei ertappt hätte, wie sie deutschen Flüchtlingen helfen! Das war also der Feind, gegen den wir so erbittert gekämpft hatten. Noch nie zuvor hatte ich eine solche Gastfreundschaft erlebt.

Doch dann ist der Tag gekommen, den ich in meinem ganzen Leben nie vergessen werde. Wir haben wieder einmal in der Scheune eines freundlichen Bauern übernachtet. Plötzlich war im Hof die Hölle los. Lautes Geschrei, bellende Hunde und schreiende Frauen. Wir haben nicht lange überlegt. Die Soldaten waren da! Eine schnelle Flucht war unsere einzige Rettung. Wir sind also Hals über Kopf aus dem Fenster auf der Rückseite der Scheune gesprungen, aus vielleicht drei Metern Höhe. Ich war schon wieder auf den Beinen und bin so schnell gelaufen wie ich konnte, aber dann hat der Sepp hinter mir laut aufgeschrieen: „Ich hab mir das Bein gebrochen!“ Ich wollte ihm helfen, doch er hat nur gebrüllt, dass ich weglaufen soll, weil er ohnehin nicht mehr konnte. Ich habe nicht gewusst, was ich tun sollte. Dem verwundeten Kameraden helfen oder mein eigenes Leben retten? Ich habe mich für letzteres entschieden. Schließlich habt ihr zu Hause auf mich gewartet. Vom Sepp habe ich nie mehr etwas gehört – wahrscheinlich haben ihn die Russen erschossen.“

Diese berührende Geschichte erzählte mir mein Vater immer wieder, als er noch lebte. Er hatte es nie verkraftet, seinen besten Freund im Stich gelassen zu haben; oftmals hat er seine Probleme im Alkohol ertränkt. Nicht zuletzt deshalb kam ich in meiner Jugend nicht besonders gut mit ihm aus. Doch ein Versprechen rang er mir noch vor seinem Tode ab: „Bub, wenn du je die Möglichkeit dazu hast, dann fahre nach Russland. Lerne die Menschen kennen – du wirst sehen, die Propaganda des Kalten Krieges ist Schwachsinn. Sie sind ein liebenswertes Volk!“

St. Petersburg

Es war im Juli des Jahres 1992, als ich mein Versprechen endlich einlöste. Der Sozialismus war gerade gefallen, die Voraussetzungen für meine Reise waren also besser denn je. Lange hatte ich überlegt, welches Fortbewegungsmittel ich wählen sollte und mich letztendlich für das Fahrrad entschieden. Es war immer noch die beste Möglichkeit, Land und Leute richtig kennen zu lernen, ohne von einem Ort an den nächsten zu hetzen. Sicher, ich würde ein Vielfaches der Zeit benötigen, die ich mit einem Auto bräuchte. Doch wenn man für 15 Kilometer eine Stunde unterwegs ist, sieht man sicher mehr, als wenn man dieselbe Distanz in wenigen Minuten bewältigt.

Zuerst wollte ich natürlich den Traum meines inzwischen schon seit 24 Jahren verstorbenen Vaters Wirklichkeit werden lassen und all jene Orte besuchen, an denen er im Lauf des Krieges und anschließend bei seiner Flucht war. St. Peterburg und Moskau durfte ich mir natürlich auch nicht entgehen lassen. Das Endziel meiner Reise waren jedoch die orientalischen Städte ganz im Süden der ehemaligen Sowjetunion. Mehr als 7000 Kilometer wollte ich auf dem Mountainbike zurücklegen. Doch Rekorde oder Sensationen spielten hier keine Rolle. Diesmal war meine Motivation eine rein emotionale. So viel ich in meiner langen Laufbahn als Abenteurer auch schon erlebt hatte – noch nie war mir eine Reise wichtiger gewesen als diese. Von ganzem Herzen wollte ich den Traum meines Vaters realisieren. Das, was er mir über dieses Land und seine Menschen erzählt hatte, stand im krassen Gegensatz zu den Horrorgeschichten, die Politiker und Medien verbreiteten. Meine Tour sollte schlicht und einfach der Völkerverständigung dienen.

Schon als ich die Formalitäten für das Visum erledigte, war ich jedoch kurz davor, meine Idee wieder zu verwerfen. Denn mit meiner Annahme, dass mit dem Sozialismus auch die Bürokratie ein Ende hatte, war ich auf dem falschen Dampfer. Es war sogar noch schlimmer. Schließlich musste ich für jeden Teilstaat eine eigene Einreiseerlaubnis beantragen. Immer wieder die gleiche Frage: „Was wollen Sie so lange in unserem Land?“ Meine Erklärung, dass ich es mit dem Fahrrad durchqueren wollte, stieß bestenfalls auf Verwunderung, meist aber nur auf ein mitleidiges Lächeln. Als ich nach unzähligen Briefen und Vorsprechen endlich meine Papiere für die Ukraine und Russland in der Tasche hatte, war meine Geduld am Ende. Die mühseligen Verhandlungen mit Turkmenistan, Usbekistan, und wie diese neuen Länder noch alle hießen, ließ ich gleich bleiben. Mit einem Visum für Russland und etwas diplomatischem Geschick musste es auch ohne die richtigen Papiere gehen.

„Natürlich stellen wir Ihnen ein Fahrrad zur Verfügung, Herr Kirner“, hatte mir eine deutsche Zweiradfirma nur wenige Wochen vor meiner Abreise versichert. Als das neue Mountainbike ein paar Tage vor meiner Abreise noch immer nicht bei mir in Baldham eingetroffen war, wurde ich misstrauisch und rief an: „Hier spricht Schorsch Kirner,

Sie haben mir doch ein Fahrrad versprochen. In ein paar Tagen fliege ich nach St. Petersburg, aber das Rad ist noch nicht da!“ Nicht einmal peinlich war es dem Geschäftsführer, als er mir die Absage erteilte: „Ah, das hab ich ja ganz vergessen. Jetzt ist es natürlich schon zu spät. Tut mir leid für Sie, Herr Kirner.“ Mir platzte beinahe der Kragen. Ohne ein Wort der Verabschiedung knallte ich den Hörer auf die Gabel.

Ich stand also ein paar Tage vor meiner Abreise ohne geeignetes Fahrrad da. Zu meinem Unglück war es auch noch Sonntag, ich konnte mir also nicht einmal eines kaufen. Also gut – in der Not frisst der Teufel Fliegen. Verärgert ging ich in die Garage, um meinen alten Drahtesel, der fast das Doppelte eines modernen Mountainbikes wog, auf Vordermann zu bringen. Bis auf sein Gewicht und einige Rostflecken war er ja ganz in Ordnung. Immerhin verfügte das Rad über Gepäckträger vorne und hinten, eine Gangschaltung und geländetaugliche Reifen. Das musste mir genügen.

Meine sonstige Ausrüstung beinhaltete nur das Notwendigste, schließlich konnte ich mit dem Fahrrad nicht viel transportieren. Ein Schlafsack, eine Liegematte, die Fotoausrüstung, ein bisschen Werkzeug, Bekleidung und Medikamente, das war alles. Auf ein Zelt verzichtete ich bewusst. Auf der einen Seite wollte ich natürlich Gewicht sparen, wo es nur ging. Der Hauptgrund für diese Entscheidung war jedoch, dass ich nicht unnötig die Aufmerksamkeit von Räubern auf mich lenken wollte, wenn ich irgendwo in der russischen Einöde am Straßenrand übernachtete.

Die Armut in diesen Ländern war zum damaligen Zeitpunkt noch schlimmer als während der Herrschaft des sozialistischen Regimes. Man hatte der Bevölkerung eine Ordnung genommen, ihr aber noch keine neue gegeben. Der Wandel zur freien Marktwirtschaft war noch nicht geschafft. Auf der einen Seite gab es die steinreichen Bonzen, auf der anderen Seite war die Arbeitslosigkeit durch die Privatisierung oder Auflassung der ehemals staatlichen Betriebe auf ihrem Höchststand. Das Chaos war überall. Es war nur eine logische Folge, dass auch die Kriminalität erschreckende Ausmaße annahm.

Schon am Flughafen von St. Petersburg erregte ich Aufsehen, als ich mit meinem bayrischen Trachtenhut und dem Fahrrad durch den Zoll spazierte. Doch die Beamten ließen mich problemlos durch, was mich sehr verwunderte. Bepackt wie ein Esel machte ich mich auf den Weg in Richtung Zentrum der ehemaligen Zarenstadt.

Die Armut, die mir schon jetzt begegnete, war erschreckend. Elend, Hoffnungslosigkeit und Hunger prägten das Bild der Vorstadt. Die Einwohner verkauften alles, was sie entbehren konnten. Angefangen von alten Schuhen, gebrauchter Kleidung und Werkzeug, bis hin zu den Frauen, die ihren eigenen Körper verkauften. Nur durch Handel und Tausch konnten sie sich über Wasser halten, denn die Geschäfte waren meistens leer und verlassen. Hatte man endlich einen Laden gefunden, in dem es noch etwas gab, stand meistens schon eine lange Menschenschlange vor der Tür.

In der Hoffnung, noch irgendetwas zu ergattern, stellten sich die Einwohner dann dazu. Egal, was es gab – es wurde gekauft, denn niemand wusste, wann es wieder etwas davon geben würde. Überall standen alte Menschen und bettelten. Die Straßen waren schmutzig, die meisten Häuser hatten keine Fensterscheiben mehr.

Ich war schon durch viele Länder gereist, die noch wesentlich ärmer waren, doch nirgends hatte ich eine solche Hoffnungslosigkeit in den Gesichtern der Menschen gesehen. Je näher ich dem Zentrum der historischen Zarenstadt kam, desto schneller veränderte sich das Straßenbild. Die staubigen Straßen wichen schon bald schönen Alleen, die zwar viel von ihrem Glanz der Vergangenheit eingebüßt hatten, aber immer noch beeindruckend waren. Statt der heruntergekommenen Baracken gab es jetzt schöne Herrenhäuser und die resigniert herumschleichenden Armen hatten hier offenbar keinen Zutritt. Wie in einer westlichen Metropole tummelten sich die hektischen Geschäftsleute in den teuren Einkaufsstraßen. Der Kapitalismus hatte hier schon Überhand genommen. Die typischen kleinen Läden, in denen es nur das Nötigste und oft nicht einmal das zu kaufen gab, waren in diesem Teil von St. Peterburg Vergangenheit. Sie mussten den teuren Boutiquen des Westens weichen. Armani, Versace und Co. – sie waren alle schon vertreten. Und die Firmen die noch keine Filiale in der Stadt hatten, waren bereits auf der Suche. Ohne Zweifel, St. Petersburg war am aufsteigenden Ast, doch der Großteil der Bevölkerung profitierte davon nicht.

Im Zentrum angekommen, war ich auch schon von einer Horde neugieriger Einwohner umzingelt. Die Ankunft des lustigen Vogels mit dem seltsamen Hut hatte sich offenbar schnell herumgesprochen. Mitten unter den Leuten befanden sich auch ein Fernsehteam und mehrere Fotografen! Die Medien waren offenbar ganz heiß auf den verrückten Deutschen, der da ganz alleine mit dem Fahrrad das riesige Land bereisen wollte. Nachdem der größte Rummel vorüber war, ergriff mich einer der Fernsehfritzen am Arm und bat mich, ihm ein Interview zu geben.

Mein Crash-Kurs in Russisch, den ich vor meiner Abreise belegt hatte, machte sich jetzt erstmals bezahlt. Mit einigen Wortfetzen, Händen und Füßen erklärte ich mein Vorhaben. Der Redakteur war ganz begeistert: „Von so einer Idee habe ich noch überhaupt nie gehört!" Er bot mir sogar an, die Nacht in seiner Wohnung zu verbringen und mir nach Dienstschluss die Sehenswürdigkeiten der Stadt zu zeigen. Begeistert willigte ich ein.

Das war sie also, die Gastfreundschaft, von der mir mein Vater so viel erzählt hatte. Gut, in anderen Ländern war mir schon oft ein Schlafplatz angeboten worden, innerhalb Europas jedoch noch nie. Schließlich kannte mich der Mann gerade erst ein paar Minuten. Mir war es Recht. Ich hatte einen Einheimischen, der mir die Stadt zeigen konnte und einen gemütlichen Schlafplatz in einer vermutlich schönen Wohnung, ehe ich die beschwerliche Tour antreten würde.

Juri, so hieß mein Gastgeber, hatte sein Versprechen wahr gemacht. Um Punkt 18 Uhr holte er mich vor dem alten Zarenpalast ab. Es war nicht zu übersehen, dass St. Petersburg einen französischen Einschlag hatte. „Zar Peter war im Jahr 1717 in Versailles und war so begeistert, dass er beschlossen hat, seine Stadt nach diesem Vorbild zu errichten. Damals durften die Häuser in Russland nur aus Holz gebaut werden, der Zar war der Erste, der die moderne Bauweise hier einführte. Heute gibt es die traditionellen Häuser nur mehr in einem Dorf am Onega-See“, erklärte Juri in perfektem Deutsch.
Der See sollte mein erstes Reiseziel werden. Er lag zwar genau in entgegengesetzter Richtung zu meiner ursprünglichen Route, war aber nicht allzu weit von St. Petersburg entfernt. Doch heute gab es hier noch genug zu sehen. Goldene Kuppeln und herrliche Fassaden säumten die breiten Straßen.

Vor allem der *Peterhof*, die Sommerresidenz des Zaren, faszinierte mich. Meterhohe Fontainen sprühten dort aus den vergoldeten Brunnen. Besonders die *Samson-Fontaine* hatte es mir angetan. Sie zeigt die Entstehungsgeschichte des russischen Weltreiches. Ein bärenstarker Mann reißt einem Fabeltier das riesige Maul auf, aus dem das Wasser spritzt. Hier wird versinnbildlicht, dass das starke Russland dem schwedischen Löwen das Wasser entreißt. Gemeint ist damit, dass erst durch den Sieg Zar Peters über die Schweden den Russen der Zugang zur Ostsee und damit zu den Weltmeeren geöffnet wurde.

Die Wohnung war alles andere, als das, was ich mir vorgestellt hatte. Eigentlich war sie nur ein Warenlager für alles Mögliche und Unmögliche. Es war ein furchtbares Durcheinander. Noch nie hatte ich so viel Kram auf einem Fleck gesehen! Kaum ein freier Zentimeter Wandfläche war zu erkennen, überall stapelten sich Stöße von Kleidung, Essen, Büchern und sonstigem Zeug bis an die Decke. Juris Unterkunft hatte etwa zwanzig Quadratmeter, begehbar waren aber maximal acht. Die winzige Wohnung bestand aus zwei Zimmern, doch mein Gastgeber und ich teilten uns das Schlafzimmer. Das andere war nämlich gleichzeitig die Küche und dermaßen vollgestellt, dass ich mich am Boden liegend nicht einmal hätte ausstrecken können.

„Es tut mir Leid, dass es hier so entsetzlich aussieht, aber du weißt ja, wie das bei uns ist. Wenn man in guten Zeiten nicht genügend einlagert, hat man in schlechten Zeiten nichts zu essen", entschuldigte sich Juri für das Chaos. Ich war verwundert, dass er sich als Fernsehredakteur keine größere Wohnung leisten konnte. „Ich verdiene zwar nicht viel, aber was soll´s. Anderen geht es noch viel schlechter. Die Durchschnittsrente beträgt hier bei uns umgerechnet nur acht Deutsche Mark pro Monat", meinte er lapidar. Jetzt konnte ich verstehen, warum es hier so viele bettelnde alte Leute gibt. Acht Mark im Monat reichen nicht einmal für ein kärgliches Leben. Aber noch etwas war mir aufgefallen: Obwohl die wenigsten Leute Geld hatten, ihre wenigen Besitztümer teilten sie gerne. Jeder, der konnte, half hier den Ärmsten unter den Armen.

Drei Tage war ich in St. Petersburg geblieben und hatte Dank Juri einige interessante Einblicke in das Leben nach dem Kommunismus erhalten. Mein nächstes Ziel war der Onega-See mit seinen traditionellen Holzhäusern. Dieser ursprüngliche Ort liegt ganz im Norden von Russland, unweit der finnischen Grenze. Es war keine allzu große Distanz, die ich vor mir hatte. In fünf bis sechs Tagen musste ich diese Strecke, vorbei am riesigen Ladogasee, problemlos bewältigen können, wenn ich pro Tag nur achtzig bis hundert Kilometer zurücklegte. Zudem war das Land flach, was das Weiterkommen ungemein erleichterte. Die Straßen waren zwar etwas holprig und nicht sehr gut ausgebaut, dafür war in meine Richtung kaum Verkehr – außer ein paar Touristen interessierte sich scheinbar kein Mensch für die abgelegene Gegend. Auch das Wetter spielte mit. Es war weder zu heiß noch zu kalt und die ersten zwei Tage sah ich keine einzige Wolke, die den blauen Sommerhimmel trübte.

Die ersten Nächte waren angenehm warm. Ich genoss es in vollen Zügen, unter freiem Himmel zu schlafen. Sicher, es würde nicht während meiner gesamten Tour so komfortabel bleiben, aber jetzt war es genau richtig. Immer wieder wirkt ein klarer Sternenhimmel beinahe magisch auf mich. Um mich herum gibt es dann meist nichts, als die unendlichen Weiten.

Als ich am dritten Morgen erwachte, sah alles schon ganz anders aus. Ein kalter Wind blies durch den Busch, hinter dem ich die Nacht verbracht hatte und am Himmel türmten sich die Wolken. Das erste Unwetter schickte seine Vorboten. So schnell ich konnte, packte ich meine wenigen Habseligkeiten zusammen und machte mich auf den Weg. Ich wollte unbedingt noch vor Beginn des Regens eine Ortschaft erreichen, um dort einen trockenen Unterstand zu finden. Meine Taschen, die ich auf dem Rad befestigt hatte, waren zwar laut Prospekt absolut wasserdicht, doch verlassen wollte ich mich darauf nicht. Zu oft hatte ich mich schon von hochtrabenden Produktbeschreibungen beirren lassen und war im Ernstfall dann bitter enttäuscht. Wie besessen trat ich in die Pedale, doch ich fuhr dem Unwetter immer weiter entgegen. Nach einer Stunde brannten mir bereits die Oberschenkel und die ersten Tropfen fielen vom tiefschwarzen Himmel. Von einem Ort war natürlich weit und breit noch nichts zu sehen.

Durchnässt, geschlaucht, aber überglücklich kam ich nach zwei weiteren Stunden doch noch in ein kleines Dorf, das etwas abseits der Hauptstraße, oder was auch immer diese Rumpelpiste sein mochte, gelegen war. Schon beim zweiten Gehöft, an dem ich vorbei radelte, winkte mich der Bauer, ein wohlgenährter kleiner Russe mit grauem Haar herein. „Komm in mein Haus. Bei diesem Wetter kannst du doch nicht weiterfahren“, meinte er. Nur allzu gerne nahm ich sein freundliches Angebot an. Die Küche, in der sich das Gesellschaftsleben der russischen Bauern abspielte, war sehr einfach eingerichtet, strahlte aber Gemütlichkeit aus. Drinnen saß die ganze Familie um den großen Tisch und aß irgendeinen Eintopf, der sich auch bei näherer Betrachtung nicht definieren ließ. Ich wurde sofort herzlich begrüßt:

„Willkommen, Fremder! Wie ist dein Name?“
„Georgi. Ich danke für eure Gastfreundschaft!“
„Setz dich zu uns und iss was!“
Eine warme Stube und eine warme Mahlzeit – besser konnte es heute wirklich nicht mehr kommen. Ich hatte seit meiner Abreise aus St. Petersburg nichts ordentliches mehr gegessen. Mir war es beinahe peinlich, mit welcher Geschwindigkeit ich den Eintopf in mich hineinschaufelte, doch am Lächeln der Hausfrau konnte ich erkennen, dass sie meinen Appetit als Kompliment für ihre Kochkünste auffasste.

Den obligatorischen Wodka nach dem Essen verweigerte ich als strikter Anti-Alkoholiker natürlich. Es war jedes Mal ein Drahtseilakt, einem Russen das Wodkatrinken auszuschlagen, ohne ihn dabei zu beleidigen. An sich ist es nach dem Genuss osteuropäischer Küche ja dringlichst anzuraten, sich ein Schlückchen zu genehmigen, da man sonst leicht von einer unangenehmen Magenverstimmung überrascht werden könnte. Doch bei mir war es umgekehrt, mir würde sich der Magen umdrehen, wenn ich auch nur einen Schluck des scharfen Getränks zu mir nähme. Bleibt anzumerken, dass der hausgebrannte russische Wodka mit dem Schnaps, der in unseren Supermarktregalen steht, nicht viel gemeinsam hat. Wodka unter fünfzig Prozent trinken die Russen nicht einmal nach dem Frühstück.

Natürlich wollten meine Gastgeber wissen, was mich mit dem Fahrrad hierher verschlagen hatte. Als ich ihnen von meinem Vorhaben erzählte, kamen sie aus dem Staunen gar nicht mehr heraus. Wie konnte jemand freiwillig eine solche Strecke mit dem Fahrrad zurücklegen? Ein amüsiertes Kopfschütteln war jedoch der einzige Kommentar, den sie sich entlocken ließen. Kaum hatten sie sich aber von ihrer Überraschung erholt, entwickelte sich ein geselliges Gespräch und sie gaben mir auch viele wertvolle Tipps für den weiteren Verlauf meiner Reise. „Am Onega-See musst du unbedingt auf Kiji. Das ist eine kleine Insel, auf der das vielleicht ursprünglichste Dorf Russlands steht. Es ist wunderschön“, meinte Igor, der alte Bauer.

Als mich am nächsten Morgen die Sonnenstrahlen weckten, fühlte ich mich wie ein neuer Mensch. Ich war ausgeruht und motiviert. Die Nacht in einem echten Bett zu verbringen, hatte meinen verspannten Gliedmaßen gut getan. Ich frühstückte noch mit der Familie und machte mich auf den Weg. Noch am Abend oder spätestens am nächsten Tag zur Mittagszeit konnte ich den See erreichen.

Der Onega-See war wesentlich kleiner als der Ladogasee, an dem ich in den letzten Tagen vorbei geradelt war, aber immer noch riesig und viel schöner. Er wirkte beinahe wie ein Meer – das andere Ufer war trotz schönen Wetters nicht zu erkennen. Es kam mir vor, als wäre ich in die frühen Zwanzigerjahre des zwanzigsten Jahrhunderts zurückgereist. Die Landschaft versprühte einen ursprünglichen Charme. Traditionelle Fuhrwerke kamen mir auf dem Weg entgegen, die Leute trugen ihre typische Tracht und am See selbst war kein einziges Motorboot zu erblicken, dafür aber unzählige kleine Fischerboote, allesamt mit schmutzig-weißen Segeln.

Bald hatte ich mich durchgefragt, wie ich auf Kiji kommen würde. Noch 120 Kilometer musste ich in nördlicher Richtung fahren, dann würde ich in ein kleines Dorf kommen, wo es eine Fährverbindung gab. Ich war gespannt, was mich dort erwarten würde, denn von den Dörfern am Ufer des Sees war ich bis jetzt eher enttäuscht. Es wirkte zwar alles sehr folkloristisch und traditionell, von den Holzhäusern, die der eigentliche Grund für diesen erheblichen Umweg waren, hatte ich aber nur wenige erblickt. Und die waren alles andere als schön – die Russen ließen sie verkommen, denn niemand wollte mehr in ihnen leben.

Die 120 Kilometer hatte ich an einem Tag geschafft. Ich musste über Nacht in dem kleinen Fischerdorf bleiben, denn die nächste Fähre fuhr erst wieder am nächsten Morgen. Ich nutzte den Abend für einen kleinen Spaziergang am Hafen und unterhielt mich auch mit einigen Fischern. Ihr Leben war hart. Die Fischgründe waren zwar relativ ergiebig, doch gegen die großen Flotten, die im Ladogassee oder im Meer fischten, waren sie machtlos. Die Preise waren auf dem Tiefpunkt und der Erlös ihrer Arbeit reichte gerade zum Überleben. Auch hier begegnete mir wieder die sprichwörtliche Gastfreundschaft der Russen. Ich hatte erst zehn Minuten mit Ivan, einem jungen Fischer, gesprochen, als er mich schon einlud, die Nacht bei ihm zu verbringen. „Und morgen früh kannst du mit mir fischen gehen, wenn du möchtest. Ich bringe dich dann nach Kiji. Die Fähre ist meistens überfüllt", meinte er dann noch. Natürlich nahm ich auch dieses Angebot dankend an.

Der kleine Kahn schaukelte unruhig hin und her und obwohl die Wellen alles andere als groß waren, konnte ich kaum schlafen. Ich war es einfach nicht mehr gewöhnt, ohne festen Boden unter meinen Füßen die Nacht zu verbringen. Gerädert erwachte ich, als Ivan das Boot zum Auslaufen herrichtete. Es mochte etwa vier Uhr morgens gewesen sein, als wir aus dem kleinen Hafen ausliefen. Der Sonnenaufgang war herrlich. So weit das Auge reichte war nichts als azurblaues Wasser, dessen Oberfläche sich ganz leicht kräuselte. In allen Farben reflektierte das erste Tageslicht.

Wir waren nicht gerade erfolgreich. Als sich nach zwei Stunden erst drei mickrige Fische in Ivans Netz verirrt hatten, gaben wir frustriert auf. „Das geht nun schon seit einer ganzen Woche so. Ich weiß nicht mehr, wovon ich leben soll. Eine Familie kann ich nie haben – wie soll ich die denn ernähren?", meinte er verzweifelt und erzählte mir auch von seinen Plänen, das Boot zu verkaufen und auf einem der großen Fischereischiffe der Ostsee anzuheuern. „Da habe ich dann wenigstens jeden Tag genügend zu essen!"

Als wir am Nachmittag im Hafen von Kiji anlegten, war ich beeindruckt. Alles war noch viel schöner, als ich es mir vorgestellt hatte. Kein Vergleich zu den heruntergekommenen Fischerdörfern am Festland – die Insel lebte offenbar ganz gut von den Touristen, die es immer wieder hierher verschlug. Die ersten Siedler, die ihre Existenz auf dem kleinen Eiland gegründet hatten, waren Fischer. Die wunderschönen Holzhäuser und Holzkirchen, von denen die ältesten beinahe 500 Jahre auf dem Buckel hatten, waren noch immer bestens erhalten. Die meisten Bauwerke datierten aus dem 18. Jahrhundert. Nur die besten Zimmerleute aus ganz Russland waren früher hierher gekommen, um ihre Meisterwerke zu erschaffen. Die Häuser wurden nur aus Holz und ohne die Verwendung auch nur eines einzigen Nagels gebaut. Mitte des 17. Jahrhunderts sollen hier etwa elftausend Menschen gelebt haben, heute sind es gerade einmal hundert. Irgendwie erweckten diese wundersamen Bauten den Eindruck, als wären sie von der Natur selbst erschaffen worden. Kiji war mit Sicherheit der Ort, an dem sich die russische Kultur bis heute am reinsten erhalten hatte.

Als kleines Dankeschön lud ich Ivan in die einzige Kneipe der Insel ein. Doch Kneipe konnte man dieses Lokal eigentlich gar nicht nennen. Es war vielmehr die Küche einer Fischerfamilie, in der einige Tische herumstanden, doch nichts wäre mir lieber gewesen. Wir setzten uns neben einen alten Mann, der mit Hingabe einen Eintopf mit Kartoffeln verspeiste. An und für sich wollte ich eigentlich mit ihm über das Leben auf der kleinen Insel sprechen, doch er war nicht gerade kontaktfreudig. „Die Leute hier leben zwar von Reisenden, aber die wenigen, die das nicht tun, wollen nichts mit Fremden zu tun haben“, erklärte mir Ivan. Ich konnte diese Haltung durchaus verstehen, schließlich wurden Touristen hier schiffsweise auf die Insel gekarrt. Trotz der überwältigenden Schönheit des Ortes fuhr ich noch am Abend wieder mit Ivan zurück in Richtung Festland. Noch einmal warfen wir die Netze aus und diesmal hatten wir ein wenig mehr Glück. Immerhin waren es diesmal an die 15 Fische, die wir aus dem Wasser zogen. „Zehn davon sind groß genug, dass ich sie verkaufen kann. Den Rest esse ich selbst“, meinte der Fischer schon etwas zufriedener.

Polizeikontrolle

Mein nächstes Ziel war Moskau, die Hauptstadt Russlands und Zentrum Osteuropas. Monotonie ist gar kein Ausdruck für das Gefühl, das mich auf dieser Etappe quälte. Die Straße war endlos lang, machte durchschnittlich alle 50 Kilometer eine kleine Biegung. Links und rechts der Fahrbahn war nichts als dichter Wald – nicht einmal ein anständiger Ausblick versüßte mir die Tour. Ein altes russisches Sprichwort kam mir in den Sinn: „Hundert Kilometer sind keine Entfernung, hundert Rubel kein Geld und hundert Jahre kein Alter." Die Nächte verbrachte ich im Freien, immer in irgendeinem Busch, ein wenig abseits der Straße. Etwa neun oder zehn Tage musste ich unterwegs gewesen sein, als sich vor mir plötzlich, wie aus dem Nichts, die russische Hauptstadt auftat. Obwohl ich noch sicher vierzig oder fünfzig Kilometer vom Zentrum entfernt war, konnte ich schon von hier aus die Silhouette des Kreml erkennen.

Mein erstes Ziel war natürlich der Rote Platz, das Herz Russlands. Als ich nach vier Stunden, die ich durch das Verkehrschaos der Großstadt gebraucht hatte, endlich dort ankam, wurde ich schon von einer jubelnden Menschenmenge begrüßt. Mehr als zweihundert Menschen drängten sich um mich, viele von ihnen wollten Autogramme! Sogar Geldscheine reichten sie mir zur Unterschrift. Ich war natürlich überrascht. Ich, der einfache bayrische Abenteurer wurde hier begrüßt, als wäre ich ein Popstar. Doch des Rätsels Lösung kam mir gleich in den Sinn: Die Leute kannten mich aus dem Fernsehen. Das Interview, das ich meinem Freund in St. Petersburg gegeben hatte, war in der gesamten ehemaligen Sowjetunion ausgestrahlt worden. Die Leute hatten mich auf der Straße erkannt und die Ankunft des „Verrückten“, der ich für sie ja zweifelsohne war, hatte sich wie ein Lauffeuer herumgesprochen.

Es waren noch keine fünf Minuten vergangen, als dem Trubel ein jähes Ende gesetzt wurde. „Was ist da los!“, hörte ich einen Mann in brauner Uniform schreien. Hinter ihm kam eine ganze Horde Polizisten angelaufen, die sogar schon ihre Schlagstöcke gezückt hatten und die Menge auseinander trieben. Ich wusste gar nicht, wie mir geschah, als ich wieder allein am Roten Platz stand – bis auf die Polizisten, die mich umringt hatten. „Was war denn das?“, wollte ich vom Kommandant der Truppe verdutzt wissen. „Unerlaubte Menschenansammlungen sind hier verboten!“, antwortete er mir forsch. „Das sind ja Zustände wie in Stalins bester Zeit“, wollte ich noch sagen, verkniff mir diese Dummheit aber im letzten Moment. Widerstand war zwecklos. Ich musste diese Schikanen wohl oder übel über mich ergehen lassen, wenn ich meine Reise fortsetzen wollte. „Papiere!“, forderte der Kommandant, ein untersetzter Mann, der mit seinem Zwirbelbart typischer nicht hätte aussehen können. Ich übergab ihm meinen Reisepass samt gültigem Visum. Misstrauisch begutachtete er den Ausweis: „Und was wollen Sie hier?“
„Ich möchte mit dem Fahrrad durch ganz Russland fahren.“
„Zum Narren halten können Sie andere, aber nicht mich.“

„Aber es ist die Wahrheit."
Zum Glück meldete sich ein junger Beamter zu Wort: „Das stimmt, Herr Oberst! Er war letzte Woche deswegen sogar im Fernsehen zu sehen." Dieser Hinweis beruhigte den Dicken, ich war damit aber noch lange nicht aus dem Schneider: „Ich werde sie trotzdem überprüfen. Wir mögen hier keine Leute, die Aufregung unters Volk bringen!" Sie sahen in mir scheinbar einen neuen Rust, der ja seinerzeit mit dem Flugzeug auf dem Roten Platz gelandet war – ich war nur nicht ganz so frech und begnügte mich mit einem Fahrrad. Ich wollte dem Polizisten noch erklären, dass ich keinerlei politische Absichten hatte, dass ich nur aus reiner Lust am Reisen hier war, aberer ließ mir keine Chance: „Abführen!"

Just in dem Moment kam meine Rettung. Ein Fernsehteam hatte Stellung bezogen und eine Kamera auf mich gerichtet. Die Polizisten zogen ab – so viel Wirbel wollten sie dann doch nicht. Einer der Beamten wollte sogar noch ein Autogramm von mir. Jetzt kam die eigentliche große Überraschung. Eine Musikkappelle marschierte ein, postierte sich vor mir und spielte – man glaubt es kaum – den Zillertaler Hochzeitsmarsch! Mitten auf dem Roten Platz in Moskau wurde ich auf diese herzliche Art empfangen. Ich verkniff mir den kleinen Seitenhieb, dass das Musikstück, das sie hier zu meinen Ehren darboten, gar nicht aus meiner Heimat, sondern aus Österreich stammte.

Ich hatte einen langen und anstrengenden Tag hinter mir, als ich am späten Abend endlich in mein Hotelzimmer kam. Zuerst war ich an die hundertfünfzig Kilometer mit dem

Rad gefahren, dann war da die Aufregung mit der Polizei und letztendlich musste ich dann auch noch Interviews geben. Selten zuvor hatte ich eine Dusche mehr genossen, als an diesem ersten Abend in Moskau. Nachdem ich das auch hinter mich gebracht hatte, fiel ich todmüde ins Bett. Am nächsten Tag wollte ich mir die Sehenswürdigkeiten der Stadt ansehen.

Ausgeschlafen und erholt machte ich mich am Vormittag auf, um die Stadt zu erkunden. Ich ließ das Rad im Hotel – einen Tag nicht im Sattel zu verbringen konnte sicher nicht schaden. Bewaffnet mit meinem Reiseführer und meiner Fotoausrüstung stürzte ich mich ins Getümmel der Straßen. Die Parallelen zu St. Petersburg waren nicht zu verkennen. Auch hier gab es einerseits Leute, die kaum genug zum Überleben hatten und andererseits jene, die gar nicht wussten, wohin mit dem ganzen Geld.

Ohne meinen Drahtesel erregte ich zum Glück kein Aufsehen. Ich konnte unerkannt durch die Straßen schlendern und genoss die einzigartige Architektur. Der Kommunismus hatte der Stadt zwar vieles von ihrem alten Glanz genommen, aber das, was noch übrig war, war immer noch beeindruckend.

Viel Zeit hatte ich leider nicht, denn am Nachmittag war ich schon wieder zu einer Fernsehshow eingeladen. Auch in Deutschland und sogar in Österreich stießen meine Abenteuer immer wieder auf reges Interesse der Medien, doch einen derartigen Rummel wie hier hatte ich noch nie erlebt.

Das Studio lag etwas außerhalb des Zentrums. Ich fuhr mit dem Taxi hin, doch als mir der Fahrer des alten Lada die Rechnung präsentierte, bereute ich schon wieder zutiefst, dass ich das Rad stehen gelassen hatte. Taxis waren in westlichen Metropolen wie Paris und London deutlich billiger als hier in Russland.

Das Interview dauerte eine halbe Stunde. Diesmal wollte der Moderator weniger über meine Tour wissen. Viel mehr interessierte ihn, wie es den Menschen in der ehemaligen DDR jetzt ginge. Nach der Sendung, die immerhin achtzig Millionen Russen live empfangen konnten, ging ich mit dem Moderator, sein Name war Pjotr, essen. Er führte mich in eine kleine Kneipe, die so ganz und gar nicht nach Moskau passte. Viel eher hätte das Lokal in ein kleines Bauerndorf gehört. Sowohl die Einrichtung als auch die Gäste wirkten ziemlich rustikal. Ich fühlte mich auf Anhieb wohl. Hier waren die Menschen, wegen denen ich hergekommen war. Die noblen Restaurants konnten mir getrost gestohlen bleiben. Wir unterhielten uns über alles mögliche von Politik bis hin zu unseren Familien. Ich erzählte Pjotr auch von meinem Vater. Sein Blick wurde traurig: „Mein Vater ist auch schon gestorben und meine alte Mutter ist sehr krank. Hoffentlich stirbt sie nicht – ich hätte kein Geld, um sie beerdigen zu lassen!“

Ich dachte noch lange über diesen Satz nach. Pjotr war einer der bekanntesten Fernsehmoderatoren Russlands, doch nicht einmal davon konnte er anständig leben. „Wenn man keine eigene Firma hat oder in der Politik ist, ist das Leben jetzt noch schwerer als in der Zeit des Sozialismus“, hatte er mir zum Abschied noch erklärt. Aus der erhofften Freiheit war bislang nichts geworden. Armut und soziale Ungerechtigkeit bestimmten das Leben mehr denn je. Man hatte den Menschen hier ein System genommen, ihnen aber kein neues gegeben.

In den Tagen darauf sah ich dann doch noch einiges von Moskau. Ich kam mit dieser Stadt der Gegensätze nicht ganz klar. Auf der einen Seite war sie wie auch St. Petersburg geprägt von Bettlern, die ums Überleben kämpften, auf der anderen Seite war sie voll von wuchtiger Pracht, teuren Hotels und elitären Boutiquen für all jene, die über die nötigen Devisen verfügten. Die Kriminalität war auch hier dementsprechend hoch. Ich war gar nicht verwundert, dass wohlhabende Geschäftsleute sich kaum ohne eigenen Leibwächter auf die Straße wagten.

Nachdem ich die Großstadt nach einiger Zeit satt hatte, zog es mich wieder hinaus aufs Land. Meinen nächsten Aufenthalt hatte ich in Wolgograd, dem ehemaligen Stalingrad geplant. Von dort aus wollte ich dann auf Spurensuche gehen. Die Chance war verschwindend klein, aber vielleicht fand ich ja noch irgendjemanden, der meinem Vater geholfen hatte.

Die Kosaken

Meine Reise führte mich entlang dem Don. Auch hier war die Straße wieder endlos lang und eintönig, doch wenigstens öffnete sie sich ein wenig und ich konnte den einen oder anderen Blick auf die umliegende Landschaft erhaschen. Die weiten Felder der ehemaligen Kolchosen und kleine Dörfer prägten die Gegend hier. Irgendwie erinnerte mich das an die Heimat, doch war hier alles viel weitläufiger. Diese kleinen Orte, kaum einer zählte mehr als tausend Einwohner, waren noch sehr traditionell und äußerst lieblich. Auch hier regierte Armut und Hoffnungslosigkeit. Es war ein trockenes Jahr und die Bauern mussten mit gewaltigen Ernteausfällen rechnen. Ihre Arbeit verrichteten sie noch so wie vor hundert Jahren. Kaum einer konnte sich landwirtschaftliche Maschinen leisten. Anstatt einem Traktor waren vor den Pflug meist noch Ochsen oder Pferde gespannt. Zur Zeit der Kolchosen war die Produktion hier schon weitestgehend automatisiert, doch die riesigen Maschinen waren noch immer in Staatseigentum und rosteten irgendwo vor sich hin.

Hier war ich mit einem Problem konfrontiert, mit dem ich ganz und gar nicht gerechnet hatte. Es war beinahe unmöglich, Verpflegung zu bekommen. In den Dörfern wurde ich von den Bauern zwar immer wieder zu einer kleinen Mahlzeit eingeladen, aber zu verkaufen hatten sie nichts. Sie brauchten die Lebensmittel, um selbst über den langen, harten Winter zu kommen und konnten beim besten Willen nichts abgeben. Die wenigen Geschäfte, die es hier gab, waren leer.

Seit Tagen goss es jetzt schon wie aus Kübeln. Meine ganze Ausrüstung war nass und ich selbst war auch nicht trockener. Es wurde Zeit, dass ich endlich wieder einmal ein festes Dach über dem Kopf haben würde, um mich und meine Kleidung ein wenig zu trocknen. Es war ungefähr auf halbem Weg nach Wolgograd, als ich wieder in ein kleines Dorf kam. Ich war schon ganz ausgemergelt – hier musste ich etwas zu essen und einen Schlafplatz bekommen, koste es was es wolle. Am Dorfeingang traf ich auf einen kleingewachsenen Mann, der auf einem prächtigen braunen Pferd ritt. Bekleidet war er mit einer etwas abgewetzten, nassen, blauen Uniform mit roten Streifen. „Willkommen, Fremder! Was führt dich zu uns?", begrüßte er mich freundlich. Ich war bei den sagenumwobenen Kosaken gelandet! Nun war ich froh, dass ich vor meiner Abreise so fleißig Russisch gebüffelt hatte, denn hier hätte ich mich mit keiner Fremdsprache verständigen können.

Der stolze Reiter lud mich sofort zu sich nach Hause ein: „Du brauchst einen warmen Unterstand und etwas zu essen. Komm mit mir!" Er wohnte in einem Gehöft, das wie eine kleine Festung wirkte. Hinter dem wuchtigen Holztor, durch das wir in den Innenhof gelangten, wurden wir von bellenden Hunden begrüßt. Ohne den Hausherren hätte ich das Gelände sicher nie betreten. Das Zentrum des Hauses war wie fast überall in diesen Gefilden eine große Küche. Rund um einen Tisch saßen ein ganzes Dutzend Kosaken, alle in der traditionellen Uniform. Der Mann, der mich so freundlich eingeladen hatte, war ihr Oberhaupt und jeden Sonntag trafen sie sich in seinem Haus. Sie waren allesamt erfreut über meinen Besuch, denn es verschlug nicht oft Fremde in ihr abgelegenes Dorf. Früher waren sie gefürchtete Kämpfer, doch heute waren die Kosaken nur mehr eine verschwindend kleine Minderheit in Russland.

Voller Stolz zeigten sie mir gleich ihre Pferde. Die Reittiere sind das Heiligtum der Kosaken und haben sogar einen höheren Stellenwert als die Frauen. Das mag zwar etwas seltsam klingen, doch in der Vergangenheit gründete sich ihr ganzer Einfluss auf ihre reiterlichen Fähigkeiten. Danach aßen wir zusammen. Zu meiner Überraschung gab es Maultaschen, die mir eigentlich als schwäbische Spezialität bekannt waren. Eine Frage ging mir immer wieder durch den Kopf: Es gab hier keinen Strom – wie also schafften die Frauen es, das Fleisch so fein zu zermahlen? Nachdem wir fertig gegessen hatten, richtete ich die Frage an Vladislav, meinen Gastgeber. Er deutete auf die etwa neunzigjährige Frau, die hinter dem Herd stand: „Siehst du die alte Babuschka? Sie zerkaut das Fleisch mit ihren wenigen Zähnen und presst es dann durch die Lippen in den Teig." Um mir die Vorgangsweise noch zu verdeutlichen, schnitt er noch allerlei Grimassen. Ich war froh, dass ich erst nach dem Essen gefragt hatte. Aber endlich wusste ich, woher die Maultaschen ihren Namen haben – wahrscheinlich wurden sie in grauer Vorzeit immer so gemacht.

Nach einer kurzen Verdauungspause führten sie mir ihre traditionellen Tänze vor. Wie Gummibälle sprangen sie über ihre Schwerter, die scharf wie Rasierklingen waren, und sangen zu den einfachen Musikinstrumenten, die sie jedoch hervorragend beherrschten. Ich spürte förmlich ihre Lebensfreude und Leidenschaft. Es grenzte an ein Wunder, dass sich bei dieser Show, die jeden Zirkusakrobaten vor Neid hätte erblassen lassen, niemand verletzte.

Gerne nahm ich das Angebot des Hausherren an, doch einige Tage bei ihm zu verbringen. Die Kosaken waren brennend interessiert an meinen Abenteuern und ich musste ihnen stundenlang davon erzählen. Auch von Deutschland wollten sie alles wissen. So sehr es äußerlich den Anschein hatte, als wäre dieses kleine Volk vor hundert Jahren in seiner Entwicklung stecken geblieben, so sehr erwiesen sich diese Männer auf den zweiten Blick als weltoffen und gebildet. Es stellte sich sogar heraus, dass mich einer von ihnen bei meinem Besuch im Moskauer Bolschoi-Theater schon gesehen hatte.

Nach vier Tagen war es an der Zeit, dass ich mich wieder auf den Weg machte. Schließlich hatte ich noch Tausende Kilometer vor mir. „Bleib noch einen Abend. Wir haben eine Überraschung für dich", meinte Vladislav, mein Gastgeber. Da ich schon immer ein neugieriger Mensch war und ich außerdem die Gastfreundschaft der Kosaken nicht mit Füßen treten wollte, blieb mir gar keine andere Möglichkeit, als dieses Angebot anzunehmen.

Am Abend war es dann so weit. Das ganze Dorf, das ich inzwischen schon lieb gewonnen hatte, versammelte sich in Vladislavs Innenhof. Mit Musik und Tanz feierten wir bis in die späten Abendstunden. Gegen Mitternacht war es dann so weit: Alle verstummten und Vladislav ritt mit dem Pferd in die Mitte des Hofes. Feierlich erhob er die Stimme: „Du warst ein angenehmer Gast. Wir haben beschlossen, dich in unseren Kreis als Ehrenmitglied aufzunehmen!“ Ich war begeistert. Ich, Schorsch Kirner, sollte ein Donkosake werden!

Doch ganz so einfach war es dann doch nicht – vor der Aufnahme musste ich noch eine Prüfung bestehen, die mir einiges an Überwindung abverlangte. Zuerst musste ich durch ein loderndes Feuer springen. Kaum hatte ich die Mutprobe heil überstanden – nur ein paar Brandflecken auf meiner Hose hatte ich davon getragen – musste ich auch noch reiten. An sich war das kein Problem für mich, meine Frau Renate war ja immerhin langjährige Turnierreiterin und ist jetzt immer noch als Preisrichterin tätig. Doch das Reiten auf einem Kosaken-Pferd ist wieder eine ganz eigene Kategorie. Noch nie hatte ich ein temperamentvolleres Tier unter meinem Hintern gehabt, als jenes, auf dem ich hier mein Können beweisen musste. Nachdem ich das Pferd endlich unter Kontrolle hatte und ein paar Runden ums Haus galoppiert war, wartete schon die nächste Prüfung auf mich. Es war das schlimmste Ritual, das ich je auf einer meiner zahlreichen Reisen hinter mich bringen musste. Ich, der konsequenteste Antialkoholiker auf Gottes Erden, musste einen Viertelliter hausgebrannten Wodka in einem Zuge austrinken! Das Glas stand auf einem Kosakenschwert, das ich in meinen zittrigen Händen hielt. Die größte Schwierigkeit der Aufgabe, außer dass ich den Becher in einem Zug entleeren musste, bestand darin, dass ich auch das Glas nicht halten durfte und es nicht zu Boden fallen durfte. Selten zuvor hatte ich mehr Angst vor einer Prüfung gehabt als an jenem Abend. Aber da musste ich durch, wenn ich ein Kosake sein wollte. Ich holte tief Luft, kniff die Augen zusammen und trank. Es war grauenvoll! Mein ganzer Körper erbebte und die wohlige Wärme, die kurz in mir hochstieg, wurde gleich von einem starken Brechreiz unterbrochen. Dieses Malheur konnte ich zum Glück gerade noch verhindern, aber die Kosaken hatten mir wohl angesehen, dass es mir nicht gerade gut ging. Ich hörte ihr schallendes Gelächter, als ob sie meilenweit von mir entfernt stünden. Ab diesem Zeitpunkt konnte ich mich an nichts mehr erinnern.

Mein Kopf dröhnte, als ob mir jemand mit einem Vorschlaghammer eine verpasst hätte. Ich hatte keine Ahnung, wie spät es war. Als ich aus dem Fenster schaute, um die Zeit vom Stand der Sonne abzuschätzen, fuhr mir ein schmerzender Stich ins Gehirn – das Sonnenlicht war grausam! Allmählich gewöhnten sich meine Augen an die grelle Helligkeit. Es war schon Mittag, also höchste Zeit, dass ich endlich weiterfuhr. Ich packte meine Sachen zusammen und ging in die Küche. „Guten Morgen, Kosake“, begrüßte mich Vladislav. Insgeheim lachte er mich sicher aus, er erwähnte meinen Vollrausch aber mit keinem Wort. Nach einer letzten gemeinsamen Mahlzeit verabschiedete ich mich endlich von ihm und meinen anderen neuen Freunden. Der Abschied von diesen herzlichen Leuten fiel mir schwer, aber ich musste weiter, immer die endlose Straße entlang.

Stalingrad

Die Kosaken hatten mir zwar etwas Proviant mit auf die Reise gegeben, doch nach einigen Tagen näherten sich meine Vorräte wieder dem Ende. Die Sonne brannte unerbittlich vom Himmel herab und die Straße wurde immer schlechter. Das Fortkommen war mehr als mühsam. Vor allem wusste ich nicht, wann endlich das nächste Dorf kommen würde, wo ich wieder etwas zu essen und zu trinken bekommen konnte. Meine Trinkflaschen waren leer und so sehr ich auch danach suchte, ich fand keine Quelle.

Ich war der Resignation schon sehr nahe, als von der Straße eine kleine Abzweigung ins Nichts führte. Auf meiner Karte, die sich schon bald als ungenau und damit sinnlos herausgestellt hatte, war der Schotterweg nicht eingezeichnet, doch irgendwohin musste er ja führen. Auf gut Glück bog ich ab. Nach einer Stunde konnte ich endlich eine kleine Siedlung erkennen, die noch ungefähr fünfzehn Kilometer entfernt sein musste. Mit meiner letzten Energie trat ich in die Pedale.

Doch meine Hoffnung wurde enttäuscht. Keine Menschenseele war hier zu finden. Es war eine verlassene Kolchose. Verzweifelt beschloss ich, hier zu übernachten. Für eine Weiterfahrt hätten meine Kräfte an diesem Tag nicht mehr gereicht und außerdem gab es hier wenigstens einen Brunnen, wenn schon nichts zu essen. Das Wasser stank erbärmlich, aber ich musste wenigstens ein bisschen Flüssigkeit zu mir nehmen. Ich machte ein kleines Feuer, an dem ich die Brühe auskochte. Abgestandenes, schmutziges Wasser und meine letzte halbe Scheibe Brot waren das einzige, was ich hatte. Ich versuchte so schnell wie möglich einzuschlafen, um meine Kräfte für den nächsten Tag aufzusparen, doch das war nicht gerade einfach. Der Wind ließ die alten Türen und Fensterläden schlagen, als würden Kinder in den verlassenen Häusern spielen. Es war irgendwie gespenstisch.

Noch vor Sonnenaufgang machte ich mich auf den Weg zurück zur Hauptstraße, wenn man diese überhaupt so bezeichnen durfte. Wenn alle zwei Stunden einmal ein Lastwagen vorbeidonnerte, war das viel. Ich wollte so weit kommen, wie es nur ging, ehe die Hitze meine Fahrt wieder zur Qual machen würde. Trotz aller Anstrengung ging es nur sehr schleppend voran. Doch was war das? Es war gegen Mittag, als ich am Horizont ein kleines Dorf erkennen konnte. Ich schickte ein Stoßgebet zum Himmel, dass es nicht wieder ein verlassener Ort war. Meine Hoffnung wurde nicht enttäuscht. Als ich in das Dorf einfuhr, waren da sogar alte Frauen, die am Straßenrand frische Früchte, Kartoffeln und sogar Milch verkauften. Der Tag war gerettet!

Mit meinem gebrochenen Russisch versuchte ich sofort, eine Unterhaltung mit den Frauen zu beginnen, was diese auch herzlich erwiderten: „Woher kommst Du?“

„Aus Deutschland. Ich möchte mit dem Fahrrad durch Russland fahren.“

„Durch ganz Russland?“

„Ja. Bis ganz in den Osten.“

Die Frauen sahen mich ungläubig an und kicherten. In ihren Augen musste ich geisteskrank sein. Sie konnten sich einfach nicht vorstellen, dass jemand nichts Besseres zu tun hatte, als mit einem Fahrrad siebentausend Kilometer weit zu fahren. Dennoch oder gerade deshalb waren sie sehr erfreut über meine Gegenwart. Ich war eine echte kleine Sensation. Sie gaben mir Früchte und Ziegenmilch soviel ich tragen konnte und als ich bezahlen wollte, wehrten sie entsetzt ab. Es stimmte schon, was man über dieses Land sagt: „Moskau ist das Herz Russlands, aber seine Seele sind die Menschen." Gerührt von soviel Gastfreundschaft und Herzlichkeit fuhr ich weiter. Ich übernachtete wieder am Straßenrand.

Immer wieder kam ich jetzt in solche kleine Bauerndörfer und überall war das Szenario das Gleiche. So gern ich die paar Pfennige für Speis und Trank gezahlt hätte, es wurde mir überall verwehrt.

Mein Vater hatte mir die Namen der Dörfer, durch die er während seiner Flucht gekommen war und wo ihm die Menschen so selbstlos geholfen hatten, nicht mehr nennen können, doch ich war mir beinahe sicher, dass es dieselben kleinen Orte waren, durch die ich jetzt kam. Von der Richtung her stimmte mein Weg nach Stalingrad mit seiner Fluchtroute überein. Wo ich konnte, fragte ich die älteren Leute, ob sie sich an deutsche Flüchtlinge erinnern konnten, denen sie geholfen hatten und überall bekam ich dieselbe Antwort: „Aber natürlich. Das waren sehr viele." Mein Vater war offenbar nicht als einziger in den Genuss ihrer Hilfsbereitschaft gekommen – viele Deutsche mussten demnach ihr Leben der russischen Landbevölkerung verdanken.

Es regnete wieder wie verrückt. Hatten die Bauern noch vor Wochen über Trockenheit geklagt, war das nun schon die zweite Sintflut, die während meiner Reise über mich hereinbrach. Die Sicht reichte gerade einmal fünfzehn Meter, die Straße war total überschwemmt. Nach zwei Stunden kam ich zum Glück ins nächste kleine Dorf. Eine alte, schäbig gekleidete Frau stand unter dem Vordach ihres kleinen Häuschens. Ihr Mantel mochte gut und gerne viele Jahrzehnte alt sein und auch ihr Kopftuch war sicher nicht viel jünger. Anstatt Schuhen trug sie dicke Wollsocken, die aber wohl den gleichen Zweck erfüllen mussten. Doch trotz ihrer Armut wirkte sie irgendwie stolz. Sie winkte mich zu sich: „Bei diesem Wetter kannst du nicht weiterfahren. Sei mein Gast!“ Ohne zu wissen woher ich kam oder wohin ich ging hatte sie mich in ihr Haus gebeten. Dankend betrat ich ihre Hütte. Sie bestand nur aus einem Raum und hatte vor hundert Jahren sicher nicht anders ausgesehen. Die Einrichtung war abgenutzt, aber dennoch war das Zimmer sauber und irgendwie gemütlich.

Bei einer herrlich heißen Tasse Kräutertee erzählte ich ihr dann von der Reise. Auch ihre letzten Essensvorräte teilte sie mit mir. Sie hatte nichts als ein altes Schwarzbrot, das so hart war, dass wir es mit einem Hammer zerschlagen mussten. Dann weichte sie es in warmem Wasser auf, mischte einige Kräuter in die Brühe und fertig war die Mahlzeit. Als ich auf meine Beweggründe zu sprechen kam, meinte sie: „Auch ich habe damals einigen Deutschen Unterschlupf gewährt. Sie waren allesamt liebenswerte Leute. Ich habe nie verstanden, was dieser Krieg eigentlich sollte. Stalin hat immer gesagt, die Deutschen sind Unmenschen, doch als ich einige von ihnen kennen lernte, wurde mir klar, dass ihr ganz gleich seid wie wir. Und Stalin war auch nicht viel besser als euer Hitler!" Ob mein Vater unter den Flüchtlingen war, die sie damals aufgenommen hatte, konnte sie mir jedoch auch nicht sagen. „Aber ich bin froh, dass du hier bist. Seit dem Krieg habe ich keinen Deutschen mehr getroffen. Erzähl mir, wie es euch jetzt geht", meinte sie.

Dann erzählte sie mir auch noch von ihrem harten Leben. Elektrizität und fließendes Wasser gab es natürlich nicht. Sie musste zum Dorfbrunnen gehen und selbst der war während der kalten Jahreszeit zugefroren. Dann wurde eben der Schnee geschmolzen. Der einzige Luxus, den sie sich gönnte, war alle zwei Monate ihren Bruder anzurufen, der im Ausland lebte. Zum nächsten Telefon musste sie einen dreistündigen Fußmarsch auf sich nehmen und ein Gespräch von zehn Minuten Dauer kostete genauso viel, wie ihre Monatsrente ausmachte. „Aber es macht mich glücklich, wenn ich höre, dass es ihm gut geht."

Ich blieb über Nacht. Wir hatten noch lange über Gott und die Welt geplaudert. Die alte Frau konnte zwar weder lesen noch schreiben, verfügte aber trotzdem über eine beeindruckende Weisheit. Es war ein beinahe philosophisches Gespräch, das wir da geführt hatten. Vor dem Einschlafen musste ich noch lange über ihre Worte nachdenken. Was bezweckten Kriege wirklich? Vielleicht halfen sie uns, im Nachhinein zu erkennen, dass doch alle Menschen ähnlich waren, aber warum wussten wir das nicht im Voraus?

Als ich am nächsten Morgen aufbrach, wollte ich dieser gütigen Frau noch einige Rubel zustecken. Nicht als Bezahlung, sondern einfach als kleines Dankeschön. Doch auch sie lehnte beinahe beleidigt ab: „Ich sage danke für das Gespräch und dass du mein Gast warst. Wenn du dich unbedingt erkenntlich zeigen möchtest, dann schreibe mir eine Postkarte aus Deutschland." Einmal mehr war ich zutiefst beeindruckt von der russischen Gastfreundschaft. Ich stellte mir vor, wie es mir in so einem Falle in Deutschland ergangen wäre. Die alte Dame hätte mir vermutlich maximal den Weg zum nächsten Hotel erklärt und wenn keines in der Nähe gewesen wäre, hätte sie mir vielleicht noch gestattet, in ihrem Schuppen zu übernachten. Die Menschen hier waren eben anders. Ich konnte verstehen, warum mein Vater so von ihnen geschwärmt hatte.

Allmählich näherte ich mich Wolgograd, dem ehemaligen Stalingrad. Schon Stunden, bevor ich in dieser Stätte des Grauens ankam, reiste ich gedanklich zurück in die Zeit des Zweiten Weltkriegs, als hier die erbittertsten Kämpfe zwischen Deutschen und Russen stattgefunden hatten, von denen mir mein Vater so oft erzählt hatte. Hunderttausende junge Männer hatten hier für nichts und wieder nichts ihr Leben lassen müssen. Wie mochte es damals wohl gewesen sein, als sie hier standen, eingekesselt von der feindlichen Armee?

Auch ein halbes Jahrhundert nach diesen schrecklichen Ereignissen ging immer noch eine bedrückende Stimmung von diesem Ort aus. Noch bevor ich in die Stadt selbst kam, besuchte ich den *Mamajev-Hügel*, um den im Krieg hart gekämpft worden war. Hier stand das wohl eindrucksvollste Monument, die *Mutter Heimat*, eine zweiundfünfzig Meter hohe Frauen-Statue mit einem mehr als neunzehn Meter langem Schwert in der Hand. Darunter war die *Wand der deutschen Kriegsgefangenen*, eine in Stein gehauene Erinnerung an die furchtbare Zeit. Welches Leid hatte sich hier abgespielt? Wie viele Eltern hatten hier ihre Söhne verloren, wie viele Frauen ihre Männer und wie viele Kinder ihre Väter? Und was hatte die Menschheit daraus gelernt? Nichts! Der Golfkrieg war gerade erst vorbei, am Balkan donnerten die Kanonen.

Stellvertretend für die Hinterbliebenen legte ich einen Blumenstrauß, den ich zuvor auf einer Wiese gepflückt hatte, unter das Denkmal. Da musste ich auch wieder an Maria, meine liebe Nachbarin, denken. Sie war vor meiner Abreise zu mir gekommen: „Schorsch, du fährst ja nach Russland. Nimm bitte dieses Foto und schau, ob mein Gerhard noch irgendwo in einem Lager oder in einem Bergwerk fest sitzt!“ Gerhard hatte ihr Verlobter geheißen. Als er für kurze Zeit von der Front nach Hause gekommen war, hatte er ihr einen Heiratsantrag gemacht. Doch nur wenige Tage später gab er ihr den Verlobungsring wieder zurück: „Maria, ich muss nach Stalingrad. Wenn ich nicht zurück komme, dann heirate einen anderen.“ Die gute Frau hatte ihrem Gerhard aber immer die Treue gehalten. Bis heute lebt sie alleine und wartet noch immer auf ihn, obwohl sie schon 1942 die Nachricht von seinem Tod erhielt.

Mir fiel eine Geschichte ein, die mir mein alter Geschichtslehrer einst erzählt hatte: „Ein Narr saß am Wegesrand und Soldaten zogen an ihm vorbei. „Wohin geht ihr?“, fragte der Narr die Krieger. Sie antworteten: „Wir ziehen in die Schlacht, zerstören alles und dann schließen wir Frieden!“ Darauf fragte der Narr, ob man denn nicht gleich Frieden schließen könne. Er bekam keine Antwort.“

Nachdem ich mich auf dem Hügel den ganzen Nachmittag mit diesen bedrückenden Gedanken beschäftigt hatte, fuhr ich in der Abenddämmerung hinunter in die Stadt. Auf dem Weg kam ich noch an einem riesigen Sonnenblumenfeld vorbei. Ein alter Mann stand neben einem Bienenhaus. „Du hast ein wunderschönes Feld hier“, sagte ich. Mit traurigem Blick antwortete er: „Das stimmt schon. Aber unter den Blumen liegen Tausende deutsche und österreichische Soldaten begraben. Niemand kennt ihre Namen, aber für jede Seele steht eine Blume hier!“ Ich war zutiefst gerührt. Der alte Imker bat mich, ihm in seine kleine Hütte zu folgen, er müsste mir etwas geben. Ich kam seiner Aufforderung natürlich nach. „Du bist doch aus Deutschland?“, fragte er mich, als wir eingetreten waren. „Ja, das bin ich“, antwortete ich. Er kramte in einer Schublade herum: „Dann nimm diese Erkennungsmarken mit nach Hause. Sie gehören Landsleuten von Dir. Ich finde immer wieder welche, wenn ich mein Feld pflüge." Ich nahm die Marken an mich und übergab sie den Behörden, als ich wieder zurück nach Deutschland kam. So wussten jetzt wenigstens ein paar Leute, wo ihre Angehörigen begraben lagen.

Stalingrad, oder Wolgograd, wie es heute heißt, war hässlich. Es war kein Wunder, schließlich war die Stadt im Krieg komplett zerstört worden und deutsche Kriegsgefangene hatten sie mit einfachsten Mitteln wieder aufbauen müssen. Die ehemalige Stadtmühle, die damals im Krieg ein strategischer Punkt war, war eines der wenigen Gebäude, die noch aus der Vorkriegszeit stammten.

In Stalingrad leistete ich mir ein Zimmer in einer kleinen Pension. Ein gutes Drittel meiner geplanten Wegstrecke hatte ich jetzt schon zurückgelegt. Hier wollte ich mir einige Tage Erholung gönnen. Ich besuchte mehrere Museen, Kriegsgräber und was es sonst noch so gibt. Die Menschen hatten den Krieg noch nicht vergessen. Eine eigenartige Schwermut lag über der Stadt. Dennoch wurde ich überall freundlich behandelt. Etwa dreiundzwanzig Millionen Russen waren im Zweiten Weltkrieg umgekommen, aber ich spürte nirgends auch nur einen Hauch von Feindseligkeit.

Gemeinsam mit Ivan, einem alten Mann, den ich kennen gelernt hatte, stand ich vor einer der vielen Gedenktafeln. Ivan hatte den Krieg noch selbst miterlebt. Traurig erzählte er mir von den tragischen Ereignissen. „Mein jüngerer Bruder und die meisten meiner Freunde sind vor meinen Augen gefallen", meinte er mit Tränen im Gesicht. Doch plötzlich lächelte er: „Es war schrecklich. Aber es gibt auch eine schöne Geschichte: Zu Weihnachten 1942 haben die Waffen geschwiegen. Es war schon dunkel, als ich plötzlich Klaviermusik aus einem Keller gehört habe. Ich stieg die schmale Treppe hinunter. Im Kerzenlicht saß dort ein deutscher Soldat und hat auf einem alten Klavier gespielt. Rings um ihn herum standen friedlich vereint Männer aus beiden Armeen und sangen Weihnachtslieder! Ich stellte mich natürlich dazu und bald war der ganze Keller voll mit Russen und Deutschen, die sich die Hände gegeben und gemeinsam gesungen haben. Dann haben wir zusammen geraucht und ein paar Kekse gegessen. Ich musste weinen.“

Jetzt standen auch mir die Tränen in den Augen. Es musste eine berührende Szene gewesen sein, wie jene Männer, die noch Stunden zuvor die erbittertsten Feinde gewesen waren und sich nichts sehnlicher als den Tod des anderen gewünscht hatten, zusammen Weihnachten feierten. Es war ein eindrucksvoller Beweis für die paradoxe Unmenschlichkeit des Krieges. Dieselben Männer, die sich zu Weihnachten noch weinend in den Armen gelegen waren, mussten am nächsten Tag auf höheren Befehl schon wieder aufeinander schießen! Aber was konnte der kleine Mann schon dagegen tun?

Eine Million Menschen waren im Kampf um Stalingrad, der brutalsten Schlacht des ganzen Krieges, gefallen. Doch nur die wenigsten von ihnen waren aus freiem Willen dort. Nicht zu kämpfen hätte erst recht ihren Tod bedeutet. Wem außer den obersten Befehlshabern wollte man also einen

Vorwurf für all die Gräueltaten, die sich damals abgespielt hatten, machen? Sicher nicht den Millionen Soldaten, die vor der Wahl standen, ihr eigenes Leben zu lassen, oder einen unbekannten Mann zu erschießen.

Auch in Stalingrad hatte ich einen Fernsehauftritt. Ich hielt eine Rede an einem Grab. Trotz der laufenden Kameras konnte ich meine Rührung nicht verbergen. Nach der Sendung kam ein alter Arzt zu mir. Er erzählte mir, dass er unter Einsatz seines Lebens auch verwundeten deutschen Soldaten geholfen hatte. Wir gingen gemeinsam zu dem Platz, wo er heimlich all jene begraben hatte, die nicht überlebt hatten. Lange überlegten wir, was wir tun sollten. Letztendlich packten wir dann Schaufel und Spaten. Wir öffneten die Gräber und auch hier nahm ich die Erkennungsmarken an mich, um sie an die Kriegsgräberfürsorge weiterzuleiten. Natürlich kämpfte ich bei dieser Tat mit meinem Gewissen, denn eigentlich handelte es sich dabei ja um eine Grabschändung, ich war aber überzeugt, das Richtige zu machen. Dann entdeckten wir die Überreste einer Hand, die aus dem Erdreich ragte. Ein goldener Ehering steckte an einem der Finger. Ich nahm ihn ab. Auf der Innenseite stand fein säuberlich eingraviert: „Maria, 1. Mai 1942“. Der Schreck fuhr mir durch alle Glieder. War das etwa der Verlobte meiner Nachbarin? Nach kurzer Zeit besann ich mich wieder. Es war unmöglich – schließlich hatten die beiden ja nie geheiratet und den Ring hatte er ihr damals zurückgegeben. Trotzdem war es ein schauriger Zufall.

Wüstensand

Stalingrad war ein sehr einprägsames Erlebnis gewesen. Noch nie zuvor hatte ich mich so eingehend mit dem Sinn und Unsinn des Krieges beschäftigt. Tag und Nacht versuchte ich eine halbwegs akzeptable Erklärung für die schrecklichen Ereignisse des Weltkriegs zu finden, die zumindest mir selbst genügte. Doch es war unmöglich, ich konnte das einfach nicht nachvollziehen.

Die Strecke zu meinem nächsten Ziel, der Stadt *Astrachan*, wurde mir von den Einheimischen als äußerst langweilig beschrieben. Zudem verspürte ich noch immer keine allzu große Lust, wieder in den Sattel zu steigen. Es gab eine weitaus bequemere Alternative: Ich reiste mit dem Schiff auf der Wolga. Der Fluss war für Russland von großer wirtschaftlicher Bedeutung. Er war der Hauptverkehrsweg von Baku am Kaspischen Meer, wo sich riesige Ölfelder befinden, zu den großen Erz- und Kohlevorkommen im Kaukasus. Doch für eine Kreuzfahrt ist die Wolga absolut nicht zu empfehlen. Langsam wälzte sich das schmutzige, stinkende Wasser vorbei an den veralteten Fabriken, aus deren Schornsteinen tiefschwarze Wolken aufstiegen, die den Himmel verdunkelten. Drei Tage sollte meine Fahrt dauern. Komfortabel war es nicht gerade, denn für ein paar Rubel fuhr ich auf einem vorsintflutlichen Fährschiff mit. Ein Bett oder gar eine Kabine gab es natürlich nicht für mich, ich musste Tag und Nacht an Deck verbringen. Spaß machte die Reise trotzdem – die Schiffsleute waren allesamt sehr gesellig.

Astrachan war die Metropole des Wolga-Deltas. Fast eine halbe Million Menschen lebten in der Gebietshauptstadt, die auch als Russlands Tor zum Osten galt. Lenins Vater hatte hier einst als angesehener Kaufmann gewirkt. Schon damals hatte er Kindern verschiedener Kulturen und Religionen ermöglicht, das Lesen und Schreiben zu erlernen. Ein großes Denkmal im Stadtzentrum erinnerte immer noch an seine Wohltaten. Typisch für die Stadt am Kaspischen Meer waren auch schöne, alte Holzhäuser, ähnlich denen auf Kiji, aber längst nicht so gut erhalten. Stattdessen schießen immer mehr große, billigst errichtete Wohnsilos in den Himmel. Auch diese waren schon dringendst sanierungsbedürftig, doch niemand hatte das nötige Geld dazu. So verfiel die einst so prächtige Stadt allmählich.

Ihren Charme hatte sie aber noch nicht verloren. Eine bunte Mischung aus eher nordischen Russen und temperamentvollen Orientalen fügte sich hier zu einem lebhaften Ganzen zusammen. Besonders die Märkte versprühten immenses asiatisches Flair. Ich glaube, man konnte Astrachan getrost als Knotenpunkt zwischen Orient und Okzident bezeichnen. Trotz aller Schäbigkeit hatte ich mich irgendwie in die Stadt verliebt. Außerdem konnte ich hier endlich wieder einmal so richtig gut essen, denn Astrachan lebte in erster Linie vom Fischfang und auch der hier produzierte Kaviar kostete fast nichts.

Trotz aller Annehmlichkeiten, die mir die Hafenstadt bot, zog es mich schon bald weiter. Meine Schrunden am Gesäß waren wieder verheilt, also machte mir auch das Radfahren wieder Spaß. Meine Route führte mich zuerst entlang der Küste des Kaspischen Meeres, durch Kasachstan. Am ersten Tag legte ich nur wenige Kilometer zurück. Immer wieder musste ich auf Fähren warten, die mich über die vielen Arme der Wolga brachten. Die Tage darauf ging es besser voran.

Ich merkte nun, dass ich mich schon sehr weit im Süden des Landes befand. Die Hitze war beinahe unerträglich und der Boden war staubtrocken. Immer wieder legte ich kurze oder längere Pausen ein und erfrischte mich in den kühlenden Fluten der See. Noch gab es Bauern, die mich mit frischen Melonen versorgten. Auch sie wollten kein Geld für ihre Früchte, sondern betrachteten mich als Freund, von dem man sich nicht bezahlen lässt. Aber schon bald würde eine mehr als sechshundert Kilometer lange Wüstenstrecke vor mir liegen. Dort würde es dann keine Bauern mehr geben, die mich speisten. Ich hoffte, dass wenigstens meine Karte stimmte. Denn wenn ich in der Wüste vom Weg abkommen und keine Brunnen finden würde, bedeutete das meinen Untergang.

Die Sonne brannte unerbittlich vom Himmel. Es gab hier keine Straße, lediglich in den Boden gesteckte Pfosten zeigten die Richtung an. Dicke Schweißperlen standen mir auf der Stirn. Beinahe sechshundert Kilometer durch die karge Wüstenlandschaft hatte ich noch vor mir und die Strecke wurde von Stunde zu Stunde beschwerlicher. Immer öfter musste ich vom Rad steigen und schieben – der tiefe Sand machte das Fahren unmöglich. Der Drahtesel fiel mir hier nur noch zur Last. Es gab sogar Stellen, an denen ich meine mehr als fünfzig Kilogramm schwere Ausrüstung tragen musste.

In diesem Tempo würde ich Wochen brauchen, bis ich endlich wieder in die Zivilisation kam. Mehr als dreißig, maximal vierzig Kilometer am Tag hinter sich zu bringen, war ein Ding der Unmöglichkeit. Weniger zu schaffen wäre allerdings tödlich gewesen. Denn nur wenn ich verhältnismäßig zügig vorankam, konnte ich innerhalb einer erträglichen Zeitspanne die wenigen Zisternen erreichen, um meine Wasservorräte aufzufrischen. Die Ernährung war noch eine viel verzwicktere Geschichte. Laut Karte lagen nur zwei kleine Dörfer auf meinem Weg. Das erste davon sollte ich in frühestens einer Woche erreichen. Sparsamkeit war also oberstes Gebot. Täglich eine Scheibe Brot und manchmal noch eine Konserve dazu musste genügen, um nicht zu verhungern. Dementsprechend vorsichtig musste ich auch mit der Einteilung meiner Kräfte sein. Ein Zusammenbruch würde das sichere Verderben bedeuten, wenn mich dann nicht eine der wenigen Karawanen vom Wegesrand auflesen würde. Das Einzige, was mir jetzt noch fehlte, war ein Sandsturm. Und genau der brauste an meinem dritten Tag in der Wüste natürlich über das flache Land hinweg. Böen jenseits von hundert Stundenkilometern wirbelten die feinen Sandkörner auf und schleuderten sie mir ins Gesicht. Wie Tausende kleine Nadeln stachen sie auf meine schon von der Sonne sehr angegriffene Haut.

Ich verschanzte mich hinter meinem liegenden Rad, um dem Sturm möglichst wenig Angriffsfläche zu bieten. Viele Stunden kauerte ich verkrampft am Boden und trotzte der Naturgewalt. Es war unmöglich zu schlafen, sonst hätte es meine gesamte Ausrüstung weggefegt. Zu Hunger und Durst gesellte sich jetzt auch die Erschöpfung – die drei Dinge, die man am allerwenigsten braucht, wenn man allein durch die Wüste reist, trafen zusammen.

Endlich wurden die Böen schwächer und die Sonne zeigte sich wieder am Himmel. Ich schöpfte wieder neue Hoffnung – doch dann bemerkte ich, was der Sturm aus der Landschaft gemacht hatte. Sie war nunmehr eine sandige Ebene ohne jeden Orientierungspunkt – die Markierungspfosten waren offenbar umgefallen und vom Sand begraben. Es war eine Katastrophe. Ich hatte eine trockene Kehle, keine Ahnung, wie lange ich unter diesen Voraussetzungen bis zum nächsten Dorf brauchen würde und war von jetzt an einzig und allein auf meinen Kompass angewiesen.

Ausgemergelt und erschöpft kämpfte ich mich Meter für Meter durch den mehr als knöcheltiefen Sand. Meine Wasserflaschen waren schon seit Stunden leer, zu essen hatte ich nur noch ein kleines Stück Brot. Wenn nicht bald ein mittleres Wunder geschah, würde ich wohl in ernsthafte Schwierigkeiten geraten. Den nächsten Brunnen konnte ich zwar noch erreichen, bis zum nächsten Dorf, wo ich etwas zu essen bekommen konnte, würde ich es aber mit ziemlicher Sicherheit nicht rechtzeitig schaffen. „Schorsch, da hast du dir wieder eine schöne Suppe eingebrockt", dachte ich mir verzweifelt. Doch ich vertraute auch diesmal auf Fortuna, die mir noch auf jeder meiner Reisen die Treue gehalten hatte. Sie ließ mich zwar immer lange warten, war aber bis jetzt jedes Mal zu mir zurückgekehrt, bevor es endgültig zu spät war. Drei Flugzeugabstürze hatte ich bislang überlebt, jetzt musste ich doch auch aus dieser verflixten Wüste irgendwie herauskommen. Ich dachte an meine Frau Renate, die zu Hause in Baldham saß und wieder einmal auf mich wartete. Sie machte schon einiges mit mit mir. Trotzdem freute sie sich für mich und stand mir immer mit Rat und Tat zur Seite. Vor jedem Abenteuer musste ich ihr versprechen, wieder heil zurück zu kommen – allein deshalb musste ich jetzt kühlen Kopf bewahren, was bei fünfzig Grad im Schatten beinahe unmöglich war, und nach einem Ausweg aus dieser heißen Hölle suchen. Dem Schorsch durfte man nicht nachsagen, dass er sein Wort brechen würde!

Doch was war das? Am Horizont konnte ich einige kleine Punkte erkennen, die immer größer wurden. Hatte ich Glück, dann war das eine Karawane – hatte ich jedoch Pech, dann war das nicht mehr als eine Fata Morgana. Fortuna hatte mich wieder einmal geküsst! Nach einiger Zeit konnte ich eindeutig eine Karawane erkennen, die sich mir langsam, aber sicher näherte. Ich winkte ihnen mit beiden Armen zu, um sie auf meine Notsituation aufmerksam zu machen. Hoffentlich konnten auch sie mich sehen und wechselten jetzt nicht die Richtung!

Sie sahen mich. Nach etwa einer Viertelstunde waren die acht Männer mit ihren Kamelen sogar schon in Rufweite. Überglücklich setzte ich mich in den Sand. Eigentlich hätte ich nichts lieber gemacht, als ihnen entgegenzulaufen und um den Hals zu fallen, doch dazu reichten meine Kräfte nicht mehr. „Seid gegrüßt!“, sagte ich, als sie vor mir halt machten. „Du siehst so aus, als würdest du Hilfe brauchen“, meinte ihr Führer und reichte mir seine Wasserflasche.
„Da hast Du recht. Mich hat der Sandsturm überrascht und jetzt habe ich nichts mehr zu trinken und kaum mehr zu essen.“
„Sei beruhigt. Wasser und Nahrung kannst du von uns haben. Aber was machst du ganz alleine mit einem Fahrrad in der Wüste?“
Ich erklärte den Männern mein Vorhaben. Sie musterten mich von Kopf bis Fuß, sahen sich kurz an und schüttelten die Köpfe. Für sie war es natürlich unverständlich, was mich auf die Idee brachte, nur so zum Spaß alleine durch die Wüste zu ziehen, noch dazu mit einem Fahrrad. Selbst sie, die in dieser kargen Gegend aufgewachsen und mit den Gefahren der Trockenheit und Hitze großgeworden waren, querten die Wüste nur, wenn es unbedingt sein musste, und niemals im Alleingang. Trotzdem konnte ich eine Spur von Anerkennung in ihren kleinen Augen erkennen. Ihren Vorschlag, hier die nahende Nacht zu verbringen nahm ich gerne an. Nicht nur, dass sie Wasser im Überfluss hatten und mir auch zu essen gaben, zudem hatte ich schon seit Tagen keinen Menschen mehr gesehen.

Beim Abendmahl unterhielten wir uns noch ein wenig. Unter anderem erfuhr ich, dass ich nur noch zwei Stunden vom nächsten Brunnen entfernt war und auch das nächste Dorf konnte ich in weniger als zwei Tagen erreichen. Ich erzählte noch ein wenig von meiner bisherigen Reise und den Abenteuern, die ich im Laufe der Jahre schon erlebt hatte. Natürlich sprach ich auch von meiner Alleindurchquerung der Wüste Thar – so sollten sie erkennen, dass ich nicht nur ein leichtsinniger Verrückter war, sondern durchaus wusste, was ich tat.

Obwohl unsere Lagerfeuergespräche bis spät in die Nacht gedauert hatten, brachen meine neuen Freunde schon im Morgengrauen wieder auf. „Wir müssen weiter, sonst können wir unsere Ware nicht rechtzeitig liefern. Aber hier – nimm noch ein wenig Brot. Damit kommst du sicher ins nächste Dorf. Viel Glück noch auf deiner Reise", meinte ihr Anführer. Nachdem sich jeder einzelne von ihnen bei mir verabschiedet hatte zogen sie weiter in Richtung Westen. Sie brachten Teppiche nach Astrachan. Von einer Bezahlung für Speis und Trank wollten auch sie nichts wissen. Langsam musste ich mir abgewöhnen, von mir aus Geld anzubieten, bevor ich jemanden ernsthaft beleidigte. Die Leute hier forderten schon, was sie wollten. Ansonsten war offenbar alles als Geschenk zu betrachten.

Auch ich machte mich bald auf den Weg. Je früher ich weiter fuhr beziehungsweise marschierte, desto mehr Kilometer konnte ich zurücklegen, ehe die Hitze wieder unerträglich wurde. Russland und seine ehemaligen Teilstaaten waren schon beeindruckend. Ganz abgesehen von den Leuten, die ohnehin ein Kapitel für sich waren, imponierte mir auch die Vielzahl an verschiedensten Landschaften. Von der Kälte Sibiriens bis zur Hitze der Wüste – bis auf den tropischen Regenwald waren hier alle Klimazonen vertreten.

Den Brunnen erreichte ich wirklich schon nach etwas mehr als zwei Stunden Fußmarsch – radfahren war hier unmöglich. Doch nach dem Dorf, das ich am nächsten Abend erreichen sollte, würde der Untergrund wieder etwas fester werden. Das hatten zumindest die Einheimischen behauptet. Überhaupt würde ich dort angeblich wieder vermehrt auf Menschen treffen und ab dem Ort gäbe es bis *Chiva*, meinem nächsten Ziel, mehrere Siedlungen, die gar nicht auf der Karte eingezeichnet waren. Ich war wieder motiviert.

So sehr mir das Fahren auf die Nerven gegangen war, jetzt wünschte ich mir nichts sehnlicher, als endlich wieder in den Sattel zu steigen. Hätte ich wenigstens das Fahrrad bekommen, das mir vor meiner Abreise versprochen worden war – aber so musste ich mein fast zwanzig Kilogramm wiegendes Ungetüm durch den Sand schleppen. Ich schwor mir, den Drahtesel einfach stehen zu lassen, wenn der Boden nicht bald wieder fester würde. Anstatt eines wunden Hinterteils hatte ich mittlerweile Schrunden an den Händen und Kreuzbeschwerden vom vielen Tragen. Ich kam mir schon vor wie ein Lasttier.

Endlich war ich da. Es herrschte reges, orientalisches Treiben in dem kleinen Dorf. Alle Einwohner waren auf der Straße und der ganze Ort war ein einziger Bazar. Die Leute hier besaßen nichts – aber selbst dieses Nichts versuchten sie gegen ein anderes Nichts zu tauschen. Geld war hier wertlos. Ware gegen Ware, das war der einzig gültige Handel. Die Szenerie hier hätte sich genauso gut einige hundert Jahre früher abspielen können, wären da nicht die zwei uralten Lastwagen gewesen, die in der Mitte des Dorfplatzes parkten. Vor lauter Rost konnte man nicht einmal ihre ursprüngliche Farbe erkennen. Ich bezweifelte, dass sie noch fahrtüchtig waren, doch sicher war ich mir nicht. Zu oft war ich schon von der Zuverlässigkeit solcher Autos überrascht worden.

Ich war natürlich auf Anhieb die Sensation und wieder einmal sofort von der ganzen Bewohnerschaft umringt. Die üblichen Fragen, die üblichen Antworten, das übliche Kopfschütteln. Ein paar Kinder zerrten ganz stolz ihre alten Fahrräder herbei, um sie mir zu zeigen. Die meisten von ihnen bestanden nur mehr aus Lenkstange, Rahmen und einem ovalen Etwas, das vor langer Zeit einmal eine Felge gewesen war. Aber die Kinder fuhren noch immer mit den alten Dingern und hatten einen Riesenspaß dabei.

Selten zuvor hatte ich mich auf Anhieb an einem Ort so wohl gefühlt wie hier. Das lag sicher auch daran, dass ich froh war, wieder in der Geborgenheit einer menschlichen Gemeinschaft zu sein, nachdem ich in der Wüste um mein Wohlergehen hatte zittern müssen. Doch das war nicht der einzige Grund. Das orientalische Flair war einfach bezaubernd. Obwohl das Dorf der Inbegriff von Armut war, fühlte ich mich wie in einem Märchen. Die Menschen hatten trotz ihres kargen Lebens fröhliche Gesichter und leuchtende Augen. Hier, mitten in Kasachstan und schon nahe der usbekischen Grenze, wurde selbstverständlich der islamische Glaube ausgeübt. Allein aus religiösen Gründen war der Gast König. Dementsprechend wurde ich auch gleich bei meiner Ankunft bewirtet. Die russische Gastfreundschaft war großartig, wie ich ja schon oft betont habe, doch was mir hier geboten wurde, übertraf alles. Nachdem die überschwängliche Begrüßung vorüber war, wurde ich sofort in ein Haus eingeladen. Frische Melonen, Ziegenkäse, Brot, Kichererbsen und alles, was die Bewohner in ihren Baracken finden konnten, setzten sie mir vor.

Das erste Mal seit Astrachan war ich richtig satt. Das heißt, ich war überfressen und mir war richtig übel. Nach den Entbehrungen in der Wüste war mein Magen auf eine derartige Völlerei nicht vorbereitet. Ich hätte nichts lieber gemacht, als mich schlafen zu legen, denn ein Bett stand selbstverständlich schon für mich bereit. Gerne hätte ich meine vielen kleinen Wehwehchen, die alle zusammen genommen doch schon ein richtiger Schmerz waren, durch eine erholsame Nachtruhe gelindert. Doch so viele Vorteile die islamische Gastfreundschaft mit sich brachte, sie hatte auch einen nicht unbedeutenden Nachteil. Ich musste die Höflichkeit dieser Leute natürlich erwidern, um so mehr, als ein deutsch sprechender Mann als Übersetzer fungierte.

Und so saß ich bis in die frühen Morgenstunden mit der Dorfgemeinschaft zusammen und erzählte von meinem Leben, das für den europäischen Durchschnittsbürger schon recht interessant sein mag, für diese Menschen aber das Aufregendste war, von dem sie je gehört hatten. Sie hingen an meinen Lippen wie Sektenjünger an jenen des Gurus. Schließlich waren die wenigsten von ihnen je weiter als nach Astrachan oder Chiva gekommen. Viele, insbesondere die Älteren, hatten in ihrem ganzen Leben noch nicht einmal das Dorf verlassen. Es war mühsam. Ich schlief schon fast im Sitzen ein, doch meine Gastgeber bombardierten mich immer noch mit Fragen. Klar, für sie war der Abend die aktivste Zeit des Tages, denn wer setzte sich schon gerne freiwillig der Hitze aus, die tagsüber herrschte. Um vier Uhr morgens wurde ich dann endlich entlassen und verkroch mich ins Bett.

Auch am folgenden Tag blieb ich noch in der kleinen Ansiedlung. Ich fühlte mich wohl, die Bewohner freuten sich über meine Anwesenheit und außerdem konnte ich mich endlich ein wenig erholen. Der Weg zu meinem nächsten Ziel, der historischen Stadt Chiva, würde noch beschwerlich genug werden.

Es war faszinierend, wie die Menschen hier lebten. Alles, was sie hatten, waren ein paar dürre Ziegen und einige Hühner sowie Obstbäume und einige winzige Felder, deren Früchte aufgrund des Klimas natürlich prächtigst gediehen. Bewässert wurde alles vom einzigen Dorfbrunnen aus. Es war die Aufgabe der Frauen, das Leben spendende Nass zu den Feldern hinaus zu tragen. „Vor vielen Jahren ist die Zisterne einmal ausgetrocknet“, erzählte Utkir, der Dorfälteste, als ich mit ihm durch den Ort spazierte. Es musste eine Katastrophe gewesen sein, denn alles Leben hier stand und fiel mit dem Wasser. Ich hakte nach: „Was habt ihr dann gemacht?“ Nachdenklich runzelte der Alte die Stirn: „Erst als Kinder und Alte verdurstet sind, haben wir Wasser vom nächsten Dorf bekommen. Wir mussten es mit Karawanen herbeischaffen und haben alles dafür gegeben, was wir hatten. Essensvorräte, Tiere, einfach alles. Nach dem Durst hat uns dann der Hunger heimgesucht. Aber die Nachbarn haben auch fast kein Wasser gehabt – sie konnten es uns also nicht umsonst geben.“

Letztendlich war ich ganze vier Tage im Dorf geblieben. Jetzt war ich erholt und konnte meine lange Reise mit neuen Kräften fortsetzen. Fast zwei Drittel der Wegstrecke hatte ich schon geschafft und jetzt kam der reizvollste Teil der Reise auf mich zu. Die historischen Städte *Chiva*, *Buchara* und *Samarkand* warteten darauf von mir entdeckt zu werden und zu guter Letzt wollte ich dann noch einen Abstecher zum Aralsee machen. Die Karawane hatte Recht behalten. Der Boden war hier etwas fester und ich kam gut voran. Sogar ein paar dürre Pflänzchen trotzten den widrigen Bedingungen.

Im Zweitages-Rhythmus traf ich wie vorhergesagt immer wieder auf kleine Ansiedlungen, wo ich meine Vorräte auffrischen konnte. Die Niederlassungen, in denen meist nur eine große Familie lebte, waren heruntergekommen und armselig. Aber auch hier wurde ich immer wieder mit Freuden aufgenommen und mit allem versorgt, was ich brauchte. Zu meiner Verwunderung musste ich auch nicht einmal bei diesen armen Leuten etwas für Kost und Logis bezahlen, denn an sich lebten sie davon, die wenigen Karawanen mit Nahrung zu versorgen.

Nach gut drei Vierteln der ungefähr sechshundert Kilometer langen Strecke kam ich nach *Kungrad*, einer kleinen Wüstenstadt. Bereits seit Jahrhunderten war an dieser Stelle der Kreuzungspunkt zweier wichtiger Karawanenwege. Mit der Zeit hatten sich hier dann Menschen niedergelassen. Heute zählt die usbekische Stadt – die Landesgrenze hatte ich schon längst überschritten – immerhin etwa zehntausend Einwohner. Ihre einstige wirtschaftliche Bedeutung hatte sie jedoch verloren. Die Karawanen wurden immer weniger, denn der Verkehr hatte sich sogar in diesem abgelegenen Winkel der ehemaligen Sowjetunion auf die Straße verlagert und die Wüste wurde einfach umfahren.

Kungrad mochte einst eine liebliche Stadt gewesen sein, doch die alten Bauwerke waren verkommen und die neuen waren hässlich. Das einzige, was den Reiz der Wüstenstadt ausmachte, war der Bazar, in dem es wirklich alles zu kaufen gab, was der Orient zu bieten hatte. Teppiche, Gewürze, Obst, Tabak und vieles mehr war zu Spottpreisen erhältlich. Doch was hatte ich davon? Sollte ich etwa einen Teppich mit dem Fahrrad durch Usbekistan chauffieren?

Es war das erste Mal, dass meine Ankunft nicht beachtet wurde. Bis hierher war die Kunde von meiner Reise noch nicht gedrungen und Touristen waren verhältnismäßig oft hier. Usbekistan war zwar nicht gerade das Ziel für Pauschalreisende, doch einige Rundreisen konnte man sogar von Deutschland aus buchen. Und Kungrad war meist ein beliebtes Ziel für günstige Einkaufsbummel. Gleich am nächsten Tag radelte ich weiter. Ich war ohnehin schon mehr als eine Woche hinter meinem Zeitplan.

Brunnenanlage im Sommerpalast der Zaren bei St. Petersburg. Samson, der das starke Russland symbolisiert, entreißt dem schwedischen Löwen das Wasser (Zar Peter der Große erkämpfte den Zugang zur Ostsee und damit zu den Weltmeeren).

Die Holzkirchen von Kiji, ein Meisterwerk der Holzbaukunst aus der Zarenzeit.

◂ *Schorsch Kirner auf dem Roten Platz in Moskau vor der Basilius-Kathedrale.*

Russische Frau holt mit einem altersschwachen Handkarren Wasser vom Dorfbrunnen.

Um das Schicksal vermisster deutscher Soldaten zu klären, musste ich mit Hilfe eines russischen Arztes Gräber öffnen. ▸

Bei diesem Imam in Buchara fand ich Unterschlupf, da ich ohne Visum in Usbekistan war.

Im versandeten Teil des Aral-Sees musste ich mein Rad samt Gepäck über weite Strecken tragen, da ein Fahren unmöglich war.

Dieses Schiff namens „Alma Ata“ lief hier auf Grund, eine Rettung war nicht möglich, da der Aral-See großenteils austrocknete.

Illegal

Ich wusste, dass ich Chiva bald erreichen würde. Am Vorabend war ich in Urgentsch gelandet, einer unscheinbaren, nicht besonders schönen, aber auch nicht außerordentlich hässlichen Stadt. Dort wurde mir gesagt, ich hätte noch ungefähr eine Tagesetappe vor mir. Am Abend oder spätestens am nächsten Morgen musste ich mein Ziel also erreichen. Lange genug war ich jetzt in der Wüste gewesen, es wurde wieder Zeit für ein wenig Zivilisation und Kultur.

Plötzlich tauchte in der Ferne ein Turm vor mir auf. Wie aus dem Nichts stand er auf einmal da. Es war der Turm von Chiva. Er hatte einst den Karawanen zur Orientierung gedient, jetzt bescherte er mir ein inneres Hochgefühl. Genauso mussten sich die Leute auch früher gefühlt haben, wenn sie ihn erblickt hatten. Er signalisierte, dass die Wüste endgültig hinter mir lag, dass die Strapazen nun ein Ende hatten.

Die Altstadt von Chiva übertraf alle meine Erwartungen. Ich fühlte mich wie in einem Märchen aus Tausendundeiner Nacht. Die Gebäude waren allesamt in einem hervorragenden Zustand. Weder Frost noch Schnee nagten hier an den Mauern, das war die einzige Erklärung, warum sie noch so gut erhalten waren. Kein einziges Haus im typisch hässlichen Sowjet-Stil störte die zauberhafte Idylle.

Von unten betrachtet sah der Turm gewaltig aus. Er war von oben bis unten mit Millionen von kleinen blauen Mosaiksteinchen belegt, die im gleißenden Sonnenlicht reflektierten. Eigentlich unvorstellbar, dass der stolze Turm einst von der Bevölkerung gefürchtet war. Früher hatte er nämlich nicht nur als Orientierungshilfe und Ausblick gedient. Verurteilte Verbrecher wurden in Säcke eingenäht und aus dem obersten Fenster geworfen. Diese spektakuläre Art der Hinrichtung hatte in erster Linie zur Abschreckung gedient. Auch mir wäre wohl allein beim Gedanken an diese grausame Strafe die Lust auf illegale Tätigkeiten jeglicher Art vergangen.

Ich dachte gerade daran, wie es damals wohl gewesen war, als sich die ganze Stadt auf diesem Platz, auf dem ich jetzt stand, versammelt hatte, um der Exekution beizuwohnen. Plötzlich kam ein Polizist auf mich zu. Mit strengem Blick forderte er: „Zeigen Sie mir Ihre Papiere!" Bereitwillig zog ich meinen Reisepass aus der Tasche und hielt ihm den Ausweis entgegen. Genauestens inspizierte er das Dokument: „Und wo ist das Visum?"

„Das klebt irgendwo da drinnen. Es gilt noch zwei Monate."

„Das ist ein russisches Visum."

„Eben. Dann haben Sie ja alles was Sie brauchen!"

„Nein. Das russische Visum gilt nicht. Wir sind hier in Usbekistan und sie haben keine Einreisebewilligung!"

„Ich habe das Visum vom russischen Botschafter in Deutschland erhalten. Er hat mir versichert, dass es überall gilt!"

„Mir ist egal, was Ihnen der russische Botschafter versichert hat. Usbekistan ist ein selbständiger Staat und sie haben keine Einreisebewilligung. Sie sind illegal hier!"

Damit hatte ich wirklich nicht gerechnet. Ich musste mit zur Polizeistation. Dort wurden meine Dokumente noch einmal eingehendst inspiziert und auch mein Reisegepäck musste ich vor den Beamten ausbreiten. Ich wurde behandelt wie ein Schwerverbrecher. „Das kostet hundert Rubel", verdeutlichte mir der Postenkommandant. Mit aller Anstrengung kämpfte ich um die Kontrolle über mein Zwerchfell – hundert Rubel waren gerade einmal fünfzig Pfennig! Jetzt ärgerte ich mich nicht mehr über den Zwischenfall, ich fand ihn nur noch amüsant. Doch dann sprach der Polizist weiter: „Und außerdem werden Sie des Landes verwiesen. Wir schicken Sie mit dem Zug nach Turkmenistan. Was Sie dort ohne Visum machen, ist uns egal. Bis dahin bleiben sie im Arrest!" Das war nun wirklich das Schlimmste, was passieren konnte.

Meine Zelle war schmutzig und stickig. Es gab nicht einmal ein Bett, auf dem ich mich in Ruhe niederlegen konnte, um auf meine Abschiebung zu warten. Nur eine desolate Holzpritsche und ein Loch zum Verrichten der notwendigsten Geschäfte waren in dem kleinen Raum, der maximal fünf Quadratmeter maß. Kaum vorstellbar, dass manche Menschen fast ihr ganzes Leben in einem derartigen Loch fristen mussten. Ich war noch nie zuvor im Gefängnis gewesen, obwohl ich bei meinen Abenteuern naturgemäß nicht immer hundertprozentig legal unterwegs war. Sogar Schwerverbrecher taten mir jetzt leid – die Zustände in diesem Knast waren wirklich untragbar. Einen Besen oder gar einen Wischmob hatte diese verdreckte Zelle in ihrer sicher fünfzigjährigen Geschichte garantiert noch nicht gesehen.

Ich hatte keine Ahnung, wie lange ich hier warten musste, ehe ich per Eisenbahn außer Landes gebracht werden sollte. Diese Aussicht gefiel mir ganz und gar nicht. Wegen eines kleinen Formalfehlers stand mein Abenteuer jetzt knapp vor dem Aus – und das, bevor ich die Höhepunkte, auf die ich mich am meisten freute, gesehen hatte. Es war zum Verzweifeln. Warum hatte ich mich nicht um ein gültiges Visum gekümmert? Ich hatte natürlich gewusst, dass Usbekistan und die anderen Länder, die ich jetzt noch bereisen wollte, unabhängig waren und demnach auch eigene Einreisebewilligungen erforderten. In meinem grenzenlosen Optimismus hatte ich jedoch gedacht, dass ich mir diese lästigen Formalitäten ersparen konnte – es war schon schwierig genug gewesen, als Alleinreisender und ohne Hotelbuchungen ein Visum für Russland zu bekommen. Aus reiner Faulheit hatte ich darauf verzichtet, die bürokratischen Irrwege für all die anderen Staaten noch einmal auf mich zu nehmen. Und jetzt wurde mir eben die Rechnung für diesen Leichtsinn präsentiert. Ich saß hinter schwedischen Gardinen und wartete auf meine Abschiebung. „Schorsch, weit hast Du´s gebracht“, dachte ich. Eine Nacht musste ich wohl oder übel hier verbringen, damit hatte ich mich schon abgefunden. Hoffentlich würde mein Zug schon am nächsten Tag gehen.

Doch wollte ich wirklich so schnell aufgeben? Mir blieb keine andere Wahl. Auf legalem Wege ließ sich so schnell sicher nichts erreichen und einen Gefängnisausbruch konnte ich dann doch nicht riskieren. Aber was für Möglichkeiten gab es noch? Der Kommandant wirkte seriös und wie ein aufrechter Staatsdiener. Obwohl in diesen mittelasiatischen Ländern mit Korruption beinahe alles möglich war, schien es mir doch unmöglich zu sein, ihn zu bestechen. Ich musste mir also einen anderen Ausweg einfallen lassen. Immerhin hatte ich mindestens die ganze Nacht Zeit, um mir den Kopf zu zerbrechen, wie ich mit einem blauen Auge davonkommen könnte.

Ich hatte Glück. Mein Zug nach Turkmenistan fuhr schon am nächsten Abend. Wenigstens die stinkende Zelle hatte ich hinter mir. Sonst hatte ich jedoch keine Ahnung, wie es jetzt weitergehen sollte. Meine Hoffnung gab ich aber noch lange nicht auf. Und wenn schon. Im schlimmsten Fall musste ich meine nächsten Ziele in Usbekistan abhaken. In Turkmenistan gab es bestimmt eine Möglichkeit, aus diesem Schlammassel zu entkommen, obwohl ich natürlich auch für dort kein gültiges Visum besaß.

Der Zug hatte drei Stunden Verspätung, aber das war ja selbst in Deutschland möglich, wozu sollte ich mich also aufregen. Die Wartezeit verbrachte ich mit meiner uniformierten Eskorte. Die beiden Polizisten, die dafür verantwortlich waren, dass ich auch wirklich das Land verließ waren jung und eigentlich recht nett. Sie taten nur ihre Pflicht und ich vermutete, dass sie diese nicht ganz so ernst nahmen, wie ihr Vorgesetzter. Mit einem kleinen Trinkgeld ließe sich die Sache vielleicht sogar erledigen. Ganz nervös wartete ich darauf, dass sie mir endlich ein Angebot machten, doch es kam nichts. Sie erzählten von ihren Familien, befragten mich über Deutschland – aber nicht die Spur eines Bestechungsvorschlags. Ich konnte ihnen auch kein Angebot unterbreiten – immerhin waren sie zu zweit. Wenn ich nur einen von den beiden falsch einschätzte, konnte ich dadurch in eine gewaltige Zwickmühle geraten.

Es vergingen letztendlich fünf Stunden, ehe der Zug abfuhr. Mit gemischten Gefühlen blickte ich dieser Fahrt entgegen. Einerseits konnte ich von Glück reden – die Polizisten begleiteten mich nicht bis zur Grenze. Sie hatten lediglich dem Lokomotivführer den Auftrag erteilt, mich erst in Turkmenistan aussteigen zu lassen. Andererseits gab es aber nicht die kleinste Fluchtmöglichkeit, wenn ich nicht mitsamt meinem Rad, das noch dazu in einer Toilette eingeschlossen war, aus dem fahrenden Zug springen wollte, denn die Eisenbahn hatte bis zur Grenze keinen einzigen planmäßigen Halt.

Die Bahnlinie war mit absoluter Sicherheit ein Verlustgeschäft. Außer mir fuhren nur noch vier Usbeken in meine Richtung. Dann gab es noch ein paar Güterwaggons, aber auch die waren nicht einmal zur Hälfte beladen. Wenn das keine Ausnahmesituation war, dann musste der Staat in nächster Zeit garantiert einige seiner maroden Linien schließen. Ich dachte an die armen Angestellten, die dann mit ziemlicher Sicherheit ihren Hut nehmen mussten. Ein soziales Netz wie in Deutschland oder in anderen Ländern Europas gab es hier natürlich nicht. Wer keine Arbeit hatte, war auf das Betteln angewiesen.

So zynisch das auch klingen mag – genau dieser traurige Umstand brachte mich auf die rettende Idee! Wahrscheinlich musste auch der Lokomotivführer, der ja jetzt für mich verantwortlich war, um seine Zukunft bangen. Für eine kleine finanzielle Zuwendung war er vielleicht bereit, nur für ein paar Minuten seine Pflicht als guter Staatsbürger zu vergessen. Er musste ja nur die Toilette aufsperren, damit ich wieder Zugriff auf meine Ausrüstung hatte und aus irgendeinem Grund den Zug für zwei Minuten anhalten. Je mehr ich darüber nachdachte, desto besser gefiel mir der Einfall. Was konnte dabei schon passieren? Falls der Mann wider Erwarten doch nicht für eine milde Gabe empfänglich war, erfüllte er eben seine Pflicht und brachte mich nach Turkmenistan. Anzeigen würde er mich bestimmt nicht. Sollte er jedoch mit meinem Angebot einverstanden sein, konnte ich meine Reise wie geplant fortsetzen.

Ich klopfte also vorsichtig an die Tür des Führerhauses. „Was willst Du?“, fragte er mich. Ich bat ihn, mich hereinzulassen. Drinnen erklärte ich ihm meine Situation. „Das ist Pech für Dich. Aber was willst du von mir?“, fragte der ungewöhnlich kräftig wirkende Mann. Ich musste offenbar deutlicher werden: „Du verdienst doch sicher nicht gerade viel.“

„In der Tat. Aber was geht dich das an?“

„Ich brauche nur den Schlüssel zur Toilette. Ich muss dringend etwas von meiner Ausrüstung holen. Und wer weiß, vielleicht ist gerade in diesem Moment etwas am Zug kaputt und du musst kurz anhalten.“

„Warum sollte das passieren?“

„Weil ich zufällig hier im Führerhaus ein paar Rubel vergessen habe!“

„Ist das ein Bestechungsversuch?“

„Nein, was denkst du denn von mir? Ich bin einfach sehr vergesslich!“

„Und wie viel hast du vergessen?“

„Ungefähr zehntausend Rubel.“

„Ich bin ein ehrlicher Mann. Es waren fünfzehntausend.“

„Nein. Mehr als zwölftausend habe ich bestimmt nicht vergessen!“

„Weißt du, ich bin auch sehr vergesslich. Ich habe den Schlüssel für die Toiletten verloren. Ich glaube er liegt irgendwo da hinten!“

Ich hatte es geschafft. Der Schlüssel lag tatsächlich auf einer kleinen Ablage. Dort ließ ich auch die vereinbarten zwölftausend Rubel zurück. Für etwa fünfzig Mark hatte ich meine Freiheit zurück gekauft. So schnell es ging, machte ich mich daran, meine Ausrüstung zusammenzupacken und stellte mich gleich neben einen Ausgang. Nach einer halben Stunde war der Zug immer noch in voller Fahrt. Hatte mich der Lokomotivführer etwa betrogen? Wenn es so war, konnte ich nichts dagegen unternehmen. Sollte ich ihn anzeigen? Ich verfluchte meine Naivität. Natürlich brauchte er das Geld, aber gerade meine Freilassung konnte ihn den Job kosten, den er noch viel mehr brauchte. Resigniert ging ich wieder zurück in den Passagierraum und wollte mich hinsetzen. Doch gerade als ich die Tür öffnete, ertönte plötzlich ein ohrenbetäubendes Quietschen. Ich wäre beinahe hingefallen, so stark hatte der Zug gebremst. Schnell lief ich wieder zum Ausgang. Ich öffnete die Waggontüre und warf mein ganzes Zeug hinaus. Im Nu hatte ich alles wieder eingesammelt, setzte mich auf meinen Drahtesel und fuhr weg, so schnell ich konnte. Als ich an der Lokomotive vorbei radelte, winkte ich meinem Helfer noch kurz zu, doch er tat so, als würde er mich gar nicht sehen.

Der Imam

Auf die Bestechlichkeit der Menschen war eben doch Verlass. Eigentlich war es mir ja ziemlich unangenehm, wie ich vorgegangen war. Es war sicher nicht in Ordnung, den Lokomotivführer auf seine miserable finanzielle Situation aufmerksam zu machen, aber es hatte einfach keine andere Möglichkeit gegeben, meine Reise wie geplant fortzusetzen. Jetzt hoffte ich für ihn und für mich, dass die usbekischen Behörden nichts davon bemerken würden. Ein Haftbefehl war alles andere als das, was ich jetzt brauchte. Aber ich vertraute auf das nicht vorhandene System. Selbst wenn die Polizei in Chiva Wind von der Sache bekäme, bedeutete das noch lange nicht, dass auch die Behörden in anderen Städten von meinem kleinen Delikt erfahren würden. Ich musste von nun an aber besser aufpassen.

Mein Weg nach *Buchara* führte mich durch endlose Baumwollfelder. Der Bevölkerung ging es hier schon wieder ein wenig besser, denn hier befanden sich auch einige wichtige Produktionsstätten für Textilien. Buchara selbst, eine kleine Stadt, war weltbekannt für seine schönen Teppiche. Liebhaber in allen Ländern der Erde wussten die Qualität zu schätzen.

Die Stadt war nicht ganz so schön wie Chiva, aber immer noch bezaubernd. Vor allem die herrlichen Mausoleen waren wirklich einzigartig. Auch wusste ich die Schönheit der Orientteppiche zu schätzen, und bewunderte die Kunstfertigkeit der Knüpferinnen. In den Betrieben finden die Frauen Arbeit und können damit ihre Familien ernähren. Oft teilen sich mehrere Frauen einen Arbeitsplatz, damit möglichst viele etwas verdienen können. Der Teppichhandel ist hier ein wichtiger Wirtschaftszweig, den die Menschen zum Überleben brauchen.

In ein Hotel zu gehen, wäre in meiner Situation grenzenloser Leichtsinn gewesen. Die Besitzer mussten bei den Behörden Meldung erstatten, wenn ein ausländischer Gast bei ihnen abstieg. Ich hätte gar nicht gewusst, wie mir geschah und ich wäre schon wieder im nächsten Zug gesessen. Von nun an wollte ich versuchen, irgendwo unbemerkt zu übernachten.

Gleich am ersten Tag hatte ich Glück. Bei einem Mausoleum lernte ich einen äußerst netten *Imam*, einen islamischen Glaubensführer, kennen, der mir nach orientalischer Sitte sofort seine Gastfreundschaft anbot. Ich hätte ihn schwer beleidigt, wenn ich nicht angenommen hätte. Zudem sah ich die Möglichkeit, endlich mehr über den Islam zu lernen. Zwar hatte ich schon einige Bücher gelesen und hatte auch schon einige islamische Länder bereist, doch die Chance, alles von einem Imam erklärt zu bekommen, war einmalig. Noch einen Vorteil hatte mein Quartier: Polizeikontrollen gab es hier mit Sicherheit keine, obwohl ich mitten im Zentrum wohnte.

Dann hatte ich wieder Pech. Es war am zweiten Tag meines Aufenthalts in Buchara, als ich auf dem Marktplatz erneut von einem Polizisten angehalten wurde. Wieder wollte er mein Visum sehen, wieder hatte ich keines, wieder nahm er mich mit auf die Polizeistation. Es folgte meine zweite Nacht im Gefängnis. Die Zelle ähnelte jener in Chiva, war aber noch ein bisschen schmutziger, noch ein bisschen feuchter und stank noch ein wenig mehr. Sogar die Holzpritsche war kaputt, ich musste also auf dem dreckigen Boden liegen. Ein Kuhstall wäre im Vergleich dazu noch ein Palast gewesen.

Am nächsten Tag wurde mir erklärt, dass ich wieder einmal mit dem Zug außer Landes gebracht werden sollte. Gut, möglicherweise ging meine Taktik ja noch einmal auf – doch dann griff ich mir an die Stirn: Meine komplette Ausrüstung war ja bei meinem Gastgeber. Ich wollte ihn natürlich nicht in Schwierigkeiten bringen, aber ich brauchte zumindest mein Fahrrad und meine Fotoausrüstung unbedingt! Ich versuchte, den Beamten alles zu erklären: „Bevor ihr mich wegschickt, muss ich noch mein Gepäck holen. Ich kann ja nicht alles hier lassen!“

„Wo ist das Gepäck? Wir holen es für dich.“

„Im Haus meines Gastgebers.“

„Und wo wohnt dein Gastgeber?“

„Hier im Stadtzentrum. Es ist nicht weit.“

„Die Adresse weißt du nicht?“

„Ich habe keine Ahnung, aber ich finde hin.“

„Gut zwei von uns werden dich begleiten. Geht gleich los!“

Ich hatte unsägliches Glück, dass ich die Adresse nicht gewusst hatte. Als ich mit dem Postenkommandanten und seinem Vasallen vor dem Haus des Imam stand, wurden die

beiden richtig blass im Gesicht. „Du bist ein Gast des Imam?“, fragte mich der Offizier. Ich antwortete: „Ganz richtig! Gehen wir hinauf.“
„Aber warum hast du das nicht gleich gesagt?“
„Warum?“
„Dann hätten wir niemals gewagt, dich einzusperren. Du bist frei!“
„Was soll das heißen, ich bin frei?“
„Du bist ein Gast des Imam. Wir können doch seine heilige Gastfreundschaft nicht verletzen!“
In der Tat – ich war frei. Bevor sie mich endgültig gehen ließen, entschuldigten sie sich noch ergeben bei mir und baten mich, ihre Bitte um Verzeihung auch dem Imam zu überbringen. Ich konnte mein Glück kaum fassen. Warum hatte ich nicht von Anfang an daran gedacht, den Namen meines Gastgebers zu nennen? Dieser begrüßte mich mit besorgtem Blick. Als ich ihm von dem kleinen Intermezzo erzählte, wurde er hochrot vor Wut. Ich musste ihn dreimal bitten, nicht zur Polizei zu gehen, um sich zu beschweren und ihm hoch und heilig versichern, dass mich die Beamten den Umständen entsprechend gut behandelt hatten.

Ich blieb eine ganze Woche in Buchara. Der Grund für diesen ungeplant langen Aufenthalt waren die interessanten Diskussionen, die ich Tag für Tag mit dem Imam führte. Ich war dem islamischen Glauben immer sehr distanziert gegenüber gestanden, obwohl ich an und für sich ein äußerst toleranter und weltoffener Mensch bin. Dennoch waren mir die Regeln des Koran in vielerlei Hinsicht oft ein Dorn im

Auge. Da war zum Beispiel die Entrechtung der Frauen, da war der Wille zum Heiligen Krieg – ich war überzeugt, dass die Moslems ein ziemlich untolerantes Volk waren. Doch mein Gastgeber belehrte mich eines Besseren: „Meine Religion wird leider sehr oft falsch ausgelegt. Doch schon der letzte Prophet hat gepredigt, dass alle Menschen Brüder sind, egal welche Hautfarbe sie haben oder an welchen Gott sie glauben. Die Frauen sind heilig, wenn sie auch gewisse Regeln befolgen müssen. Aber das muss der Mann auch. Denke einmal nach Georgi, auch deine Kirche hat schon viele Heilige Kriege geführt, zum Beispiel die Kreuzzüge. Auch das war sicher nicht im Sinne eures Gottes, der im übrigen derselbe ist, wie der unsrige. Es gibt nur einen Gott, das besagt sowohl der Koran als auch die Bibel. Aber es gibt viele verschiedene Menschen, die auf unterschiedliche Art und Weise an diesen Gott glauben. Es gibt in der Glaubensfrage keine richtige oder falsche Antwort. Falsch ist nur, andere Meinungen nicht zu akzeptieren."

Ich war beeindruckt von den Worten des weisen Mannes und konnte ihm nur beipflichten. Es war wirklich abwegig, dass sich Menschen bekriegten, weil sie eine unterschiedliche Auffassung zu Gottes hatten. Alle Religionen predigen Frieden, aber letztendlich führen gerade sie sehr oft zum Krieg. Bei genauerer Überlegung war die Menschheit, egal welcher Abstammung oder Überzeugung, offenbar wirklich nicht intelligent genug, ihre eigenen Religionen zu verstehen.

Liebe auf den ersten Blick

Obwohl ich mit äußerster Vorsicht unterwegs war, wurde ich jetzt richtiggehend von der Polizei verfolgt. Alle zwei Tage wiederholte sich dasselbe Spiel. Ich wurde kontrolliert, verbrachte ein bis zwei Nächte in einer schmutzigen Gefängniszelle und wurde abgeschoben. Die einzige Abwechslung bestand darin, dass ich einmal mit dem Zug ins Ausland verfrachtet werden sollte, ein anderes Mal mit einem Militärfahrzeug. Aber immer wieder kam ich durch kleinere oder größere Bestechungen wieder frei und konnte meine Tour für einige Zeit ungehindert fortsetzen. Bis ich eben das nächste Mal erwischt wurde.

Die nächste Stadt, die ich besuchte, war *Samarkand*, eine der ältesten kulturellen Metropolen der Erde. Schon der erste Teil der Seidenstraße führte von China bis hierher und die jahrtausende alte Tradition als Handelsstadt hatte bis heute ihre Spuren hinterlassen. Prächtige Paläste und Mausoleen zeugten von einstigem Reichtum, von dem jetzt nichts mehr übrig war. Das prächtigste Gebäude der Stadt war mit Abstand das Mausoleum *Gur Emir*, dessen Seitenflügel mit herrlichen Ornamenten aus echtem Porzellan versehen waren. Samarkand übertraf in seiner überwältigenden Schönheit sogar noch Chiva, war aber auch dementsprechend bekannt und wurde immer öfter auch von Touristen besucht.

Trotzdem war auch dieses einstige Zentrum des Geldes mittlerweile bettelarm. Ich wollte mir am Markt etwas zu essen kaufen, bekam aber nichts als Melonen in den verschiedensten Variationen. Also musste ich mich damit begnügen, denn nicht einmal in den wenigen Wirtshäusern gab es zur Zeit etwas anderes. „Die Erntezeit ist vorbei und wer kann, hat sich so viel es geht zu Hause eingelagert“, erklärte mir ein Bauer, bei dem ich doch noch ein Stück Brot ergattern konnte. Er bot mir auch an, bei ihm zu übernachten: „Mein Sohn arbeitet in Deutschland. Ihm geht es in deinem Land gut, also soll es dir auch bei uns gut gehen.“

Stolz erzählte er von seinem Sohn, der den Weg aus der Armut geschafft hatte. Vor zehn Jahren war er nach Berlin ausgewandert und hatte dort anfänglich als Bauarbeiter sein täglich Brot verdient. Später hatte er nebenher studiert und mittlerweile war er fertiger Bauingenieur. „Er schickt mir immer ein bisschen Geld. Deswegen geht es mir auch ein wenig besser als den meisten anderen Leuten hier. Juri, so heißt der Junge, hat mir versprochen, dass er eines Tages zurückkehren und hier seine eigene Firma aufmachen würde.“ Wenn Juri auch nur halb so intelligent war, wie sein Vater ihn beschrieb, würde es natürlich nie zur Einlösung dieses Versprechens kommen, denn die Stadt war dem wirtschaftlichen Untergang geweiht. Ich wollte den stolzen Mann aber nicht enttäuschen und schwieg deshalb.

„Du bist aber nicht von hier“, hörte ich plötzlich hinter mir eine helle Frauenstimme sagen. Ich drehte mich um. Die Engelsstimme gehörte einer ausgesprochen hübschen Usbekin, die am Marktstand gegenüber Stickarbeiten verkaufte. Sie mochte um die dreißig Jahre alt gewesen sein, hatte glänzendes schwarzes Haar und ein Lächeln im Gesicht, das mich auf Anhieb verzauberte. Ihre strahlend weißen Zähne funkelten im Licht der Sonne. Wäre ich einige Jahre jünger gewesen und hätte nicht die beste Frau auf Erden zu Hause in Bayern auf mich gewartet, ich hätte mich bestimmt auf den ersten Blick in sie verliebt. Halb schüchtern und halb frech sagte sie: „Ich heiße Ilona. Und wer bist du?"

„Ich heiße Schorsch. Schön, dich kennen zu lernen!"

„Woher kommst du denn?"

„Aus Deutschland. Du bist aber auch nicht von hier, oder?"

„Nein. Ich bin Russin."

Die Unterhaltung war ziemlich eintönig, aber dennoch fragte sie mich, ob wir uns nicht am nächsten Tag wiedersehen könnten. Ich hatte ein flaues Gefühl im Magen, schließlich war ich verheiratet und konnte mich nicht so einfach mit einer anderen Frau treffen. Aber egal. Erstens wollte ich von ihr nicht mehr als eine nette Unterhaltung und auch sie wollte bestimmt nicht mehr von mir – ich hätte ja schließlich gut und gerne ihr Vater sein können. Also sagte ich dann doch guten Gewissens zu.

Wir trafen uns am nächsten Abend in einer kleinen Spelunke. Die anderen Gäste sahen uns neugierig an. Der Islam wurde zwar hier nicht ganz so streng genommen, aber es war dennoch nicht üblich, dass Frauen in Wirtshäusern verkehrten.

Wie gebannt lauschte Ilona meinen Erzählungen. Sie selbst machte nur ab und zu ein paar kleine Anmerkungen. „Du bist ein interessanter Mann", meinte sie zu vorgerückte

Stunde. Da war es wieder, dieses flaue Gefühl in meinem Magen. Was meinte diese junge, hübsche Frau damit? Ich musste ein lächerliches Bild abgegeben haben, als ich mit hochrotem Kopf aus purer Höflichkeit erwiderte: „Du aber auch!“ Sie prustete richtiggehend los. Erst nach ein paar Minuten hatte sich Ilona wieder beruhigt. „Was ist denn los? Habe ich etwas falsches gesagt?“, fragte ich peinlich berührt. „Du hältst mich also für einen interessanten Mann?“, antwortete sie. Jetzt hatte auch ich das kleine Missverständnis kapiert: „Ich meinte, du bist eine hübsche, nette Frau.“

„Du magst mich also?“

„Natürlich mag ich dich, sonst würden wir ja nicht hier sitzen.“

Ich hätte diesen Satz am liebsten gleich wieder zurückgenommen. Erst jetzt bemerkte ich, was hier eigentlich vorging. Dieses junge, schöne Mädchen hatte sich offenbar in mich verliebt. Es war an der Zeit, einen Rückzieher zu machen. Doch es war schon zu spät. Ilona redete jetzt wie ein Wasserfall: „Ich mag dich sogar sehr. Weißt du, die russischen Männer taugen nichts. Da gibt es niemanden wie dich, der schon die ganze Welt bereist hat. Die Russen saufen alle nur wie verrückt. Ich möchte mit dir mitgehen!“

„Aber du kannst nicht mit mir kommen. Ich wohne bei einem Bauern hier, ich kann doch nicht einfach eine Frau mitbringen!“

Ich dachte, damit wäre ich aus dem Schneider. Doch sie ließ sich nicht beirren: „Ich meine doch nicht jetzt. Ich möchte mit dir nach Deutschland kommen und deine Frau werden.“

„Meinst du nicht, dass das alles ein bisschen zu schnell geht? Wir kennen uns doch erst seit gestern.“
„Aber ich habe gleich gewusst, dass du der Richtige bist. Liebe auf den ersten Blick – kennst du das? Und ich weiß, dass du mich auch magst. Sonst würdest du mich nicht so ansehen.“
„Aber wie stellst du dir das Leben in Deutschland überhaupt vor?“
„Wir heiraten, wohnen in einem schönen Haus, haben ein Dienstmädchen und lassen es uns so richtig gut gehen.“
Mein flaues Gefühl hatte mich nicht getäuscht. Jetzt musste ich die Karten auf den Tisch legen, wenn ich noch irgendwie entkommen wollte: „Ilona, du bist eine sehr schöne Frau. Aber ich bin schon verheiratet.“
„Ich habe gehört, dass man sich in Deutschland sehr schnell scheiden lassen kann. Schicke deine Frau doch einfach fort. Ich bin doch viel hübscher und jünger.“
„Aber das will ich nicht. Ich liebe meine Frau und das wird sich auch nicht ändern. Du bist jung – du findest sicher noch einen Besseren als mich!“
Meine tröstenden Worte hörte sie gar nicht mehr. Hatte sie vor wenigen Minuten noch so gelacht, dass ich befürchten musste, sie würde an Ort und Stelle ersticken, heulte sie jetzt wie ein Schlosshund. Das hatte mir gerade noch gefehlt. Anstatt eines netten unterhaltsamen Abends bot sie mir jetzt eine Szene, die weitaus besser in einen billigen Hollywoodstreifen gepasst hätte, als in eine usbekische Spelunke. Am liebsten wäre ich aufgesprungen und davon gerannt, doch

meinem Ruf als Gentleman hätte das bestimmt nicht gut getan. Ich war der Grund für ihr Unglück, also musste ich wenigstens versuchen, sie ein bisschen zu trösten. Während ich die Arme nach Hause begleitete, redete ich ihr noch gut zu. Aber es half nichts. Der Liebeskummer hatte sie wie ein Blitz getroffen und ich konnte jetzt nichts mehr daran ändern. Obwohl ich fest davon überzeugt war, dass sie schon bald den richtigen Mann finden würde, hatte ich echte Gewissensbisse, dass ich es überhaupt zu dieser Situation hatte kommen lassen. Nicht nur was sie betraf hatte ich einen Fehler gemacht. Obwohl ich es bestimmt nicht mit Absicht gemacht hatte, scheinbar war ich doch auf einen kleinen Flirt eingestiegen und das war auch Renate gegenüber nicht in Ordnung.
Die nächsten Tage, die ich noch in Samarkand verbrachte, bemühte ich mich redlich, Ilona nicht über den Weg zu laufen. Außerdem half ich meinem Gastgeber ein wenig auf seinem Hof. Ich wollte mich ein bisschen erkenntlich zeigen, für alles, was er für mich getan hatte. Die Arbeit war hart, denn technische Hilfsmittel gab es fast keine.

Die Zeit des Abschieds war bald gekommen. Die Tage waren schnell vergangen und ich musste weiter, denn ich hatte noch eine lange Wegstrecke vor mir. Zunächst wollte ich nach *Tashkent*, der Hauptstadt Usbekistans. Zu sehen gab es dort wahrscheinlich nicht besonders viel, denn ich hatte gehört, dass ein gewaltiges Erdbeben vor fünfundzwanzig Jahren die Stadt beinahe dem Boden gleich gemacht hatte. Trotzdem freute ich mich schon, ich wollte endlich wieder einmal den Trubel einer asiatischen Millionenstadt genießen.

Proletarier aller Länder, vereinigt Euch!

Nach vielen Wochen konnte ich erstmals wieder eine gut ausgebaute Straße befahren und dementsprechend zügig kam ich voran. Die Vegetation wurde von Stunde zu Stunde dichter. Innerhalb weniger Kilometer ging die Halbwüste in eine Steppenlandschaft über. Obwohl auch das Grasland relativ eintönig war, freute ich mich dennoch, wieder einigermaßen grüne Wiesen um mich herum zu haben.

Schon nach vier Tagen, an denen ich allerdings wie ein Verrückter in die Pedale getreten hatte, erreichte ich Tashkent. Die Stadt mit ihren mehr als zwei Millionen Einwohnern war in einem noch viel schlimmeren Zustand als ich befürchtet hatte. Das Erdbeben im Jahre 1966 hatte wirklich verheerende Schäden angerichtet, die auch sechsundzwanzig Jahre später noch immer nicht beseitigt waren. Die Menschen lebten in Ruinen, die in einem derart desolaten Zustand waren, dass man sie in Deutschland mit Sicherheit nicht einmal betreten hätte dürfen. Vielerorts waren noch nicht einmal die Schutthaufen weggeräumt. Dazu hatte das Geld nicht gereicht.

Vom erhofften Trubel einer Millionenstadt war nicht viel zu merken. Eine bedrückende Stimmung lag in der Luft. Die Einwohner nagten am Hungertuch, denn die Ernte war in diesem Jahr sehr schlecht ausgefallen und importierte Lebensmittel konnte sich kaum jemand leisten. Auch die Obdachlosigkeit war erschütternd. So schnell es ging, ließ ich die tristen Vorstadtviertel hinter mir.

Ich hatte auch gar nicht viel Zeit, die traurige Metropole zu erkunden, denn ich musste zum Regionalbüro des russischen Fernsehens, das hier noch immer vertreten war. Ich hatte den Journalisten versprochen, sie in Tashkent noch einmal zu besuchen, damit sie eine letzte Sendung machen konnten, bevor ich über den Aralsee wieder zurück nach Moskau fuhr. Das Interview war schnell erledigt und ich suchte mir ein Hotel. Hier, in der Anonymität der Großstadt brauchte ich mir keine Sorgen mehr zu machen, dass mich die Polizei erwischen würde. Zudem kämpften die Behörden hier mit viel schwerwiegenderen Problemen als einem illegalen Deutschen. Die Kriminalitätsrate war noch um ein Vielfaches höher als in Moskau oder St. Petersburg. Eine logische Folge der Armut, denn die Leute mussten wirklich um ihr Überleben kämpfen.

Normalerweise wohnte ich lieber den Verhältnissen entsprechend, die in dem Land herrschten, das ich gerade bereiste. Doch diesmal wollte ich mich vor meiner letzten Etappe ein wenig erholen und war deshalb im besten Hotel der Stadt abgestiegen. Diese Bezeichnung ist natürlich relativ, denn was hier ein Luxushotel war, wäre in Europa von der Hygienebehörde längst geschlossen worden. Mein Zimmer war schmutzig und gleich in der ersten halben Stunde, die ich im Hotel verbrachte, machte ich zehn Kakerlaken den Garaus. Trotzdem – ich hatte ein Bett mit einer zwar schon etwas durchgelegenen, aber gemütlichen Matratze und mehr brauchte ich nicht. Schließlich wollte ich wirklich nur diese eine Nacht hier verbringen, denn

Armut hatte ich während meiner Tour schon zur Genüge gesehen.

Das Bett war gemütlicher, als ich gedacht hatte. Erst am Vormittag weckte mich laute Musik, die von der Straße kam. Neugierig sah ich aus dem Fenster. Und was für ein prächtiges Schauspiel sich mir darbot! Irgendein festlicher Umzug war im Gange, jedenfalls marschierten Hunderte, nein Tausende Usbeken in ihrer farbenfrohen, traditionellen Tracht die Straße entlang und sangen Volkslieder, von denen ich jedoch kein einziges Wort verstand. Was war da los? Ich war neugierig. Noch gestern war die ganze Stadt in staubiges Grau gehüllt und heute blühte sie richtig auf.

In Windeseile zog ich meine Hosen an, putzte mir die Zähne, schlüpfte in ein T-shirt und rannte auf die Straße. Ich fragte gleich den erstbesten Passanten: „Was wird denn hier gefeiert?"

„Weißt du das nicht? Heute ist der usbekische Nationalfeiertag. Wir feiern unsere Unabhängigkeit von Russland."
Er ließ mich gleich wieder stehen und marschierte mit dem Festzug weiter. Mit vor Stolz geschwellter Brust sangen die Usbeken ihre Lieder. Es war kaum zu glauben, dass das dieselben Leute waren, die gestern noch bedrückt durch die Straßen geschlichen waren. Unvorstellbar war auch, woher die ganze Pracht auf einmal kam. Offenbar hatten sie zwar fast nichts zu essen, einen Anzug und die obligatorische Zobelmütze hatte aber jeder zu Hause.

In der ganzen Stadt wurde getanzt und gesungen. Gestern war ich noch entsetzt gewesen über die Hoffnungslosigkeit, die diese Menschen ausstrahlten, heute war ich beeindruckt von ihrer unbekümmerten Fröhlichkeit. Der plötzliche Wandel war mir unerklärlich. Hoffentlich erfüllten sich die Erwartungen, die sie in ihre Freiheit setzten. Ich beschloss, noch einen Tag in Tashkent anzuhängen, ehe ich meine Reise zum Aralsee, die nächste Etappe meiner Tour, antreten wollte.

Am folgenden Morgen war der triste Alltag wieder eingekehrt. Nur einige Fahnen, die noch nicht eingeholt worden waren, zeugten vom Fest des Vortages. Ansonsten war wieder alles wie an dem Tag, an dem ich angekommen war. Nichts hielt mich noch in dieser Stadt, die für mich jetzt wieder so etwas wie das Zentrum der Armut war.

Ich verließ die Stadt in nordwestlicher Richtung. Hier hatte das Erdbeben noch viel größere Schäden angerichtet, als im Süden. Der ganze Stadtteil, der einst wahrscheinlich das Nobelviertel war, nach den Überresten der Häuser zu urteilen, die hier noch standen, war verlassen. Nur vereinzelt sah ich einen Menschen verstohlen hinter einer Ecke hervorschauen. Die wenigen Leute, die ich hier sah, waren offenbar die Ärmsten der Armen und fast alle waren sehr, sehr jung. Aus dem einstigen Nobelviertel war nun offenbar das Viertel der Straßenkinder geworden. Weit und breit konnte ich kein einziges intaktes Gebäude erblicken, bis ich auf einen großen Platz kam. In der Mitte stand ein riesiges Denkmal für Karl Marx, in den Sockel war sein berühmter Satz eingemeißelt: „Proletarier aller Länder, vereinigt Euch!"

Ich blieb andächtig stehen. Marx war ein großer Denker gewesen und seine Idee wirklich beeindruckend. Doch leider war es wohl nicht mehr als eine Idee, die niemals richtig umgesetzt worden war. Was war nur aus diesem Land geworden, das nach der Revolution ein Paradies für die Arbeiterklasse hätte werden sollen. Nur mehr ein Trümmerhaufen war in der Praxis von der sozialistischen Theorie übrig geblieben. Die Menschen wussten nicht einmal, ob sie am nächsten Tag etwas zu essen hatten und statt des Volks herrschte das Chaos. Lieber Karl Marx, du würdest dich im Grabe umdrehen, wenn du sehen könntest, was aus deiner Vision geworden ist!

Ich freute mich schon auf den Aralsee. Ich hatte schon viel von seiner Schönheit gehört. Maximal sechzig Meter war er tief und dennoch war er beinahe ein kleines Meer. Mit knapp siebzigtausend Quadratkilometern war er immerhin fast so groß wie ganz Bayern. Gespannt war ich auch schon auf die Gaumenfreuden, die mich dort erwarten würden. Der See war bekannt für seinen Fischreichtum, welcher der gesamten Region das Überleben sicherte. Aber noch hatte ich einige hundert Kilometer quer durch Kasachstan vor mir, die sich arg in die Länge zogen.

Auf der Strecke von Tashkent bis zum Aralsee gab es nichts als Steppe. Hin und wieder kam ich in einen kleinen Ort, aber meist übernachtete ich wieder irgendwo am Wegesrand. Ich strampelte, so schnell ich konnte, denn ich wollte diese öde Landschaft so schnell wie möglich hinter mir lassen und endlich an den See, den ich schon immer als absoluten Höhepunkt meiner Reise betrachtet hatte. In etwa einer Woche konnte ich es schaffen, wenn ich mich entsprechend ins Zeug legte.

Die kleine Stadt *Ksyl-Orde*, war nicht besonders aufregend. Ich hatte jetzt etwa zwei Drittel meines Weges hinter mir. Meine Beine und mein Rücken schmerzten schon. Die Strapazen des täglichen Radfahrens gingen mittlerweile an meine Substanz. So sehr ich dieses Abenteuer genoss, die nächsten paar Monate nach meiner Rückkehr wollte ich mit Sicherheit keinen Drahtesel mehr sehen. Aber noch lagen einige Kilometer vor mir, bis ich endlich nach *Aralsk*, dem Endpunkt meiner Reise, kommen würde.

Auf Sand gelaufen

Ich war irritiert. Eigentlich hätte ich längst den See erreichen müssen. Um mich herum war aber nichts als eine Salzwüste. Hatte ich mich etwa verfahren? Oder stimmte meine Karte wieder einmal nicht? Beides konnte ich mir nur schwer vorstellen, denn seit Tashkent war ich mehr oder weniger immer in dieselbe Richtung geradelt und meine Karte wies zwar hin und wieder ein paar kleine Ungenauigkeiten auf, war aber im Großen und Ganzen recht zuverlässig. Was war da also los?

Ich fuhr weiter, immer in Richtung Westen. Die Straße machte einen großen Bogen. Ich beschloss, eine Abkürzung zu nehmen und sie abzuschneiden. Dort wo ich jetzt fuhr, hätte eigentlich Wasser sein sollen, aber es gab hier nichts als Salz. Ich wusste zwar aus meinen Vorbereitungen, dass der Wasserspiegel des Aralsees während der letzten Jahrzehnte um ein ordentliches Stück gefallen war, dass seine Ufer allerdings so weit zurückgetreten waren, hatte ich nicht geahnt. Ich radelte also schon mitten im See.

Schuld an dieser ökologischen Katastrophe war die Prestigesucht der sozialistischen Regierung gewesen. Das Regime wollte die Wüste fruchtbar machen – und staute beide Hauptzuflüsse des Aralsees. An die verheerenden Auswirkungen für die Natur und damit auch für die Menschen hatten sie dabei sicher nicht gedacht. Durch die große Hitze und den mangelnden Zufluss verdunstete Jahr für Jahr mehr Wasser.

Jetzt war ich schon einen ganzen Tag auf der Fläche des ehemaligen Sees unterwegs, doch ich hatte noch immer keinen Tropfen Wasser erblickt. Wie tragisch für all die Menschen, die hier vom Fischfang lebten oder besser gesagt, gelebt hatten. Hier war sicher nicht mehr viel zu holen. Nach zwei Tagen sah ich in der Ferne das erste Schiff. Nun konnte auch das Ufer nicht mehr weit sein, ich hatte es endlich geschafft. Glücklich fuhr ich immer weiter in Richtung des großen Fischkutters, den ich gesehen hatte. Und da, endlich war ich am Wasser. Doch keine Spur von einem riesigen See. Ich stand vor einer winzigen, stinkenden Kloake, einem bescheidenen Überbleibsel der einstigen Wassermassen. Das Schiff war alt und verrostet. Es stand im Trockenen! Hinter ihm war noch ein etwas kleineres, ebenfalls verrostetes Boot, doch auch das war offenbar vor Jahren auf Sand gelaufen. Es war noch durch eine Kette mit dem größeren Schiff verbunden. Augenscheinlich ein Schlepper, der das Schiff in tieferes Wasser hätte bringen sollen, doch war er dabei selbst im Sand stecken geblieben.

Immer öfter stieß ich von nun an auf versandete Schiffe, je näher ich der bedeutenden Hafenstadt Aralsk kam. Es war erschütternd. Die Regierung hatte einst die Natur überlisten wollen und versucht, die Wüste zum Blühen zu bringen. Doch was war daraus geworden? Die Wüste war noch immer unfruchtbar, denn der Boden hatte zu wenig Nährstoffe. Dafür ist sie um ein gutes Stück gewachsen, denn wo früher nahrhafte Fischgründe waren, war jetzt nur noch Sand und Salz.

Der Hafen von Aralsk war nahezu grotesk. In einem riesigen Becken lagen unzählige Schiffe jeder Größenordnung vor Anker, das einzige, was fehlte, war Wasser! Auch hier war nicht einmal mehr ein Tropfen Feuchtigkeit zu erblicken, alle Boote lagen auf Grund. Zwischen ihnen weideten Ziegen und ein paar ausgemergelte Kühe. Was war nur aus der einst so blühenden Hafenstadt geworden? Aralsk war nur mehr ein stinkendes, vergammeltes Nest. Viele hatten die Stadt bereits verlassen und jene, die geblieben waren, würden sicher bald folgen, denn es war ein Ort ohne Zukunft. Man hatte den Menschen hier ihre Lebensgrundlage genommen, nur um mit einem Vorzeigeprojekt zu brillieren. Die Anwohner des Aralsees hatten früher sicher einmal zu den besser gestellten Leuten in Russland gezählt, doch jetzt war ihnen jede Lebensgrundlage genommen.

Mit meinem Rad fuhr ich am nächsten Tag etwa hundert Kilometer in den ehemaligen See hinein. Es war nur sehr schwer vorwärts zu kommen, aber ich wollte sehen, was da draußen los war. Der Boden war zum Teil mit hartem Gras bewachsen, Kamele kreuzten meinen Weg und Ziegenherden grasten zwischen den vielen gestrandeten Schiffen. Es war ein tragisch-komisches Bild, das sich mir hier bot. Welche Schicksale verbargen sich hinter all den verrosteten Wracks? Wovon sollten die Menschen hier jetzt leben. Eine Entschädigung seitens der Regierung hatten sie nie bekommen und ihre Schiffe waren für immer verloren.

Zurück in Aralsk war ich ziemlich deprimiert. Ich konnte es kaum fassen, was die menschliche Prestigesucht anrichten konnte. Doch das Schlimmste erfuhr ich erst jetzt. Mir waren in den Straßen der Stadt sehr viele verfallene, kränkliche Gesichter begegnet. Ich fragte den Hotelmanager, dessen erster Gast seit Monaten ich war, was hier los ist. Traurig antwortete er: „Weit draußen, wo der See noch Wasser hat, gibt es eine Insel. Dort hat die sowjetische Armee früher ihre Atomwaffenversuche gemacht. Wir haben nie etwas davon gewusst. Erst als das Regime gegangen ist, haben die Zeitungen darüber geschrieben. Das Gift ist durch den See ins Grundwasser gekommen und wir haben jahrzehntelang unser Trinkwasser aus dem See gewonnen. Neunzig Prozent der Leute hier haben Leberkrebs. Meine Frau und meine zwei Kinder hat es auch erwischt."

Jetzt war ich wirklich schockiert. Die Menschen hier waren unwissentlich zu Versuchskaninchen des Rüstungswahns geworden und mussten jetzt an den Folgen sterben. Wer konnte ihnen noch helfen? Alles, was sie jemals hatten, waren der See und ihre Gesundheit. Beides hatte man ihnen genommen. Es war ein Volk ohne Hoffnung. Nie wieder kann die Regierung gut machen, was sie hier angerichtet hat. Die Zerstörung war leicht, der Wiederaufbau unmöglich. Erschüttert über diese größte russische Katastrophe neben Tschernobyl trat ich meine Heimreise an.

Mein Rad war jetzt nur noch Gepäck. Mit dem Zug fuhr ich fünfzig Stunden nach Moskau zurück. Während dieser langen Fahrt hatte ich genügend Zeit, noch einmal über mein ganzes Abenteuer nachzudenken. Russland hatte meine Erwartungen bei weitem übertroffen. Ich hatte Menschen kennen gelernt, für die Hilfsbereitschaft und Gastfreundschaft eine Selbstverständlichkeit waren. Das wenige, was sie besaßen, hatten sie noch gerne mit mir, dem Deutschen geteilt. Es war ein entsetzlich armes Land. Aber im Herzen trugen die Russen einen Reichtum, den kaum ein anderes Volk dieser Welt sein eigen nennen konnte.

Ich war schon wieder einige Tage in Deutschland, als ich am Grab meiner Eltern stand. Ich hatte das Versprechen erfüllt, das ich meinem Vater vor seinem Tod gegeben hatte. Ich hoffte, dass ich mit dieser Reise einen winzigen Stein in das riesige Mosaik der Völkerverständigung setzen konnte. Als ich ging, drehte ich mich noch einmal um und sagte zu meinem Vater: „Die Russen waren nie unsere Feinde, sie waren nie ein Teil des Systems, das sie unterdrückte. Danke, dass du mir das bewusst gemacht hast.“ Eine Träne kullerte über meine Wange und fiel auf sein Grab.

Geheimnisvolle Funde

Mit Kamel und Pferd durch die Mongolei
auf der Suche nach rätselhaften Steinen

Guten Tag, Herr Müller

„Guten Tag Herr Müller“, begrüßten mich fünf in edlen Stoff gekleidete Mongolen am Flughafen von Ulan Bator. „Herr Müller?“, fragte ich in meinem etwas gebrochenen Russisch. „Sie sind doch der deutsche Wissenschaftler, der die Steinmänner der mongolischen Steppe sehen möchte?“

„Natürlich“, bejahte ich. Nichts anderes hatte ich vor, seit mir mein Nachbar in Bayern, ein echter Kenner der Mongolei, von den Geheimnis umwobenen Figuren erzählt hatte. Kein Europäer hatte sie je gesehen – ich wollte natürlich der Erste sein. Was ich jedoch mit diesem Herrn Müller zu tun haben sollte, war mir ein Rätsel. Aber egal. Ohne die sonst so mühsamen Einreiseformalitäten durchlaufen zu müssen, geleiteten mich die Männer, die sich als Delegierte des mongolischen Wissenschaftsministeriums vorstellten, aus der Ankunftshalle.

Wir stiegen in einen klapprigen, schwarzen VW-Bus, der für mongolische Verhältnisse jedoch einer europäischen Luxuskarosse gleichkam. Schleppend ging es durch den chaotischen Verkehr der Hauptstadt. Viele Autos gab es hier nicht, doch Verkehrsregeln sind den Mongolen fremd. Bis heute weiß ich nicht, ob es keine Ordnung gibt, oder ob sie einfach nur missachtet wird. Lenkung und Bremse sind nebensächlich – wichtig ist nur eine funktionierende Hupe.

Unsere Fahrt ging vorbei an heruntergekommenen Baracken, glanzvollen buddhistischen Tempeln und Leuten, die auf der Straße lebten. Wie auch viele andere asiatische

Länder, ist die Mongolei ein Land der Gegensätze. Kaum wird man von prächtigen Gebäuden geblendet, erteilt die unvorstellbare Armut dem Reisenden einen Schlag ins Gesicht.

„Ich bin Hingis. Ich werde Sie auf Ihrer Reise begleiten", meinte einer der Männer lächelnd. Er wäre ein Wissenschaftler wie ich, der bestens über die Geschichte der mysthischen Steinmänner Bescheid wüsste. „Aber was erzähle ich da! Wir kennen uns ja schon von den vielen Briefen der letzten Monate", sagte Hingis. Ich hatte keine Ahnung, von was der heitere Geselle da sprach. Nie hatte ich die mongolische Regierung über mein Vorhaben informiert, geschweige denn mit dem Ministerium korrespondiert. Trotzdem sagte mir eine innere Stimme, dass ich besser schweigen sollte. Also spielte ich mit: „Aber klar. Sehr erfreut, Sie endlich kennen zu lernen!"

Mein Hotel lag am anderen Ende Ulan Bators. Auch hier wurde ich gleich freundlich begrüßt: „Guten Tag Herr Müller. Ihr Zimmer ist schon vorbereitet." Mein Empfangskomitee verabschiedete sich und der Page ließ es sich nicht nehmen, mein Gepäck aufs Zimmer zu bringen. Eigentlich habe ich auf meinen Reisen immer einfache Unterkünfte vorgezogen, der Luxus war mir irgendwie unangenehm. Andererseits war ich so erschöpft vom langen Flug, dass ich die Vorzüge eines frisch gemachten Bettes sehr wohl zu schätzen wusste.

Erst Wochen nach meiner Rückkehr sollte ich erfahren, was es mit dieser überschwänglichen Aufmerksamkeit auf sich hatte. Ich saß gerade in meinem Arbeitszimmer und arbeitete an meinem Diavortrag über die Steinfiguren, die *Babas*, was in mongolischer Sprache soviel wie *Väter* oder *Vorfahren* bedeutet. Das schrille Klingeln des Telefons holte mich aus meinen Erinnerungen an diese beeindruckende Reise: „Guten Tag, hier spricht Dr. Müller. Bin ich mit Georg Kirner verbunden?“ – „Nein, hier ist die Massagepraxis Dr. Kropfschneider. Was kann ich für Sie tun?“, antwortete ich. Der Doktor war jedoch nicht zu Scherzen aufgelegt: „Lassen Sie das. Sie wissen doch genau, wer ich bin!“ Um ehrlich zu sein, hatte ich keine Ahnung und das teilte ich ihm auch mit. „Ich bin der deutsche Wissenschaftler, auf dessen Kosten Sie die Steinmänner gesehen haben“, erklärte er mir in forschem Ton. Der arme Mann hatte monatelang um die erforderlichen Genehmigungen gekämpft, zahllose Briefe geschrieben und die gesamte Reise gemeinsam mit dem mongolischen Wissenschaftsministerium organisiert. Ein Beinbruch kurz vor der Expedition hatte sein bis ins Detail geplantes Vorhaben verhindert, doch die briefliche Bitte um Verschiebung des Unternehmens hatte die Mongolei scheinbar nie erreicht. So war ich also in den Genuss all dieser Privilegien gekommen – schließlich war ich der einzige Deutsche im Flugzeug und musste demnach der erwartete Wissenschaftler sein. Einerseits war mir die Affäre äußerst peinlich, andererseits kämpfte ich während des gesamten Telefonats damit, mir das Lachen zu verkneifen.

Naadam

Es war sieben Uhr morgens, als ich das Hotel verließ, um Ulan Bator auf eigene Faust zu erkunden. Viel Zeit hatte ich ja nicht. Hingis, mein mongolischer Begleiter, wollte mit mir noch heute den weiteren Ablauf der Reise besprechen. Nachdem ich etwa eine Stunde durch verwinkelte Gassen und schmutzige Hauptstraßen spaziert war, wollte ich mich mit etwas Proviant eindecken. Unübersehbar ist die russische Prägung der Hauptstadt des früheren Satellitenstaats der Sowjetunion. Vor der Fremdherrschaft gab es hier keine Häuser, sondern ausschließlich *Jurten*. Heute sind diese typischen mongolischen Zelte nur noch in wenigen Vierteln zu finden. Auf dem Land sind sie aber noch immer die beliebteste Behausung der Mongolei. Ulan Bator wirkt wie eine sibirische Kleinstadt: Hässliche Baracken wechseln sich mit riesigen Wohnblöcken ab.

Eine Warteschlange vor einem der wenigen Geschäfte – da musste es etwas Besonderes geben! Vielleicht Salami, Konserven, oder aber irgendetwas anderes, was mir die nächsten Wochen ein wenig versüßen könnte. „Was gibt es hier zu kaufen?“, fragte ich eine etwa 70-jährige Frau, die neben mir in der Reihe stand. „Keine Ahnung“, antwortete sie in einem Russisch, das ähnlich gebrochen klang wie meines. Auch die anderen Mongolen, die zum Teil schon seit Stunden darauf warteten, in das Geschäft zu kommen, wußten nicht, wofür sie eigentlich hier waren. Jene, die es geschafft hatten, bis zum Ladentisch vorzudringen, verließen das Haus nämlich durch den Hinterausgang. Drei Stunden hatte ich mich angestellt, dann war ich endlich an der Reihe! Doch nichts von alledem, was ich mir ausgemalt hatte, lag da auf dem Warentisch. Ich war der Glückspilz, der einen der letzten Aschenbecher kaufen durfte ...

Halb verärgert und halb belustigt machte ich mich also auf den Rückweg zum Hotel. Anstatt die Stadt zu entdecken, hatte ich mir eben als militanter Nichtraucher für einen Aschenbecher die Füße in den Bauch gestanden. Langsam schlenderte ich zwischen den Baracken hindurch, begleitet von neugierigen Blicken. Nicht oft bekamen die Menschen hier einen Europäer zu Gesicht. Natürlich hoffte ich, in eines der Häuser gebeten zu werden – schließlich wollte ich nicht nur das Geheimnis der antiken Steinmänner lüften, sondern auch die Lebensart der Menschen ein wenig kennenlernen. Doch keine Spur von der sagenhaften mongolischen Gastfreundschaft, von der ich schon so viel gehört hatte. Erst später sollte ich dahinter kommen, dass die Einwohner Ulan Bators wenig bis gar nichts mit den echten Mongolen, der Landbevölkerung, gemein haben. Der Kommunismus hat tiefe Spuren hinterlassen, die russische Prägung des Landes war immer noch deutlich zu spüren.

Vor dem Hotel wartete Hingis bereits auf mich. Ich erkannte meinen kleinen Begleiter kaum wieder. Den edlen Anzug hatte er gegen zerschlissene Jeans und einen verwaschenen Pullover getauscht, anstatt der ledernen Aktentasche baumelte ein löchriger Seesack an seiner Schulter. Auch seine Umgangsformen hatten sich verändert. Gab er am Vortag noch den höflichen Gesandten der Regierung ab, war er ab heute mein Kamerad. Zur Begrüßung umarmte er mich herzlich und packte mich am Arm: „Komm, Fremder. Ich kenne ein Gasthaus, wo wir gemütlich speisen und alles bereden können." Wir gingen durch unzählige kleine Gassen, querten einige größere Straßen und Plätze, bis Hingis meinte: „Hier sind wir!" Ich hatte keinen blassen Schimmer, was er meinte. Rings um uns herum waren nur kleine, schäbige Häuser. Nichts wies auf die Existenz einer Kneipe, oder gar eines richtigen Gasthauses hin. Doch zielstrebig steuerte der kleine Kerl auf eine der Baracken zu und öffnete schließlich die Tür. Wir standen plötzlich mitten in einer Art Speisesaal, der mich aber irgendwie mehr an ein Wohnzimmer erinnerte. Mehrere Tische und Sessel standen im Raum verteilt, aber auch alte Sofas, Barhocker und was sich sonst noch so alles zum Sitzen eignet. Wir setzten uns an einen wackligen Tisch. „Magst du *Kumys*?", fragte mich Hingis. Besondere Lust auf dieses Nationalgetränk der Mongolei verspürte ich eigentlich nicht, doch um der Höflichkeit willen bejahte ich. Kumys ist vergorene Stutenmilch und hat einen eigenartigen, leicht säuerlichen Geschmack. Außerdem ist es leicht alkoholisch, was mir auch nicht gerade behagt. Hingis rief dem Wirt die Bestellung auf mongolisch zu und begann dann sofort, von unserer Reiseplanung, über die ich als *Herr Müller* ohnehin bestens Bescheid wissen musste, zu sprechen: „Morgen gehen wir zum *Naadam*, dort bekommen wir gute Kamele. Übermorgen reiten wir dann los." Wir sollten also mit Kamelen reisen. Das war mir nicht unrecht, denn erstens bevorzuge ich auf meinen Reisen stets das landestypische Fortbewegungsmittel und außerdem ist es auch nicht sinnvoll, mit dem Auto in die abgelegensten Regionen der Steppe vorzudringen. Noch dazu wollten wir zuerst in das *Tal der Dinosaurier* in der Wüste Gobi. Erst wenige Monate vor meiner Reise war dort ein vollständiges Skelett eines Sauropoden gefunden worden. Auch wir erhofften uns natürlich, den einen oder anderen Knochen dieser Urzeittiere zu entdecken. Auf das Naadam freute ich mich. Dieses Volksfest, das die Mongolen schon seit der Herrschaft des *Dschinghis Khan* feiern, ist wohl die eindrucksvollste Möglichkeit, einen Einblick in uralte Traditionen zu erlangen. Gedankenverloren nippte ich an meiner Kumys, während mein Begleiter über den technischen Ablauf unserer Reise sprach. Erst als er auf unser Ziel, die Steinmänner, zu sprechen kam, wurde ich wieder hellhörig: „Du bist der erste Europäer, der sie zu Gesicht bekommen wird!“

Kaum etwas war und ist bis heute über diese Zeugen längst vergangener Epochen bekannt. Vermutlich sollten sie den Verstorbenen der damaligen Zeit als Denkmal dienen. Doch warum standen sie mitten in der Einöde? Aus welcher Zeit stammten die *Babas* überhaupt? Welches Volk hatte sie erschaffen? Die Einheimischen vermuten bis heute, dass die Figuren aus dem Weltall in dic Steppe geschleudert wurden. All diese Fragen beschäftigten seit Jahren die wenigen mongolischen und russischen Forscher, die jene Steinmänner bislang untersuchen durften. Auch ich plante diese Reise schon seit einem Jahr. Ein befreundeter russischer Völkerkundler, den ich auf meiner Fahrradtour durch Russland kennengelernt hatte, erzählte mir von den Mythen, die sich um diese unerklärlichen Kunstwerke ranken. Bis in die Nacht hinein unterhielten wir uns angeregt über all die Geheimnisse, die diese steinernen Männer über Jahrhunderte in sich bargen. Mit jedem Glas schmeckte mir die Stutenmilch besser.

Am nächsten Morgen, mir war immer noch übel von der vielen Stutenmilch, verluden wir unser Expeditionsgepäck auf den rostigen Pickup, der uns zur ersten Zwischenstation unserer Reise bringen sollte. Nach etwa einer Stunde kamen wir bei der großen Wiese nördlich der Hauptstadt an und verabschiedeten uns vom Fahrer.

Unzählige *Jurten* säumten den ausgetrampelten Weg zum Zentrum des Geschehens. Tausende Mongolen wollten dem wichtigsten Fest des Jahres natürlich beiwohnen. Sogar die Karawanen richten ihre Routen so ein, dass sie an diesem bunten Treiben teilhaben können. Naadam bedeutet so viel wie *spielen oder eine gute Zeit miteinander haben* – nichts anderes wird an diesen Feiertagen in der Mongolei getan. Wer glaubt, das Münchner Oktoberfest sei das Maximum an Stimmung, der hat sich leider getäuscht. Abseits von billiger Bierzeltatmosphäre wird hier in der Steppe getanzt und gefeiert – die Sorgen des Alltags werden für 48 Stunden vergessen. Drei Wettbewerbe bilden den Kern der Veranstaltung: Ringen, Reiten und Bogenschießen. Obwohl eigentlich die Absetzung des Kaisers gefeiert wird, sind dies eigentlich die Rituale, bei denen Dschingis Khan und seine Nachfolger ihre Reiterhorden rekrutierten.

Ein Teil des Fests ist auch der rege Tauschhandel – Geld spielt bei der Landbevölkerung noch immer eine untergeordnete Rolle. Dörrfleisch, Felle aller Art und handwerkliche Erzeugnisse wechseln hier gegen Gewürze, Kleidung und allerlei Gebrauchsgegenstände ihre Besitzer. Fasziniert beobachtete ich die Reitkünste der Mongolen beim wichtigsten der drei Wettbewerbe – dem Pferderennen über ein *Urton*, das etwa 30 Kilometern entspricht. Kinder im Grundschulalter sind hier die Helden. Je leichter der Reiter, desto schneller das Pferd! Der Sieger wird übrigens nicht mit Geld belohnt – als Preise winken zum Beispiel ein Stück Fleisch oder ein Schaf, Ruhm und Ehre.

Der Tourismus hatte die Mongolei damals noch nicht entdeckt. Es war also nicht weiter verwunderlich, dass ich als Exote von allen Seiten neugierig beäugt wurde. Plötzlich sprach mich ein dicker Mongole an: „Woher kommst Du?" Ich verstand nur einige Worte dieser Sprache, doch Hingis übersetzte für mich.

„Aus Deutschland."

„Und wohin willst Du gehen?"

„Wir möchten in den Südosten. Dort wo die *Babas* sind. Wir brauchen noch Kamele. Weißt Du, wo wir welche bekommen?"

„Ich habe Kamele. Wenn ihr wollt, kann ich sie euch zeigen."

Wir folgten dem Mann in seine Jurte, die er etwas außerhalb des großen Trubels aufgestellt hatte. Lächelnd bat er uns herein. Ich war verwundert, wie luxuriös dieses Zelt einge-

richtet war. Rund um den Ofen in der Mitte waren Teppiche ausgebreitet, das Schlaflager befand sich auf der einen Seite, ein kleiner Tisch auf der anderen. Doch der Blickfang war ein farbenfroher Hausaltar. Hier wurde dem Gott des Feuers gehuldigt. Feuer bedeutet für die Mongolen Leben und Zerstörung in einem. Der Dicke, der sich mittlerweile als Akir vorgestellt hatte, bedeutete uns, gleich neben dem Altar Platz zu nehmen. Nach der Tradition gebührte uns dieser Ehrenplatz. Gäste sind in den Jurten nämlich stets willkommen, da sie meist Neuigkeiten zu erzählen haben. Das multimediale Zeitalter hat das asiatische Steppenland zum Glück bis jetzt verschont. „Der Herr will wissen, ob du auch Kumys möchtest. Sag lieber ja, sonst kränkst du ihn und er gibt uns schlechte Kamele“, meinte Hingis, nachdem er mit dem Händler in seiner Muttersprache die üblichen Höflichkeiten ausgetauscht hatte. Wohl oder übel musste ich also ein Glas trinken, obwohl ich mir noch am Vortag geschworen hatte, dieses Gesöff nie mehr anzurühren. Doch siehe da – langsam begann mir das Zeug zu munden. Nach einigen Minuten wurde auch ich in die Unterhaltung, in der es offenbar um alles andere als um den geplanten Kamelhandel ging, eingebunden. Auf Russisch fragte mich Akir: „Du kommst aus Deutschland?“
„Ja. Kennst Du mein Land?“
„Der Freund meines Cousins lebt dort. Er heißt Odin. Kennst Du ihn?“
„Ich habe leider noch nie von ihm gehört.“
Diese Frage mag zwar etwas seltsam anmuten, doch in der

Mongolei gehört sie zu einem Kennenlern-Gespräch. Vor allem ältere Mongolen haben keine geografische Vorstellung der Welt. Sie können nicht unterscheiden, ob Deutschland ein kleines Dorf oder ein großes Land ist – daher war Akirs Frage eigentlich durchaus legitim.

Derartige Kennenlern-Prozeduren sollte ich noch oft erleben. Egal ob unter Freunden oder Geschäftspartnern, mindestens die erste Viertelstunde des Gesprächs gehört diesem Frage-Antwort-Spiel. So tauschten wir also Neuigkeiten über unsere Familien, unsere Heimat und so weiter aus. Erst nach ungefähr zwei Stunden kamen wir endlich zum Handel.

Gleich hinter der Jurte waren die Reittiere an dicken Holzpflöcken angebunden. Hingis hatte von Kamelen offenbar noch weniger Ahnung als ich, wie seinen misstrauischen Blicken zu entnehmen war. So mussten wir unserem Freund vertrauen. Bald hatte er uns zwei passable Reittiere ausgesucht, die jedoch absolut nicht meinen laienhaften optischen Vorstellungen von einem guten Kamel entsprachen. Unsere zwei Tiere waren die schmächtigsten, ungepflegtesten und hässlichsten der gesamten Herde. Natürlich sprach ich Akir darauf an. „Wollt ihr schöne Tiere oder gute Tiere? Das hier sind die besten und zähesten Kamele die ich habe“, meinte er leicht erbost. Doch gleich darauf lächelte er schon wieder freundlich: „Habt ihr schon einen Führer? Ich weiß, wo man die Babas findet!“ Nach eingehender Besprechung mit Hingis engagierten wir den Dicken. Die Vorteile lagen auf der Hand: Zu zweit durch die Mongolei zu ziehen kann sehr mühsam sein und wirklich ortskundig war auch mein kleiner Wissenschaftler nicht. Wir beschlossen, unsere Zelte neben der Jurte unseres neugewonnenen Kameraden aufzustellen und begaben uns zur Nachtruhe.

Es war noch dunkel, als mich das ohrenbetäubende Prasseln des Regens aus meinen Träumen holte. Noch einmal einzuschlafen war bei diesem Lärm unmöglich und außerdem waren es ohnehin nur mehr drei Stunden bis zum Aufbruch. Immer wieder hatte ich dieses kribblige Gefühl in meiner langjährigen Laufbahn als Abenteurer gespürt, doch noch immer war es nicht schwächer geworden. Die letzten Stunden vor dem Aufbruch ins Ungewisse – so vieles geht mir dabei jedes Mal durch den Kopf. Die Zeit schien still zu stehen, doch irgendwann hörte es zu regnen auf und die ersten Sonnenstrahlen schienen mir ins Gesicht, als ich den Eingang meines Zeltes öffnete. Akir war schon munter. Ich weckte Hingis und wir halfen Akir, seine Jurte abzubauen und alles auf die Kamele zu verladen. Es war beeindruckend, wie schnell der Mongole sein gesamtes Hab und Gut reisefertig machte. Als wir dann auch noch unsere Ausrüstung auf die Tiere gepackt und uns ein wenig Brot und Tee genehmigt hatten, brachen wir auf. Ich war zwar schon öfter auf Kamelen geritten, doch ich musste mich jedes Mal aufs neue an das stetige Schaukeln gewöhnen. Die ersten Kilometer waren für mich die Hölle, es dauerte Stunden bis ich mich zwischen den beiden Höckern endlich wohl fühlte.

Tagelang ritten wir durch die Steppe, ohne auch nur einen

anderen Menschen zu sehen. Die Einsamkeit der Mongolei faszinierte mich. Eine unendliche Ruhe machte sich breit. Jeder Weg schien weg zu führen von der Hetze des Alltags. Auf einem Gebiet, das ungefähr fünfmal so groß ist, wie die gesamte Fläche Deutschlands, leben nur etwa zwei Millionen Menschen. Kaum vorstellbar, dass dieses Land zu Dschinghis Khans Zeiten der Mittelpunkt der Welt war. Kein Baum war weit und breit zu sehen. Trockenes Gras und dürre Büsche säumten unseren Weg, der eigentlich gar keiner war. Nach einer Karte zu reisen ist in diesem weiten Land nahezu unmöglich. Schon bald gab ich es auch auf, meinen alten Kompass, der mich schon in allen Regionen der Erde stets ans Ziel gebracht hatte, zur Navigation zu benützen – Akirs natürlicher Ortssinn schien mir ebenso untrügerisch wie das deutsche Präzisionsgerät und war zudem noch schneller. Das einzige, was sich aus der Graslandschaft hervorhob, waren kleine Steinhaufen, wie wir sie auch aus den Alpen kennen. Doch hier in der Mongolei dienen diese *Owoos* einem anderen Zweck. Sie sind Opferaltäre für die Nomaden. Nie würde ein Mongole an so einem Owoo vorübergehen, ohne einen weiteren Stein dazu zu legen und dreimal um den Steinhaufen herumzugehen. Das bringt Glück für die weitere Reise.

Erst am fünften Tag unseres Ritts begegneten wir einer Nomadenfamilie, die gerade auf dem Weg nach *Arvayheer*, einer kleinen Stadt westlich von Ulan Bator, war, um die Felle der Silberfüchse, die der Mann in den letzten Monaten gejagt hatte, gegen Lebensmittel zu tauschen. Freundlich lud uns der Jäger in seine Jurte ein. Bei Kumys und Dörrfleisch erzählten wir der Familie vom Naadam und von unserem Vorhaben. Doch mehr als das interessierten den Mongolen natürlich die Fellpreise, über die er sich bei Akir erkundete. Während sich die beiden unterhielten, beobachtete ich die zwei kleinsten der vier Kinder. Die beiden Mädchen spielten vor der Jurte mit kleinen Figuren. „Die sind aus Tierknochen", erklärte mir Hingis, der mein Interesse offenbar bemerkt hatte. Jetzt wendete sich auch unser Gastgeber wieder mir zu: „Ich mache aus den Knochen jeden Tieres, das ich erlegt habe, Spielzeug für meine Kinder. Das bringt Glück!" Diese Kinder brauchten kein Fernsehen, um sich zu unterhalten. Ihr Spielzeug waren die Schnitzereien, die ihr Vater in seinen wenigen Mußestunden für sie anfertigte. Trotzdem hatte ich selten zuvor Kinder erlebt, die mit ihrem herzlichen Lächeln mehr Zufriedenheit ausstrahlten, als diese kleinen Mädchen.

Wir beschlossen, für diese Nacht unser Lager gleich neben dem der Nomaden zu errichten. Nachdem dies geschehen war, saßen wir noch lange gemeinsam um den Ofen in der Jurte unserer neuen Bekannten. Der Jäger schien besonders an mir interessiert zu sein und löcherte mich mit Fragen über das ferne Deutschland, während seine Frau mir immer mehr zu essen brachte:

„Ich habe schon so viel von deinem Land gehört. Aber ich bin froh, dass es euch jetzt nicht mehr so schlecht geht."

„Was meinst du denn damit? Uns Deutschen geht es doch nicht schlecht."

„Aber Ihr seid doch ein armes Land und außerdem hat man euch die Freiheit geraubt!"
Noch oft sollte mir diese Meinung im Laufe meiner Reise begegnen. Die meisten Mongolen kennen nämlich nur die ehemalige DDR und unter der Herrschaft des russischen Kommunismus zu leben ist für sie eine schreckliche Vorstellung, die sie selbst jahrelang erfahren mussten. Dass es auch ein anderes Deutschland gab und dass die DDR inzwischen ein Teil dieses freien Landes geworden war, war zum damaligen Zeitpunkt noch nicht bis in die entlegene Steppe vorgedrungen. Schmunzelnd ging ich einige Stunden später in mein Zelt, doch ich konnte nicht schlafen – zu viele Gedanken schwirrten in meinem Kopf herum. Also machte ich mich noch zu einem kleinen Spaziergang durch die nächtliche Steppe auf. Ich brauchte nur nach oben zu sehen, um zu wissen, warum ich die Strapazen meiner Reisen immer wieder auf mich nahm. Nicht nur, dass ich viel erlebte, was noch kein Europäer vor mir je erleben durfte. Es war auch dieser klare Sternenhimmel, diese Stille der Nacht, die mich immer wieder faszinierten. Eine Freiheit, die man nur in dieser auf den ersten Blick so trostlos wirkenden Einsamkeit fühlen kann. Da waren sie wieder, die Worte des Nomaden: „Ihr seid doch ein armes Land und außerdem hat man euch die Freiheit geraubt!" Sicher, der Mann hatte sich geirrt. Aber hat er nicht dennoch irgendwie recht? Natürlich ist Deutschland eines der reichsten Länder der Erde, außerdem sind wir freie Bürger. Aber sind wir das denn wirklich? Haben wir nicht unsere Freiheit ver-

kauft? Das ist der Preis des Erfolges – doch ist diese unendliche Ausgeglichenheit, dieses Leben mit der Natur nicht mehr wert, als ein schönes Haus mit einem dicken Auto vor der Türe? Ich weiß nicht, wie lange mein Spaziergang gedauert hatte, als ich wieder in meinen Daunenschlafsack kroch. Es dauerte jedoch nicht lange, bis ich die Augen schloss und schlief.

Das Bellen des grauen, zerzausten Hundes, der die Familie begleitete, riss mich in aller Frühe unsanft aus meinen Träumen. Ihre Jurte hatten die Nomaden schon abgebaut, jetzt halfen sie gerade Akir, die seine auf den Kamelen zu verstauen. Es sollte also weiter gehen. Als auch Hingis und ich unser Hab und Gut zusammen hatten, verabschiedeten wir uns vom Jäger und seiner Familie. Als Dank für ihre Gastfreundschaft schenkte ich dem Mann noch ein altes Schweizer Offiziersmesser, das er begeistert musterte. Der Frau trat ich einige meiner Konserven ab, sie waren ohnedies nur Ballast, und die Kinder bekamen alle einen Müsliriegel mit Schokolade. Auch wir bekamen noch etwas Dörrfleisch mit auf den Weg. Dieses Ports, von dem sich schon die Reiter Dschinghis Khans ernährt hatten, war wohl der beste Reiseproviant auf Erden. Das Fleisch wird etwa zwei Jahre lang getrocknet und dann mit einem Mörser zerstampft. Ein ganzes Rind passt so in die Blase einer einzigen Kuh. Um es essbar zu machen, wird das Ports dann weichgekocht und man hat eine wunderbar kräftige Rindsbrühe. „Euer Vieh soll in Frieden weiden“, meinte der Jäger, bevor er mit seiner Familie aufbrach. Eine typische mongolische Verabschiedung, denn wo das Vieh in Frieden weiden kann, dort geht es auch dem Menschen gut.

Ich traute meinen Augen kaum, als wir Stunden später über eine Kuppe ritten. Ein riesiges Edelweißfeld lag zu unseren Füßen. Zu Abertausenden spross diese in unseren Bergen so seltene schöne Pflanze aus dem Boden. Und das Tausende Kilometer von der Heimat entfernt. Nach einem kurzen Moment des Innehaltens vor dieser Pracht ritten wir weiter.

„Was macht dieser Mann hier allein in der Steppe“, fragte ich Akir. In strahlend weißem Gewand marschierte ein kleiner Mongole auf uns zu. In der einen Hand trug er etwas, das aus der Ferne wie eine Flinte aussah, in der anderen hielt er ein braunes Fellbündel. Mein Begleiter erklärte mir, dass der Mann wohl ein Murmeltierjäger sei. Das weiße Gewand diente dazu, die Neugier der kleinen Nager zu wecken und sie aus ihren Verstecken zu locken. Der Jäger kam näher. Jetzt erkannte auch ich, dass es sich bei dem Fellbündel um zwei der possierlichen Tierchen handelte. „Du hast eine gute Jagd gehabt, wie ich sehe“, meinte Hingis. „Ja, hier ist eine gute Gegend“, antwortete der Jäger, der sich als Puruf vorstellte und uns gleich zum Essen einlud. Wir nahmen dieses Angebot natürlich begeistert an, schließlich hatten wir seit einer Woche nichts Ordentliches gegessen. Seit wir die Nomaden getroffen hatten, haben wir uns nur mehr von Brot und Wasser ernährt. Wir schlugen also unser Lager auf.

Während wir die Feuerstelle aufbauten und Brennstoff sammelten, was in der Steppe gar nicht so einfach ist, bereitete Puruf eines der Murmeltiere vor. Er häutete es, entfernte den Kopf und die Eingeweide, dann legte er Steine in das Feuer. Eine halbe Stunde später nahm er die heißen Steine wieder heraus und stopfte sie in das Innere des Murmeltieres. Nach einer weiteren Stunde war das Fleisch weich gegart und wir machten uns daran, unsere Mahlzeit zu verspeisen. Der Geschmack erinnerte mich irgendwie an Kaninchen. Gewürze gab es natürlich keine. Puruf erzählte uns noch ein wenig von seiner Jagd, dann gingen wir schlafen.

Regen war untertrieben für die Wassermassen, die sich über uns ergossen, als wir am nächsten Morgen aufbrechen wollten. Innerhalb von wenigen Minuten verwandelte sich die Steppe in eine unwegsame Schlammwüste, die Sicht reichte gerade noch ein paar Meter. Vollkommen durchnässt, begannen wir, uns reisefertig zu machen. Doch schon bald wurde klar, an ein Weiterkommen war bei diesen Verhältnissen nicht zu denken. Ein Unwetter in Asien ist mit einem europäischen nicht zu vergleichen. Das Wetter ist hier eine echte Naturgewalt. Kaum verließ ich das Zelt, hatte ich beinahe das Gefühl, im Regen zu ertrinken. Wir beschlossen also, in unserem Lager auszuharren, bis das Wetter wieder besser würde.

Erst am nächsten Tag konnten wir endlich aufbrechen, doch ich hatte die Zeit genutzt, um mein Reisetagebuch zu vervollständigen. Der Weg durch die aufgeweichte Steppe war mühsam und unsere Reittiere schon nach wenigen Stunden der Erschöpfung nahe. An einem Friedhof, der schon mehr als tausend Jahre alt sein musste, machten wir zum ersten Mal Halt. Hingis war davon überzeugt, dass diese unsere Ruhestätte, die für viele vor uns wohl die letzte war, aus der Zeit vor Dschinghis Khan stammen musste. Seit diesem großen mongolischen Feldherrn werden die Toten nämlich in der Nacht verscharrt, nichts weist auf ihren Liegeplatz hin. Friedhöfe gibt es aus dieser Zeit keine. Eine Inschrift auf einem der Grabsteine schien mir besonders interessant. Ich bat den Archäologen, sie für mich zu übersetzen. „Damals hat hier eine Schlacht stattgefunden und eine Gruppc mongolischer Krieger war vom Feind umzingelt. Ein Bogenschütze hat dann einen Hilferuf in einen seiner Pfeile geschnitzt und über eine Entfernung von mehr als 500 Metern, über die Reihen der Feinde hinweg, zu den Verbündeten geschossen. Diese sind dann den Eingeschlossenen zu Hilfe gekommen und haben sie befreit“, erklärte er die für mich unleserlichen Zeichen. Ich war beeindruckt und konnte mich gut in die Szenerie der damaligen Situation hinein versetzen. Mitten in dieser Einöde waren wir mehr oder weniger zufällig auf einen dermaßen geschichtsträchtigen Ort gestoßen.

Nach der verdienten Pause für die Kamele, ritten wir weiter. Allmählich wurde das Land wicder trockener und auch das Gras wurde immcr karger. Schon bald sahen wir in der Ferne die ersten Sandzungen, die ersten Ausläufer der Wüste Gobi.

Das Tal der Dinosaurier

„Dort ist eine Wasserstelle“, rief ich voller Freude. Schon drei Tage waren wir in der Wüste unterwegs und unsere ohnehin spärlichen Trinkvorräte gingen allmählich zur Neige. Jetzt hatte ich endlich den ersten Brunnen gesichtet! Doch Akir enttäuschte meine Hoffnung: „Das Wasser dort ist nicht gut. Wir können dort nicht trinken! Das Wasser dort ist verseucht vom Mist der Tiere.“ Enttäuscht nippte ich an meiner Trinkflasche. Es hieß also weiterhin, sparsam mit dem kostbaren Nass umzugehen, bis wir endlich einen ordentlichen Brunnen gefunden hatten. Das Wasser der meisten Zisternen in der Wüste Gobi ist nicht trinkbar, da an den wenigen Wasserstellen die Herden der großen Karawanen getränkt werden und das seltene Nass durch Urin und Exkremente der Tiere verunreinigt wird. Einige Stunden später war es dann so weit. „Da können wir trinken. Da ist das Wasser gut“, erklärte unser Führer. Ich stürzte mich fast in den Brunnen, vor lauter Freude, endlich wieder frisches Wasser zu bekommen. Unter normalen Umständen würde man als Europäer diese trübe, übel riechende Brühe wohl unter keinen Umständen trinken, doch nach Tagen in der Wüste gibt es nichts Köstlicheres. Hier wollten wir die Nacht verbringen. Es gab auch die erste warme Mahlzeit seit dem Murmeltier. Wir machten Feuer und genossen eine herrliche, ausgiebige Dörrfleisch-Mahlzeit, ehe wir uns zur Ruhe legten.

Mit Sonnenaufgang brachen wir unsere Zelte ab, um weiter in Richtung *Tal der Dinosaurier* zu ziehen. 1922 hatte eine amerikanische Expedition an diesem sagenumwobenen Ort Skelette und versteinerte Eier von Sauropoden, einer etwa fünfundsiebzig Millionen Jahre alten Dinosauriergattung, gefunden. Ich machte mir zwar wenig Hoffnung, dass auch wir derartig sensationelle Funde machen würden, aber da es mehr oder weniger auf unserer Route zum eigentlichen Reiseziel, den Steinmännern, lag, war das Tal ganz sicher einen Abstecher wert.

„Wir müssen hier entlang. Du reitest in die falsche Richtung!" Endlich hatte ich Akir einmal ertappt, dass ihn sein unglaublicher Orientierungssinn auch einmal trog. Doch ich hatte mich getäuscht, der Führer hatte wieder einmal recht: „Ja, deine Richtung führt direkt zum Tal der Dinosaurier, aber da müssten wir vier Tage ohne Wasser auskommen. Der nächste gute Brunnen liegt etwa anderthalb Tagesritte in dieser Richtung." Niemals wollte ich seine Fähigkeiten je wieder in Zweifel ziehen, spätestens ab jetzt genoss Akir als Führer uneingeschränkte Autorität. Wir waren also nur mehr vier Tage vom Tal entfernt, dennoch würden wir noch mehr als eine Woche dorthin brauchen. Im Zick-Zack-Kurs zogen wir durch die sandige Wüste, von einer Wasserstelle zur nächsten. Ungewöhnlich viele blühende Büsche standen im Abstand von mehreren hundert Metern in der sonst so trostlosen Landschaft, auch einige Wasserpfützen, die schon die Größe eines kleinen Teiches hatten, lagen auf unserem Weg. Um jede dieser seichten Pfützen gingen unsere Kamele einen weiten Bogen, nie wateten sie hindurch. Akir lachte: „Meine Tiere kennen das nicht, da haben sie Angst!" Hingis erklärte mir, dass es dieses Jahr so viele Regenfälle gegeben hätte, wie schon seit Jahrzehnten nicht mehr. Sogar in der Wüste gab es mehr Wasser als sonst.

Acht Tage mochten wir schon in der ockerfarbenen Einöde unterwegs gewesen sein, als ich in der größten Mittagshitze vorschlug, am Fuße der kleinen Anhöhe, die sich vor uns erhob, eine kleine Pause einzulegen. „Reiten wir noch eine halbe Stunde und machen wir dann Pause“, schlug Akir vor. Ohne zu fragen folgten wir seiner Anweisung. Hingis war der erste, der den Gipfel des Hügels erreichte. „Kommt“, schrie er plötzlich, „wir sind da!“ Oben angekommen bot sich mir ein wunderschöner Anblick. Wie eine Fata Morgana tat sich vor uns ein riesiges Becken aus rotem Sandstein auf. Die Wüste leuchtete im Licht der Sonne in allen erdenklichen Schattierungen. Unzählige blau blühende Büsche wuchsen aus dem steinigen Boden. Wir waren endlich da, im Tal der Dinosaurier. Vorbei war es mit der Müdigkeit, die Strapazen des Wüstenritts waren wie weggeblasen. Nach einer kurzen Verschnaufpause machten wir uns gleich auf die Suche nach einem geeigneten Lagerplatz. Schließlich wollten wir hier einige Tage bleiben und uns der Suche nach Relikten der Kreidezeit widmen. Hingis merkte man die Nervosität an. Er hatte hier schon vor Jahren einige wissenschaftlich äußerst interessante Entdeckungen gemacht, als er im Auftrag der mongolischen Regierung das Tal durchforschte. Natürlich hoffte er auch diesmal, wieder erfolgreich zu sein. Seine Hoffnung wurde noch darin bestärkt, dass die starken Regenfälle tiefe Rinnen in das zerklüftete Gebiet gezogen hatten. Auch ich war von der Idee begeistert, das eine oder andere Saurier-Ei beziehungsweise gar ein paar fossile Knochen zu finden, doch über Erfolg oder Misserfolg würde wohl allein das Glück entscheiden. Viel wichtiger als die Suche nach uralten Skeletten war jedoch vorerst ein geeigneter Lagerplatz. Ein Brunnen sollte nach Möglichkeit in der Nähe sein, trockenes Gebüsch zum Feuermachen und Schutz vor allfälligen Sandstürmen sollte er uns auch noch bieten. Unsere Anforderungen waren für die Wüste alles andere als bescheiden. Doch einmal mehr bewies unser Führer seine untrügliche Kenntnis dieser Landschaft: „Wir müssen nur noch über diesen Hügel gehen, dann haben wir, was wir suchen!" Es war mir unerklärlich, wie der Mongole sich hier orientieren konnte. Für mich sah hier ein Stein wie der andere aus, ein Busch glich dem nächsten. Dennoch gelang es ihm immer wieder, den Weg zu finden und er behielt fast immer recht. So auch diesmal. Nachdem wir unsere letzten Kräfte mobilisiert und müden Schrittes diese vorerst letzte Anhöhe überwunden hatten, standen wir vor dem perfektesten Lagerplatz, den man sich nur vorstellen kann. Ein riesiger Felsen gewährte uns Schutz vor dem Wind und der glühenden Sonne. Nur wenige Meter davon entfernt entdeckten wir einen Brunnen mit trinkbarem Wasser, gesäumt von Dickicht, das uns das nötige Feuerholz bescheren sollte. Hier bauten wir für die folgenden Tage unsere Zelte auf. Der Schutz vor den heftigen Wüstenstürmen war besonders wichtig, erklärte uns

Akir. Er hatte schon einige Kameraden in der Wüste verloren.

Noch vor Sonnenaufgang brachen wir auf, um nach den versteinerten Zeugen der Urzeit zu suchen. Das heißt, Hingis und ich machten uns auf den Weg, denn Akir musste das Lager bewachen. Normalerweise wechselt man sich mit dieser meist undankbaren, langweiligen Aufgabe ja ab, doch unser Führer meldete sich immer freiwillig für diesen Dienst. Das hatte jedoch nichts damit zu tun, dass er es als seine Pflicht betrachtete. Vielmehr wollte er nicht mit uns Sonderlingen, wie er Hingis und vor allem mich immer wieder bezeichnete, nach den Überresten irgendwelcher Tiere suchen, die schon seit Jahrmillionen ausgestorben waren. Immer wieder schüttelte er den Kopf, wenn wir über unser Vorhaben sprachen. Ein Mann hatte schließlich genug damit zu tun, sich, seine Familie und sein Vieh mit Essen zu versorgen. Warum sollte man seine Zeit also mit derart unnützen Tätigkeiten verbringen? Akir machte keinen Hehl daraus, dass er unsere Spinnerei, die unser Unternehmen in seinen Augen ja war, belächelte. Doch für ihn war das Wenige, was wir ihm für seine unersetzlichen Dienste zahlten, gutes Geld und ich glaube, er mochte uns auch irgendwie.

Stundenlang streiften wir durch das unglaublich schöne Tal. Während mich die Sehenswürdigkeiten der Natur bei Laune hielten, wurde der Archäologe zunehmend unruhiger. Er war in seinem Element. Jeden Stein drehte er um, in der Hoffnung irgendeine Kleinigkeit zu entdecken, die auf einen Fund hoffen ließ. Doch ohne Erfolg. Erst die gleißende

Mittagssonne gebot schließlich auch ihm Einhalt, als ich schon längst am Zahnfleisch daher kroch. „Dort drüben ist Schatten. Machen wir eine Pause", meinte er. Wir gingen zu dem kleinen Felsvorsprung, auf den er gezeigt hatte. Ich setzte mich auf einen ovalen Stein. Hingis verzog sein Gesicht zu einem breiten Grinsen: „Kollege, es könnte sein, dass du auf einem Ei sitzt."
„Was meinst du damit?"
„Ich glaube, der Stein auf dem du sitzt, könnte ein Saurier-Ei beinhalten."
Sofort sprang ich auf, denn das wollte ich jetzt natürlich genau wissen. Voller Spannung, ob Hingis Recht hatte, klopften wir mit Hammer und Meißel vorsichtig, um den Sandstein zu sprengen. Und tatsächlich, er brach auseinander und ein versteinertes Saurier-Ei kam zum Vorschein, gut zu erkennen an der dicken, weißen Eischale.

Jetzt musste auch ich lachen. Den ganzen Vormittag hatten wir uns abgemüht, um nur irgendeine Kleinigkeit zu finden. Dann wollten wir pausieren und ich setzte mich ohne Absicht ausgerechnet auf das, was wir die ganze Zeit gesucht hatten. Nachdem wir uns so richtig ausgelacht hatten, verzehrten wir unsere Brotzeit. Hingis erzählte mir von den Sauropoden: „Die Echsen waren etwa 20 Meter lang und 60 Tonnen schwer. Durch das enorme Gewicht konnten sie keine Tiere jagen. Sie haben sich, ähnlich wie Nilpferde, von Wasserpflanzen ernährt. Früher gab es hier viel Wasser." Den Beweis für seine Aussagen lieferten die Saksaul-Bäume, die hier überall herumstanden. Diese Bäume, die wie auf Stelzen auf ihren Wurzeln stehen, wachsen normalerweise nur unter Wasser. Hingis erklärte, dass mit ziemlicher Sicherheit ein gewaltiger Meteoriteneinschlag die Ursache für diese wundersame Landschaft war, aber auch alles Leben, darunter auch das der Saurier, ausgelöscht hatte. Doch die wissenschaftlichen Theorien interessierten mich herzlich wenig. Ich genoss es, dass ich in dieses traumhaft schöne Tal gelangt war und ich die Überreste einer längst vergangenen Zeit gefunden hatte.

Es war irgendwie seltsam. Ich aß ein trockenes Brot, wünschte mir nichts sehnlicher als einen Belag und währenddessen saß ich auf einem Jahrmillionen alten Ei. Ich versuchte mir vorzustellen, wie diese Landschaft damals wohl ausgesehen haben mag. Anders als jetzt musste es in der Kreidezeit hier grünes Gras und Bäume gegeben haben. Ich dachte daran, wie eine riesige Echse genau an diesem Platz, auf dem ich mich jetzt befand, genau jenes Ei legte, auf dem ich jetzt saß. Warum dieser Saurier wohl niemals schlüpfte?

Hingis riss mich aus meinen Tagträumen: „Komm, wir müssen weiter. Suchen wir noch ein paar Stunden, vielleicht finden wir noch etwas anderes!" Ich war gar nicht begeistert von dieser Idee. Schließlich hatte ich jetzt schon gefunden, wofür ich hergekommen bin und wollte bei der brütenden Hitze lieber hier im Schatten sitzen bleiben. „Ich möchte das Ei gerne mitnehmen", meinte ich. Hingis überzeugte mich nach einigem hin und her, dass wir es auch später holen könnten. Er würde den Ort auch am Rückweg noch finden.

Der Nachmittag verlief genauso erfolglos wie der Vormittag, also kehrten wir gegen Abend geschlaucht in unser Camp zurück. Ich war zudem noch etwas wütend, denn Hingis hatte mein Ei natürlich nicht noch einmal gefunden und so stand auch ich mit leeren Händen da.

Am nächsten Tag schlug ich vor, dass Hingis und ich uns getrennt auf die Suche machen sollten. Ich begründete meine Idee damit, dass wir so ein größeres Gebiet durchstreifen konnten und die Aussicht auf Funde damit höher wäre. Doch in Wahrheit hatte meine Entscheidung ganz andere Gründe. Ich wusste natürlich, dass ich allein wahrscheinlich nicht einmal dazu in der Lage sein würde, ein Ei von einem runden Stein zu unterscheiden. Oder wie sollte mein ungeschultes Auge einen fossilen Knochen, der in Sandstein eingeschlossen war, erkennen? Aber mir war das an jenem Tag egal. Wir waren nun doch schon seit geraumer Zeit zusammen unterwegs und so gut ich mit meinen beiden Kameraden auch auskam, ich brauchte endlich wieder einmal etwas Zeit für mich selbst.

Also brachen wir auf. Hingis wollte noch einmal an den Ort, den wir schon gestern unter die Lupe genommen hatten, ich marschierte in Richtung Südosten. Mit dabei hatte ich natürlich auch diesmal wieder einen schweren Hammer, der an die zehn Pfund wiegen mochte, und einen kleineren, der dann für die Feinarbeit vorgesehen war. Dazu kam noch eine ganze Reihe verschiedenster Meißel. Ich hatte zwar keine Ahnung, wie ich damit umgehen sollte, doch Hingis bestand darauf, dass ich die vollwertige Archäologen-Ausrüstung zumindest bei mir trug, wenn ich sie benötigte.

Bei Sonnenaufgang machte ich die erste Pause. Ich setzte mich auf eine kleine Anhöhe, um dieses wunderbare Naturschauspiel zu erleben. Kaum war die Sonne am Horizont zu sehen, färbte sich die ganze Wüste in glühendes Rot. Erinnerungen an das Alpenglühen in den bayrischen Bergen wurden in mir wach, doch war dieses Erlebnis mit nichts zu vergleichen. Rot, so weit das Auge sehen konnte. Mit den Gedanken an die Heimat kam auch die Sehnsucht nach meiner Frau Renate. Was sie wohl jetzt gerade machte? Mit Sicherheit würde sie schlafen, schließlich war es in Europa gerade tiefste Nacht. Ich war Renate dankbar. Dankbar, dass ich diesen Sonnenaufgang in der Wüste erleben durfte. Dankbar, dass ich überhaupt alle meine Reisen machen konnte. Eine andere Frau hätte mich wohl schon längst verlassen. Es war sicher nicht einfach für sie, immer wieder monatelang allein gelassen zu werden. Die Hoffnung, dass ich von meinen Abenteuern heil zurück kommen würde, war alles, was ihr in dieser Zeit blieb. Doch immer wieder machte sie mir Mut, mein Leben so zu leben, wie ich es schon immer wollte. Und genau das hatte ich auch gemacht, schon seit meiner Jugend.

Es mochte wohl eine Stunde vergangen sein, als ich mich wieder auf den Weg machte, erfüllt von tiefer, ehrlicher Zufriedenheit. Es gab sicher nicht viele Menschen auf dieser Welt, die so viel gesehen und erlebt haben, wie ich. Eine Vielzahl der Menschen war schon glücklich, täglich eine

Mahlzeit zu bekommen und ich durfte den ganzen Erdball bereisen. Die Welt gehörte mir! Frohen Mutes und mit geschärftem Blick spazierte ich durch die Wüste und suchte nach einem Ei oder einem Knochen. Ich war nicht gerade vom Glück verfolgt an diesem Morgen. Sandstein in allen Variationen, einige Büsche, die von Stunde zu Stunde wieder mehr von ihrer seltenen Blütenpracht zu verlieren schienen. Hier und dort eine Wasserlache oder einer dieser faszinierenden Saksaul-Bäume. Sonst nichts. Kein Hinweis auf die Existenz irgendwelcher Überbleibsel der Saurier. Dennoch genoss ich die Einsamkeit und marschierte weiter, immer weiter weg von unserem Lager. Als die Sonne ihren Höchststand erreicht hatte und die Hitze nicht mehr auszuhalten war, setzte ich mich in den spärlichen Schatten eines Felsens und packte meinen Rucksack aus. Wieder einmal gab es zu Mittag trockenes Brot, doch diesmal hatte ich als kulinarischen Höhepunkt auch etwas Trockenwurst mit dabei. Ich ließ es mir schmecken, doch als Nachspeise gab es dann eine böse Überraschung! Meine zweite Wasserflasche war undicht, das ganze kostbare Nass hatte ich irgendwo in der Wüste verteilt. Keine Chance, jetzt noch weiter auf Saurierjagd zu gehen, ich musste wohl oder übel zurück ins Lager. Selbst mit genügend Wasser ist es mühsam, den ganzen Tag durch die Wüste zu spazieren. Aber ohne Flüssigkeit weiter zu gehen wäre ein Mittelding aus Masochismus und Selbstmord gewesen.

Es hätte mir schon viel früher auffallen müssen, dass ich mich verirrt hatte. Keinen dieser Steine hatte ich vorher gesehen, keine der Anhöhen kam mir bekannt vor. Großartig. Ich hatte mich in der Wüste verlaufen, ohne Wasser und ohne irgendeine Möglichkeit, mit meinen Kameraden zu kommunizieren. Ich hatte mich wohl zu viel auf meinen natürlichen Orientierungssinn verlassen, der scheinbar nicht ganz so ausgebildet war, wie ich gedacht hatte. Ich war zwar vom Lager aus immer in Richtung Süden marschiert, doch wusste ich jetzt nicht mehr, in welcher Richtung Norden lag. Nur kurz war ich auf der Suche nach archäologischen Fundstücken ein wenig im Kreis marschiert und schon hatte ich jegliche Orientierung verloren. Mit einer funktionierenden Uhr wäre es eigentlich kein Problem gewesen, die Himmelsrichtungen herauszufinden, doch meine war schon seit Tagen kaputt. Ich beschloss, hier vor Ort zu bleiben und meine Kräfte zu schonen. Sinnloses umherirren wäre das mit Sicherheit Dümmste gewesen, was ich in dieser Situation machen konnte.

Der Sonnenuntergang, nicht minder schön als der morgendliche Aufgang, war meine Rettung. Die Sonne geht im Osten auf und im Westen wieder unter – damit konnte ich endlich feststellen, wo Süden war. Zugute kam mir dann auch noch der Vollmond, der mir die Wüste beinahe wie am Tag erhellen würde. Ich suchte mir also einen Anhaltspunkt im Süden, wo unser Lager sein musste und ging los. Nach drei Stunden sah ich dann auch schon das Feuer, an dem meine Freunde saßen und auf meine Rückkehr warteten! Mit einer Mischung aus Freude und Wut empfingen sie mich. „Wo bist du solange gewesen? Wir haben uns schon die größten Sorgen gemacht!", meinte Hingis. Ich erzählte von meinem Missgeschick. Die anfängliche Bestürzung meiner Freunde war schnell dahin und wurde von hämischem Lächeln abgelöst. Die beiden unterhielten sich kurz auf mongolisch. „Einen Europäer darf man halt nicht allein in die Wüste lassen", dürfte wohl der Inhalt ihrer Tuschelei gewesen sein, deren wahren Wortlaut ich nie erfahren würde. Nachdem auch ich gegessen hatte – sie hatten das bereits vor Stunden erledigt – wechselten wir endlich das Thema. „Ich habe heute einige interessante Entdeckungen gemacht", erzählte Hingis und zeigte mir seine Ausbeute. Einige kleine Sandsteinplatten, die er wie ein Puzzle zusammenfügte, stellten sich als Vorderpfote eines Sauriers heraus.

Er erzählte von einem Nebental, in dem die Knochen herumlagen wie Holz im Wald. „Morgen gehen wir noch einmal dorthin. Aber wir nehmen zwei Kamele mit, damit wir unsere Funde auch tragen können", schlug er vor. Ich war begeistert von dieser Idee. Ein Saurierknochen würde sich bestimmt gut in meinem privaten Museum machen. Zudem wollte ich endlich mehr von dem sehen, weswegen wir überhaupt diesen Umweg auf uns genommen hatten.

Ich hatte unruhig geschlafen. Immer wieder war ich schweißgebadet aufgewacht und hatte mir ausgemalt, wie es ausgegangen wäre, wenn ich nicht mehr zurück gefunden hätte. Immer wieder kam ich während meiner Reisen in brenzlige Situationen und immer wieder nahm ich mir vor, in Zukunft besser aufzupassen. So auch diesmal. Ungefähr eine Stunde ritten Hingis und ich auf unseren Kamelen stetig in Richtung Südosten. Diesmal wusste ich die Himmelsrichtung sehr genau. Ich hatte aus meinem Gepäck den alten Kompass, dessen Existenz ich ob Akirs Orientierungsfähigkeiten schon beinahe vergessen hatte, wieder ausgegraben. Denselben Fehler macht man eben nur einmal. „Wir sind da“, sagte der Archäologe mit einem Lächeln, das ich bei ihm noch nie zuvor gesehen hatte, als wir in dem kleinen Talkessel ankamen. Hier war der kleine Mann wirklich in seinem Element. Kaum war ich von meinem Reittier abgestiegen, stolperte ich schon über einen ovalen Stein, der einem Saurier-Ei verdächtig ähnlich sah, aber etwas kleiner war. „Das war das Ei einer kleineren Echse. Aber schau, dort drüben liegt ein Sauropoden-Ei“, rief mir Hingis zu und lief schon in die Richtung, die er mir gedeutet hatte. Aber ich hatte schon etwas anderes entdeckt. Ein Felsblock neben mir wies eine seltsame Verfärbung auf. Ich rief den Experten zu mir. „Ja, das ist ein Knochen“, bestätigte er meinen Verdacht. Unter seiner Anleitung machte ich mich daran, einen kleinen Felsblock mit dem Knochen aus dem großen Stein heraus zu meißeln. Erst jetzt verstand ich, warum wir so viel Werkzeug mitschleppen mussten. War der Meißel auch nur ein wenig zu klein, dauerte es ewig, bis sich auch nur ganz wenig Gestein löste. War das Gerät jedoch zu groß, bekam der Fels sofort beängstigende Sprünge. Aber die Arbeit machte Spaß. Nach einigen Minuten hatte ich die Technik durchschaut und der Mongole ließ mich mit meinem Fund allein und suchte weiter. Mir taten die Finger schon weh, als ich endlich meinen Knochen in den Händen hielt – der Tag war gerettet, ganz egal, ob ich jetzt noch etwas finden würde. Doch hier war offenbar wirklich das Paradies für jeden Archäologen. Wohin wir auch schauten, überall ließen sich Hinweise auf Felseinschlüsse erkennen, einige Eier lagen auch frei herum. Wir hätten gar nicht alles mitnehmen können, was wir entdeckten, also begnügte ich mich mit meinem Knochen und einem Ei. Hingis ließ überhaupt alles liegen, er meinte, er hätte schon genug von all dem zu Hause.

Das Heulen der Wölfe

Es war schon beinahe Mittag, als wir endlich unser Lager abgebaut und alles auf die Kamele gepackt hatten. Die erste Zwischenstation unserer Reise war zu Ende. Jetzt wollten wir uns dem eigentlichen Ziel zuwenden, den Steinmännern der Mongolei. Die Hitze war an diesem Tag nicht ganz so unerträglich wie sonst, also beschlossen wir, gleich aufzubrechen. Immerhin hatten wir noch einige Tagesritte in dieser unwirtlichen Landschaft vor uns und wir wollten die Wüste so schnell als möglich verlassen. Die Schönheit des Gebiets konnte uns nicht mehr über die Entbehrungen hinwegtrösten. Mit dem monotonen Schaukeln der Kamele, das empfindliche Menschen sicher seekrank machen würde, ging es gemächlich in Richtung Osten. Die blühenden Büsche wurden seltener, je tiefer wir in die Gobi vordrangen, auch die Hügel verliefen sich buchstäblich im Sand. Trockenheit und Einsamkeit war alles, was uns die nächsten Tage erwarten sollte.

Das Reiten war anstrengend. Mein Gesäß und meine Füße schmerzten bereits und mein Hals war rauh. Wir sprachen kaum, uns war mittlerweile schon der Gesprächsstoff ausgegangen. Nur in den wenigen Pausen und an den langen Abenden beredeten wir unsere weiteren Pläne oder erzählten von unseren Familien oder der Jugend. Besonders fasziniert waren die beiden Mongolen, wenn ich auf meine früheren Reisen zu sprechen kam. Von den meisten der Länder, die ich ihnen beschrieb, wussten sie nicht einmal, dass es sie gab. Der Archäologe war natürlich besonders an der Geschichte interessiert, wie ich die geheimnisvolle Inkastadt in Bolivien entdeckte, die selbst die Einheimischen nur noch aus der Sage kannten. Das wäre etwas für ihn gewesen, meinte er. Von den Inkas hatte er während seines Studiums schon gehört, sie hatten ihn stets fasziniert. „Du hast ja schon den ganzen Erdball bereist“, stellte Hingis staunend fest. Er erzählte kurz von seinem bislang einzigen Auslandsaufenthalt in Russland. Akir schwieg – er hatte zumindest wissentlich die Grenzen der Mongolei nie überschritten. Es mochte schon sein, dass er im Norden einmal bis nach Russland gekommen war oder im Süden bis nach China, aber er wusste es nicht. Ich beschloss insgeheim, die beiden einmal nach Europa einzuladen.

Endlich wurde die Wüste wieder ein wenig freundlicher. Die Zahl der Pflanzen nahm zu, sie waren auch nicht mehr ganz so dürr. Sogar vereinzelte Grasbüschel hatten sich bis hierher vorgewagt. „So, jetzt ist es nicht mehr weit. Bald schon haben wir Wasser“, meinte Akir und lächelte. Hingis und ich rechneten mit einem Trinkwasserbrunnen, doch nach etwa einer Stunde war die Überraschung perfekt: Ein riesiger See lag vor uns. Gut, die europäische Definition für See mochte vielleicht ein wenig übertrieben sein. Vielmehr war es eine etwas tiefere Wasserlache, die sich aber über einige Quadratkilometer erstreckte. Schnell hatten wir uns die Kleider vom Leib gerissen und sprangen in das vermeintlich kühle Nass. Doch von einer Erfrischung war da keine Spur, das Wasser hatte in etwa Badewannentemperatur. Immerhin, das erste mal seit Wochen konnten wir uns wieder richtig waschen.

Obwohl es noch früh war und wir noch eine ordentliche Wegstrecke hätten zurücklegen können, bauten wir hier unsere Zelte auf. Nach der harten Zeit in der Wüste gönnten wir uns diese Pause und beschlossen, zumindest zwei Nächte hier zu bleiben. Beim Abendessen, es gab eine herrliche Dörrfleischbrühe, wartete unser Führer mit der nächsten Überraschung auf: „Nur noch zwei Tagesritte, dann kommen wir zu einem kleinen Dorf. Dort können wir frischen Proviant kaufen!" All die Strapazen waren wie fortgeblasen. Bis tief in die Nacht plauderten wir am Lagerfeuer, voller Vorfreude, bald wieder andere Menschen zu sehen.

Schon am nächsten Morgen packten wir unser Zeug zusammen. Die Hoffnung, wieder unter Leute zu kommen war größer als unsere Freude über einen gemütlichen Tag am See. Wir hatten unsere Tiere noch nie so gehetzt wie an diesem Tag, dementsprechend war auch die Strecke, die wir zurücklegten. Als wir am Abend wieder unser Lager aufschlugen, waren wir nur noch etwa drei Stunden von dem kleinen Wüstenort entfernt.

Es war eine echte Wonne, das rege Treiben zwischen den etwa hundert Jurten zu beobachten, die da mitten in der Wüste standen. Wir hatten unsere Zelte etwas außerhalb des Ortes aufgestellt, der nur aus besagten Jurten und einigen Baracken bestand. Wir wollten zumindest in der Nacht ein wenig

Ruhe haben, so sehr wir den Trubel tagsüber auch genossen. Hier gab es alles, was wir in den letzten Wochen entbehren mussten. Frisches Fleisch, Hühner, Milch und vor allem Gesellschaft. Zuerst wurden wir misstrauisch beäugt. Viele Fremde kommen hier nicht vorbei und wenn, dann sind es fahrende Händler oder Nomaden. Besonders ich erregte die Aufmerksamkeit der Dorfbewohner. Einen Europäer hatten die meisten von ihnen noch nie gesehen. Doch schon bald wich das Misstrauen der angeborenen Neugier der Mongolen. War ich mir noch wenige Minuten zuvor beinahe wie ein Aussätziger vorgekommen, stand ich jetzt im Mittelpunkt einer Menschentraube, die mich mit Fragen löcherten, von denen ich kein Wort verstand. Also übernahm Hingis meinen Part und erzählte den Leuten alles, was sie über mich, den sonderbaren Fremdling, erfahren wollten. Seine Ausführungen wurden ständig von *Ahhs* und *Ohhs* begleitet, scheinbar war er ein begnadeter Geschichtenerzähler.

Der Dorfälteste lud uns zum Abendessen in seine Baracke, die mitten im Zentrum des kleinen Dörfchens stand. Er verdeutlichte mir in gebrochenem Russisch, dass sein Haus zugleich auch eine Art Rathaus war. Zumindest versammelten sich hier des öfteren die wichtigsten Leute des Ortes und berieten über die Geschicke der Bewohner. Auch heute Abend sollten sie alle uns zu Ehren kommen. Er bat mich auch, irgendetwas von meiner Heimat mitzubringen.

Der Abend dauerte lange. Ich zeigte Fotos von Deutschland und erzählte den Leuten von meiner Heimat und meinen vielen Reisen. Sie waren begeistert. Hochhäuser und

Untergrundbahnen hatten sie noch nie in ihrem Leben gesehen. Dann erzählten sie mir ein wenig von ihrem Leben. Trotz aller Einfachheit waren sie glücklich. Materielle Werte zählen hier nicht viel. Genügend zu essen für die Familie und Gesundheit reichten den Mongolen, um mit ihrem Dasein zufrieden zu sein. Ich fühlte mich wohl in ihrer Gesellschaft. Erst weit nach Mitternacht ging ich in mein Zelt.

Wir waren einige Tage im Dorf geblieben und hatten die Gastfreundschaft der Bewohner genossen. Es tat gut, ein paar Nächte am selben Ort zu schlafen. So mancher Reisender mochte sich schäbig vorkommen, wenn er in den Genuss der mongolischen Freigebigkeit kam. Selbst hatten sie kaum etwas, doch das Wenige, was sie besaßen, teilen sie vorbehaltlos mit ihren Gästen. Doch jede Scham ist unangebracht. Es macht ihnen Freude, Fremde zu bewirten und es gilt sogar als Beleidigung, eine angebotene Mahlzeit auszuschlagen.

Erholt und motiviert brachen wir wieder auf. Der ganze Ort war trotz der frühen Stunde gekommen, um uns zu verabschieden. „Möge Euer Vieh in Frieden weiden", grüßte ich schon beinahe wie ein alter Mongole und verteilte ein paar kleine Geschenke unter den Kindern.

Eintönig, aber schön war die Landschaft durch die wir jetzt ritten. Die Trostlosigkeit faszinierte mich zumindest so, wie sie mich bedrückte. Es war mir ein Rätsel, warum selbst hier, im unwirtlichsten Teil des Landes, einige Menschen lebten. Eigentlich sollte man meinen, dass in den endlosen Weiten der Mongolei jeder einen schönen Platz zum Leben finden würde. Dennoch trotzten einige Unverwüstliche der harten Natur.

Alle paar Tage kamen wir jetzt in kleine Orte und überall wurden wir freundlich empfangen. Langsam wurde auch der Pflanzenwuchs wieder dichter – wir waren zurück in der Steppe. Ich genoss die Graslandschaft, die mich vor unserem Wüstenritt schon dermaßen angeödet hatte. Sogar die Kamele, die ja eigentlich in die Wüste gehörten, schienen Freude an der Abwechslung zu haben. Ich weiß nicht, ob es nur Einbildung war, aber mir schien, sie gingen schneller als je zuvor.

Jedenfalls hatten wir schon eine ordentliche Strecke zurückgelegt, als die Dunkelheit langsam hereinbrach und wir einen geeigneten Lagerplatz gefunden hatten. Akir machte Feuer und wir kochten uns die gewohnte Dörrfleischbrühe. „Wie bist du eigentlich zum Abenteurer geworden", fragte mich Hingis, als wir fertig gegessen hatten. Ich hatte mir selbst noch nicht oft Gedanken darüber gemacht, aber ich begann zu erzählen: „Angefangen hat eigentlich alles damit, dass ich meine Kindheit im Krieg verbracht habe. Mein Vater war Soldat und als der Krieg aus war, ist er schwer krank zurück gekommen. Er hat nie eine Arbeit gefunden und war nicht in der Lage, die Familie zu ernähren. Also habe ich den Großteil meiner Jugend bei meiner Großmutter verbracht, die im Sommer als Sennerin auf einer Alm gearbeitet hat. Dort habe ich dann meine Liebe zur Natur entdeckt. Aber ich wollte damals schon immer wissen, was auf der anderen

Seite der Berge ist. Später habe ich dann hart gearbeitet und das ganze Geld gespart, nur um meinen größten Traum zu erfüllen. Ich wollte andere Länder und Kulturen kennen lernen. Mein Erspartes reichte gerade so weit, dass ich mit dem uralten klapprigen Fahrrad meines Vaters losfahren konnte. Mit dem Rad bin ich dann zunächst durch ganz Italien gefahren, mit dem Schiff weiter nach Tripolis. Von dort bin ich die ganze nordafrikanische Küste entlang bis nach Alexandrien geradelt. Irgendjemand hat mir dann mein Fahrrad geklaut. Also habe ich mir ein Kamel gekauft und bin mit seinem Vorbesitzer durch die Wüste Sinai gezogen. Um die Rückkehr nach Deutschland bezahlen zu können, habe ich einige Wochen gearbeitet. Das war eigentlich der Beginn meiner Leidenschaft." Hingis war ganz von den Socken, er wollte mehr wissen. Schließlich war das alles hier in seiner Heimat nicht möglich, selbst wenn man noch so hart dafür arbeitete. Ich fuhr fort: „Mein Interesse an fremden Kulturen hat durch die Erlebnisse auf dieser Reise noch weiter zugenommen. Doch ich habe auch erkannt, dass ich noch einiges lernen musste! Kaum war ich zu Hause, schmiedete ich schon meine nächsten Pläne und lernte die Sprachen der Menschen, die ich in Zukunft besuchen wollte. Auch mit ihrer Mentalität und Geschichte habe ich mich immer genau beschäftigt, denn nur so bekommt man auf den Reisen etwas mit." Ich erzählte noch von meiner Expedition in die Kalahari-Wüste, wo ich mit den Buschmännern umhergezogen war, wie ich in Namibia mit dem Stamm der *Ovahimba* gelebt hatte und von einigen anderen Reisen, die ich wohl nie vergessen werde. Ich berichtete wieder bis spät in die Nacht, doch die Zeit war schnell vergangen. Wir wollten schlafen gehen.

„Hört doch, die Wölfe“, meinte Akir, als wir gerade in unsere Zelte krochen. Er hatte recht. In einiger Entfernung hörten wir das Heulen der Wölfe. Ein kalter Schauer lief mir über den Rücken. Die Wölfe würden uns zwar aller Voraussicht nach in Ruhe lassen, ein beklemmendes Gefühl lösten sie aber dennoch in uns allen aus. Wir beschlossen, abwechselnd Nachtwache zu halten, man konnte ja nie wissen. Ich war als erster an der Reihe. Müde setzte ich mich wieder ans Feuer, wünschte meinen Freunden eine gute Nacht und begann Nachträge in mein Reisetagebuch zu machen. Nur schwer konnte ich die Augen noch offen halten, aber es musste gehen. Das Heulen der Wölfe hielt mich wach. Nach drei Stunden konnte ich dann endlich Akir wecken und selbst zur Ruhe gehen.

Ich hatte schlecht geschlafen. Immer wieder war ich schweißgebadet wach geworden und hatte gedacht, die Bestien würden über mich herfallen. Als ich den anderen dann beim Frühstück davon erzählte, zuckte Akir nur mit den Schultern: „Daran werdet ihr euch gewöhnen müssen. Es gibt viele Wölfe hier.“ Das bedeutete auch, dass die Nachtwachen fortan zu unserem Alltag gehören würden.

Das Land wurde zunehmend hügeliger, je weiter wir nach Osten ritten. In der Ferne konnten wir sogar schon die Berge erkennen. Dort mussten wir hin! Am Fuße dieses Gebirgszuges waren angeblich auch die Steinmänner zu finden, die ja das Ziel unserer Reise waren. „Was ist das?", rief ich und deutete auf einen dunklen Klumpen, der einige hundert Meter von uns entfernt am Boden lag. „Das war einmal ein Pferd – die Wölfe haben es zerfleischt", erklärte Akir. Ich wollte eigentlich einen weiten Bogen um den Kadaver machen, doch der Führer bestand darauf, dass wir uns das tote Tier genauer ansehen sollten. Nur so könnten wir feststellen, wann das Pferd gerissen wurde und demnach, ob wir damit rechnen mussten, dass Wölfe in unserer unmittelbaren Nähe waren. „Fünf Tage ist es her", meinte Akir. Ich nahm an, dass er diese Feststellung anhand des penetranten Geruchs tätigte, der vom Aas ausging. Das Pferd war offenbar ein Reittier gewesen. Sattel und Zügel hingen noch immer lose auf den Überresten. Doch vom Reiter war weit und breit keine Spur. Er hatte sich hoffentlich retten können. Hingis sah die Situation pragmatisch: „Wir sollten froh sein – dieses Rudel ist schon satt!" Beruhigend wirkte diese Aussage auf mich nicht gerade.

Seit langem schon hatten wir keine Wolken mehr gesehen, doch jetzt wurde der Himmel bedrohlich schwarz. Auch die Luft wurde spürbar feuchter. „Es wird bald regnen", stellte ich fest. Im selben Moment spürten wir die ersten Tropfen. Binnen Sekunden war aus den paar Tropfen ein richtiger Schwall geworden und die Steppe verwandelte sich in eine Schlammwüste. Ein Fortkommen bei diesem Wetter war unmöglich, das Aufbauen von Zelten machte auch keinen Sinn. Wir spannten nur eine Plane, die uns vor der schlimmsten Nässe bewahren sollte, doch es war schon zu spät. Bis wir uns unter das schützende Dach begeben konnten, waren wir bereits bis auf die Haut durchnässt.

Wir saßen schon Stunden unter unserer kleinen Zufluchtsstätte, doch der Regen wollte nicht aufhören. So ähnlich musste damals die Sintflut angefangen haben. Die armen Kamele waren anfangs ganz verdattert, hatten sich dann aber mit der Zeit an das viele Wasser gewöhnt. Ein reißender Bach, der vorher noch nicht da gewesen war, gurgelte nun wenige Meter an uns vorbei. Es war kalt. Noch vor kurzer Zeit hatte ich über die drückende Hitze der Wüste gejammert, jetzt wäre mir nichts lieber gewesen, als 40 Grad im Schatten und Trockenheit. Die feuchte Kälte saß tief in unseren Gliedern. Ein Feuer zu machen war unmöglich, denn wo sollten wir jetzt trockenes Holz herbekommen? Und selbst wenn – in einer Wasserlache konnte man nichts zum Brennen bringen. Wir mussten die Nacht wohl oder übel hier verbringen. Die Frage, wer die erste Nachtwache übernehmen sollte, stellte sich aber gar nicht. Keiner von uns konnte auch nur ein Auge zu tun.

Die Morgendämmerung brach herein und es regnete unverändert weiter. Wir saßen fest. Es war unvorstellbar, was der Regen in nur einer Nacht aus der Steppe gemacht hatte. Schlamm und Wasser, so weit das Auge reichte. Das heißt, zumindest in einem Umkreis von zwölf Metern, denn weiter konnten wir gar nicht sehen. „Der Regen kann doch nicht ewig so weiter gehen“, meinte ich verzweifelt. Ich hatte keine Lust, noch tagelang hier zu sitzen, halb zu erfrieren und

Trübsal zu blasen. Ich wollte weiter! „Normalerweise müssten wir morgen weiterziehen können“, antwortete Hingis, der ebenso wie Akir nicht halb so zermürbt schien wie ich.

Der Regen war ebenso schnell wieder fort, wie er gekommen war. Kaum war der letzte Tropfen gefallen, lachte schon wieder die Sonne vom Himmel. Ganze vier Tage waren wir unter unserer Plane festgesessen und hatten uns nur von kalter Konservennahrung, ein wenig Brot und Regenwasser ernährt. Selbst Akir war über die heftigen Regenfälle um diese Jahreszeit sehr verwundert, denn normalerweise kämpften die Mongolen im Sommer eher mit der Trockenheit.

Noch immer durchnässt ritten wir weiter in Richtung Osten, aber wir kamen nur sehr langsam voran. Unsere Kamele versanken bis über die Knöchel im tiefen Schlamm und waren schon bald ermüdet. „Wir sollten uns Pferde besorgen“, schlug ich Hingis vor. Die Wiederkäuer hatten uns wertvolle Dienste erwiesen, doch ich war mir sicher, dass wir fortan mit Pferden schneller vorankommen würden. „Du hast Recht“, pflichtete mir auch der Archäologe bei, „aber es wird nicht einfach sein, hier in der Einöde gute Tiere zu finden. Bis Dari Danga sind es noch zwei Tage. Dort könnten wir Glück haben.“ Doch sollten wir die Reittiere wirklich wechseln, hätten wir schon bald ein neues Problem. Ich zweifelte nicht daran, dass wir Pferde auftreiben konnten, doch einen so treuen und verlässlichen Führer wie Akir zu finden, war sicher um vieles schwieriger. Wir ließen das Thema vorerst auf sich beruhen. Schließlich mussten wir zuerst einmal nach Dari Danga kommen.

„Ta sajn jawdsch irew üü?“, was so viel heißt wie *Habt ihr eine gute Reise gehabt?*, fragte uns der Mongole, als wir in Dari Danga vor seiner Jurte standen. Wir baten ihn, uns in seinem Zelt Unterschlupf zu geben. Gerade noch rechtzeitig vor dem nächsten gewaltigen Unwetter waren wir in diesem kleinen Ort, der unser Ausgangspunkt für die letzte Etappe der Expedition sein sollte, angekommen. Der Mann war beinahe überschwänglich froh, dass er unser Gastgeber sein durfte. Nachdem er uns geholfen hatte, unsere Tiere zu versorgen, bat er uns herein. Als Gäste bekamen wir natürlich wieder die Ehrenplätze neben dem Hausaltar und seine Frau reichte uns einen Krug mit Kumys. Ich hatte mich inzwischen schon an den säuerlichen Geschmack gewöhnt, aber das hieß noch lange nicht, dass mir die vergorene Stutenmilch schmeckte. Es war noch immer reine Höflichkeit gegenüber dem Gastgeber, das Zeug zu trinken.

Wir erzählten vor der versammelten Familie, woher wir kamen, was wir schon erlebt hatten und wohin wir noch gehen wollten. Als das Gespräch auf die Steinfiguren kam, meldete sich erstmals Dash, der älteste Sohn, zu Wort: „Ich weiß wo die Babas sind.“ Wie selbstverständlich erklärte er, dass er mit seinen Herden schon oft in dieser Gegend war. Wir glaubten, nicht recht zu hören, denn wir hatten angenommen, dass die Figuren so selten waren, dass sie nicht einmal den Einheimischen bekannt waren. Es musste sich um einen Irrtum handeln. Er konnte nicht von den gleichen

Figuren sprechen, die wir meinten. Doch der junge Mann war sich sicher. Er bat um ein Stück Papier: „Ich will euch die Babas aufzeichnen!“ Ich gab ihm mein Reisetagebuch. Als er fertig war, reichte er Hingis seine Skizzen. Mit prüfendem Blick begutachtete der Archäologe die Zeichnungen und er setzte wieder sein seltsames Grinsen auf, das ich schon kannte. Er lachte immer auf diese Weise, wenn ihn etwas freudig überraschte: „Das sind sie. Er hat recht!“ Hingis zeigte mir die Skizzen. Mir blieb vor Staunen fast der Mund offen. Der Steppenbewohner hatte in wenigen Minuten ein wunderschönes Bild gezeichnet. Es zeigte die Babas beinahe detailgetreu: mit einem Hut auf dem Kopf und einem Becher in der rechten Hand, den sie vor der Brust hielten. Unser Glück war perfekt, als er sich dann auch noch bereit erklärte, uns zu den Figuren zu führen. Sogar Pferde konnte er uns zur Verfügung stellen. Ich war mir das erste Mal ganz sicher, dass ich die Steinfiguren auch wirklich zu Gesicht bekommen würde.

Am nächsten Morgen war es an der Zeit, Abschied zu nehmen. Akir war uns ein guter Führer gewesen, doch jetzt konnte er uns nicht mehr helfen. Dash war ortskundig und kannte die Figuren. Außerdem wollten wir jetzt mit Pferden weiter reiten. Die Kamele waren gut für die Wüste, doch in der Steppe waren sie zu langsam. Akir verstand unsere Entscheidung und war sicher auch froh, dass er wieder heim zu seiner Familie konnte, die schon seit Wochen in der Nähe von Ulan Bator auf ihn wartete. Dennoch glaubte ich, ein wenig Wehmut in seinen kleinen Augen zu erkennen, als wir ihm seinen verdienten Lohn auszahlten und er rang uns das Versprechen ab, ihn auf unserer Rückreise zu besuchen.

Gegen Mittag waren wir reisefertig. Dash hatte seine fünf besten Pferde für uns ausgewählt. Zwei davon dienten als Tragtiere. Wieder einmal ritten wir durch die Steppe. Das Land war auch hier flach und unendlich weit. Nichts als Gras, keine Bäume, keine Häuser. Doch wie sich Akir schon in der Wüste bewährt hatte, bewährte sich unser neuer Führer hier. Zielsicher ritt er voran, obwohl ich weit und breit keinen Orientierungspunkt ausmachen konnte. Und Dash hatte noch einen entscheidenden Vorteil gegenüber Akir – er konnte fließend russisch, wodurch auch ich mich ohne Hingis Hilfe mit ihm unterhalten konnte. „Mein Vater hat es mir beigebracht. Er ist ein weiser Mann“, erzählte er mir stolz, als wir am Abend unser erstes Lager aufschlugen. Der Mann hatte in seinen jungen Jahren schon viel erlebt. Seit seiner frühen Jugend versorgte er die Familie, denn sein Vater war von einer mysteriösen Krankheit befallen. Seinen Beschreibungen zufolge konnte ich auch als Laie davon ausgehen, dass es sich um Krebs handelte. Einen Arzt gab es hier in der Steppe natürlich nicht, lediglich ein Medizinmann linderte die Schmerzen des Vaters. Die Medizinmänner waren aus der Kultur der Mongolen nicht wegzudenken, doch gab es nur noch wenige. Als die Russen das Land besetzt und mit dem Kommunismus zwangsbeglückt hatten, wurde diesen „Scharlatanen“ der Garaus gemacht. „Die meisten sind einfach verschwunden.

Es gibt nur mehr einen in diesem Teil des Landes", erzählte Dash. Er aber würde wissen, wo der Mann zu finden ist.

Diese Nacht heulten die Wölfe besonders laut. Es war Vollmond. Auch Dash hatte Angst, doch weniger um unser Leben als um das seiner Pferde. „Ich habe schon vier Tiere durch diese Bestien verloren", meinte er und ging zu seinen Vierbeinern. Er zog etwas Johanniskraut aus seiner Umhängetasche und zündete es an. Der Rauch sollte die bösen Geister vertreiben, erklärte mir Hingis. Dann besprenkelte er die Tiere mit Stutenmilch, was die guten Geister heranlocken soll. Ich persönlich halte nicht viel von Aberglauben, doch war ich jedes Mal froh, wenn ich sehen konnte, dass Völker ihre uralten Traditionen noch auslebten. Dash erklärte sich gleich bereit die erste Wache zu übernehmen: „Die Biester sind nicht weit, aber ich weiß, wie ich mit ihnen fertig werde!"

Ich hatte noch kein Auge zugetan, als mich unser Führer zur Wache weckte. Ich hatte keine Ahnung warum, schließlich hatte ich schon ganz andere Gefahren überstanden, aber sobald ich die Wölfe heulen hörte, überkam mich ein beklemmendes Gefühl. „Weck mich, wenn die Pferde unruhig werden. Noch können sie die Wölfe nicht wittern. Aber sobald sie näherkommen, drehen sie durch", meinte Dash, bevor er sich zur Ruhe legte. Ich war nicht mehr ganz so aufgeregt. Solange die Pferde ruhig blieben, waren die Wölfe weit weg. Dash schien noch viel weniger besorgt zu sein. Nur Minuten, nachdem er in seinem Zelt verschwunden war, übertönte sein Schnarchen das Heulen der Wölfe.

Als ich am nächsten Morgen aufwachte, hatte er schon das Frühstück gerichtet. Es gab Brot und gesalzenen Milchtee. So entsetzlich das Zeug auch schmeckte, es weckte jedenfalls die Lebensgeister. Unser Führer wirkte irgendwie böse. Als Hingis aus seinem Zelt kam, würdigte er ihn keines Blickes und unterließ es auch, ihm einen guten Morgen zu wünschen. Später, als sich der Archäologe kurz entfernte, fragte ich Dash, was denn vorgefallen sei. „Er ist während seiner Nachtwache eingeschlafen. Ich habe fünf Minuten gebraucht, um ihn wach zu bekommen. In dieser Zeit hätten die Wölfe Verheerendes anrichten können!“ Ich beruhigte den erbosten Mann, schließlich war ja nichts passiert. Gleichzeitig musste ich aber versprechen, den Archäologen zur Rede zu stellen. Die Stimmung während dieser Etappe war nicht gerade gut, aber dennoch war ich irgendwie froh. Dash nahm seine Arbeit ernst. Er war der unumstrittene Anführer in der Wildnis, das stellte er von Anfang an klar.

Wir kamen nur sehr langsam voran. Der tiefe Boden machte den Pferden trotz ihrer Zähigkeit schwer zu schaffen. Die ersten Steinfiguren wären eigentlich nur vier Tagesritte von Dari Danga entfernt, meinte Dash, doch unter diesen Umständen würden wir wohl doppelt so lange brauchen. Dennoch war ich froh, dass wir Pferde als Fortbewegungsmittel gewählt hatten, denn mit dem Auto wären wir wohl schon längst im Morast stecken geblieben. Die wenigen Fahrrinnen, die es hier in der Gegend gab, waren mit Wasser gefüllt. Und die letzte Tankstelle hatte ich in Ulan Bator gesehen.

Die Technisierung hatte vor der Mongolei Halt gemacht. Außerhalb der Städte gab es hier keinen Strom, geschweige denn Fernseher oder Radios. Was für einen Europäer unvorstellbar klingt, hat hier aber durchaus positive Auswirkungen. Das Gespräch ist hier im Gegensatz zu den modernisierten Ländern noch immer die wichtigste Unterhaltungsform.

Wir kamen den Bergen, die sich in der Ferne erhoben, immer näher. Dieses Gebirge war die natürliche Grenze zu China. Unser Ziel konnte nicht mehr weit entfernt sein, doch bei einer durchschnittlichen Reisegeschwindigkeit von maximal 25 Kilometern am Tag schien die Strecke endlos. Aber wir hatten ja keinen Zeitdruck.

Am Nachmittag des vierten Tages schlug Dash vor, dass wir den Pferden einen Ruhetag gönnen sollten. Sie hatten die letzten Tage hart gearbeitet und waren beinahe am Ende ihrer Kräfte angelangt. Auch uns konnte die Pause nicht schaden, also willigten Hingis und ich sofort ein. Zudem versprach Dash, uns in die Geheimnisse der Murmeltierjagd einzuweihen, was den Archäologen zwar nicht so brennend interessierte, mich aber umso mehr.Wir suchten uns eine kleine Anhöhe als Lagerplatz, was hier, in dieser unendlichen Ebene kein einfaches Unterfangen war. Aber wir hatten Glück. Wir fanden eine fast unmerklich erhöhte Stelle, von der wir die Ebene überblicken konnten und die zudem noch weitgehend trocken war. Zum ersten Mal, seit wir Dari

Danga verlassen hatten, konnten wir Feuer machen. Das bedeutete auch eine warme Mahlzeit – es war der erholsamste Abend seit langem.

Dash weckte mich früh. „Die Morgendämmerung ist die beste Zeit für die Murmeltierjagd“, erklärte er. Hingis hatte sich freiwillig dazu bereit erklärt, Wache zu schieben, während wir unterwegs waren. Er war mitgereist, weil er archäologische Forschungen anstellen wollte, aber nicht, weil ihn das Leben in der Wildnis interessierte. Das, was für mich das Reizvollste an diesem ganzen Unternehmen war, war für ihn nur eine unbequeme Nebenerscheinung.

Mein Lehrmeister war ganz in Weiß gekleidet. Über seinem Rücken hing ein mächtiger Vorderlader. Dieser war vom Rost der Jahrzehnte gezeichnet. Um seinen Hals baumelte eine kleine hölzerne Pfeife, die auch Teil derAusrüstung des ersten Murmeltierjägers war, den wir getroffen hatten. Der größte Unterschied zur Pirsch, wie wir sie kennen, besteht bei der Murmeltierjagd darin, dass man ganz und gar nicht leise ist. Im Gegenteil – durch Rufe und Pfeifen weckt man die Neugier der possierlichen Tierchen und lockt sie so aus ihren Verstecken. Irgendwie war es mir fast unangenehm, die Zutraulichkeit der pelzigen Geschöpfe derart zu missbrauchen, doch die Aussicht auf ihr köstliches Fleisch ließ mich meine Gewissensbisse schnell vergessen. Schon nach einer halben Stunde zeigte sich das erste Murmeltier. Neugierig richtete es sich auf und hielt Ausschau nach uns. Dash erhob die Flinte, zielte kurz und drückte ab. Treffer! Er nahm das Tier noch an Ort und Stelle aus und packte es in seine Umhängetasche. Der erste Gang unseres Abendessens war damit gesichert.

„Jetzt bist du an der Reihe." Dash reichte mir die Pfeife und das Schießeisen. Das Gewehr wog bestimmt zehn Pfund. Ich glaubte kaum, dass ich damit etwas treffen konnte, obwohl ich bei der Bundeswehr als hervorragender Schütze galt. Zuerst machte mich der Mongole mit der Ladetechnik vertraut. Als die Einführung zu Ende war, meinte er: „So, gehen wir ein Stück weiter. Die Tiere hier wissen jetzt, dass es gefährlich ist sich zu zeigen. Sie sind nicht blöd." Nach einer halben Stunde Wanderung war meine Zeit als Jäger gekommen. „Jetzt musst du nur noch pfeifen und warten, bis ein Murmeltier kommt. Dann schießen und wir können nach Hause gehen", sagte Dash. Ich holte Luft und blies in die Holzpfeife. Vergebens – kein Ton kam heraus. Ich holte wieder tief Luft und pustete mit aller Kraft, doch wieder ließ sich dem Ding nicht einmal das leiseste Geräusch entlocken. Beim dritten Versuch funktionierte es dafür umso besser. Ein lauter, markerschütternd schriller Ton gellte durch die Steppe und nur Sekunden später kamen auch schon etwa zehn Murmeltiere aus ihrem Bau gekrochen und machten Männchen. Ich visierte eines von ihnen an, drückte ab – und schrie auf vor lauter Schmerz. Das Ziel hatte ich natürlich um einige Meter verfehlt und die ganze Schrotladung irgendwo in die Wiese geballert. Doch mit einem solchen Rückstoß hatte ich nicht gerechnet. Meine Schulter war taub vor Schmerz. Dash lachte: „Du hast doch gesagt, dass du schießen kannst?" Wenn Blicke töten könnten, wäre der Mongole in diesem Moment wahrscheinlich qualvoll verendet. Er hätte mich wenigstens warnen können.

Doch so leicht war ich nicht unterzukriegen. Jetzt wollte ich erst recht erfolgreich von unserem kleinen Ausflug zurückkehren und ein selbst erlegtes Murmeltier zu Abend essen. Der Bluterguss auf meiner Schulter und die damit verbundenen Schmerzen sollten sich wenigstens auszahlen. Wir marschierten noch einige Kilometer weiter. „Wenn du willst, kannst du es jetzt noch einmal probieren", sagte Dash und lächelte schon wieder schadenfroh. Doch diesmal wollte ich es besser machen. Ich zog meinen Pullover aus, faltete ihn zusammen und legte ihn zwischen die Schulter und den Kolben, um so den Folgen des Rückstoßes vorzubeugen. Dann pfiff ich. Diesmal waren es nur zwei Murmeltiere, die sich zeigten. Ich zielte auf das nähere, es war nur etwa 30 Meter entfernt. Mit aller Kraft presste ich das Gewehr gegen meine Schulter, biss die Zähne zusammen und drückte ab. Diesmal hatte ich getroffen. „Was sagst Du jetzt?" fragte ich meinen Begleiter freudestrahlend. Dieser nickte anerkennend: „Beim zweiten Versuch getroffen, das ist sehr gut!" Mein Ruf war also wieder hergestellt. Ich nahm meine Beute sorgfältig aus und packte das Fleisch in einen Plastiksack, den ich in meinen Rucksack steckte. Als zufriedene Waidmänner traten wir den Rückweg an.

Im Lager erwartete uns schon der hungrige Hingis. Er hatte bereits Feuerholz und Steine gesammelt. Nach zwei Stunden konnten wir dann unsere Mahlzeit genießen. Nicht der Hunger, sondern der Stolz des Jäger ist der beste

Koch – das lernte ich an diesem Abend. Noch nie hatte mir etwas besser geschmeckt als dieses Murmeltier, obwohl uns als einzige Würze Salz zur Verfügung stand. Ich verzehrte das Meinige fast zur Gänze alleine, Hingis und Dash teilten sich das Zweite, das nur unwesentlich größer war.

Für diesen Abend hatte ich mir etwas Besonderes vorgenommen. Schon den Giraffenfrauen im goldenen Dreieck hatte ich einst *Schafkopfen*, das bayrische National-Kartenspiel, beigebracht. Warum also nicht den Mongolen ein wenig deutsche Wirtshauskultur vermitteln? Ich fühlte mich gewissermaßen als Botschafter für mein Lieblingsspiel. Ich kramte also die Karten aus meinem Gepäck hervor und versuchte, meinen wissbegierigen Kameraden in einem Kauderwelsch aus Russisch, Englisch und Gebärdensprache die Spielregeln zu vermitteln, die für jemanden, der keine Erfahrung mit deutschen Spielkarten hat, gar nicht so einfach sind. Doch es dauerte nicht lange, bis mir Dash, der mit einer bemerkenswerten Auffassungsgabe gesegnet war, die ersten kleinen Steinchen, die unser Einsatz waren, abknöpfte. Kurz darauf hatte auch Hingis sein erstes Erfolgserlebnis. Ich hatte an diesem Abend das miserabelste Blatt, das man sich nur vorstellen kann und die beiden Asiaten zockten mich regelrecht ab. Als erfolgreicher Jäger aber geprügelter Kartenspieler ging ich weit nach Mitternacht zur Ruhe. Wieder hörte ich aus einiger Entfernung die Wölfe heulen.

Aufmerksam untersuchte ich jeden größeren Brocken nach einem versteinerten Saurier-Ei oder anderen Fossilien.

Ein einfacher Hirte in einer mongolischen Jurte zeichnete kunstvoll diese von mir gesuchten Steinfiguren in mein Tagebuch.

Es wird wohl ein Rätsel bleiben, wer diese Figur zu welchem Zweck mitten in der Steppe errichtete. Sie ist aus weißem Marmor, den es in der Mongolei nicht gibt. ▸

Wie naturgetreu der Hirte die Figuren gezeichnet hatte, erkannte ich, als ich vor ihnen stand. Ich hatte mein Ziel erreicht.

◂ *Beim Naadam-Fest zeigen auch die Frauen ihre Kunstfertigkeit, so wie diese Bogenschützin.*

In den Jurten der mongolischen Nomaden waren wir immer willkommene Gäste. Freundlich winken sie uns zum Abschied nach.

Als Gast in einer Jurte ist es nicht möglich weiterzuziehen, ohne das Nationalgetränk Kumys (leicht alkoholhaltige, vergorene Stutenmilch) getrunken zu haben. Auch ich musste mich daran gewöhnen. ▸

Solche Bilder in der Wüste Gobi entschädigten mich für so manche Strapazen.

Die Erfinder des Klappstuhls

Nach dem Stand der Sterne musste es ungefähr vier Uhr morgens gewesen sein, als Hingis mich zur letzten Wache weckte. Das Wolfsgeheul war inzwischen verstummt, doch inzwischen hatte ich mich ohnehin schon so daran gewöhnt, dass es mich gar nicht mehr störte. Schon bald wurde es hell am Horizont. Nun war es an der Zeit, die Pferde zu versorgen und das Frühstück vorzubereiten. Diesmal hatte ich eine Überraschung für meine Kameraden parat. Unweit unseres Lagers hatte ich gestern einige Vogelnester in den Büschen entdeckt. Ich hatte keine Ahnung, welcher Gattung das Federvieh angehörte, doch die Eier waren zwar klein, aber sicher essbar. Ich betätigte mich also als Nesträuber, was für helle Empörung bei meinen geflügelten Freunden sorgte. Es grenzte an ein Wunder, dass sich Hingis und Dash, der mich mit seinem Geschnarche wieder einmal prächtigst unterhielt, in ihrem Schlaf nicht durch das Geschrei der Vogelmütter stören ließen. Die Beute war großartig. In wenigen Minuten hatte ich zwei Dutzend Eier beisammen. Das würde zwar nicht für ein ausgiebiges Frühstück reichen, aber in der Pfanne gebraten wenigstens ein bisschen Abwechslung in unser morgendliches Mahl bringen, das ansonsten nur aus Brot und Wasser bestand.

Meine Begleiter waren begeistert und auch ich hatte selten zuvor derart köstliche Spiegeleier gegessen. Frisch gestärkt setzten wir unsere Reise fort. Wieder türmte sich eine bedrohliche schwarze Wolkenfront am Himmel auf. Es war zum Verzweifeln. Selten zuvor hatten mir Wetterkapriolen eine Reise so erschwert wie dieses Mal. In Windeseile bauten wir unser Lager wieder auf, um uns vor den Wassermassen zu schützen. Wir mussten uns wieder darauf einrichten, einige Tage aufgehalten zu werden. Doch diesmal hatten wir Glück. Nach einem heftigen, aber kurzen Unwetter lachte am Abend wieder die Sonne vom Himmel und wir konnten hoffen, dass wir am nächsten Morgen weiterziehen würden. Die Abende waren jetzt kurzweiliger als zuvor. Meine Begleiter waren begeisterte Kartenspieler und so saßen wir jetzt immer nach dem Essen rund um das Feuer und spielten Schafkopfen und andere Kartenspiele in der mongolischen Steppe.

Am Morgen gaben wir unsere Hoffnung, gleich weiterziehen zu können, wieder auf. Schon wieder prasselte der Regen auf unsere Zelte und der feuchte Boden machte die Steppe beinahe unpassierbar. Ein weiterer verlorener Tag. Normalerweise sollten wir schon längst die Steinfiguren erforschen, doch Petrus machte unsere Reise zur Odyssee. Ich überlegte mir sogar schon, ob es nicht besser wäre, die Expedition abzubrechen und umzukehren, doch dafür war es nun zu spät. Erstens war es nicht meine Art, so einfach aufzugeben, denn sonst hätte ich die meisten meiner Abenteuer nicht bestanden. Und zweitens war eine Umkehr auch sinnlos, denn ob wir uns durch den Morast zurück nach Ulan Bator kämpften oder ob wir gleich bis zu unserem Ziel vordrangen, war im Grunde genommen der gleiche Aufwand.

„Seht, wir sind da", rief Dash plötzlich. Schon die letzten zwei Tage hatten wir auf diesen Ausruf gewartet. Zuerst waren es nur kleine Punkte in der Ferne, doch als wir näher kamen, erlangten wir Gewissheit. Wir waren am Ziel unserer Reise. Sie waren wie willkürlich in der weiten Steppe verstreut, die mystischen Steinfiguren, für die wir die weite Reise auf uns genommen hatten. Und ich war der erste Europäer, der sie zu Gesicht bekam. Die Babas wirkten auf mich wie aus einer anderen Welt. Mächtig und erhaben standen sie da. Kein Mensch weiß heute noch, wie sie in das Grasland gebracht worden waren. „Aber das sind noch nicht die, die wir suchen", meinte Hingis ein wenig enttäuscht. Die Statuen, die vor uns standen, waren aus Lavagestein, das es hier in dieser Gegend gar nicht gab, was aber die Geschichte ihrer Herkunft noch weitaus spannender machte. Sie erinnerten mich stark an die Figuren auf den Osterinseln, die ebenso aus Lavagestein bestanden und deren Köpfe genauso spitz zuliefen. Auch deren Rätsel sind bis heute ungelöst. Ob eine Verbindung zwischen den Babas der mongolischen Steppe und jenen im pazifischen Ozean bestand? „Es gibt aber auch noch andere. Ich werde euch zu ihnen führen", beruhigte Dash den nervösen Archäologen. Hingis hatte von Anfang an keinen besonders guten Draht zu unserem Führer und vertraute ihm offenbar auch jetzt noch nicht ganz. Ich hingegen wäre dem Mann überall hin gefolgt.

Dennoch war er auch an diesen Figuren, die wir als erste fanden, interessiert. Mit Maßband, Notizbuch und Bleistift rannte er von einem Steinmann zum nächsten, ohne sich auch nur ein bisschen darum zu kümmern, was Dash und ich machten. Ich verstand mich bestens mit dem jungen Mongolen und nachdem ich ein paar Fotos geschossen hatten, setzten wir uns in die Wiese. Mich interessierte, ob sich auch die Einheimischen mit der Geschichte der Babas beschäftigten, deren Herkunft bislang noch nicht einmal die Wissenschaft kannte. „Sie sind aus dem Weltall gekommen. Ein Gott hat sie in der Steppe verstreut. Die Babas sind heilig“, klärte er mich auf. Das war also die Version, der die Mongolen Glauben schenkten. So absurd die Geschichte auch klang, selbst ernsthafte, russische Forscher hatten noch keine andere Erklärung gefunden, wie die Steinfiguren an ihren heutigen Platz gebracht worden waren.

Erst bei Sonnenuntergang stieß Hingis wieder zu uns. Dash und ich hatten schon längst das Lager aufgebaut und eine Mahlzeit zubereitet. Nach dem Essen begann er mit mir ein Gespräch über den archäologischen Wert der Statuen. Jetzt war der Zeitpunkt gekommen, an dem meine Tarnung als Doktor Müller auffliegen musste. Wochenlang hatte ich die Rolle des deutschen Wissenschaftlers bravourös gespielt. Im Tal der Dinosaurier hatte ich das erste Mal befürchtet, dass meine Tarnung gelüftet würde, als ich nicht einmal allein dazu im Stande war, einen Saurierknochen aus dem Stein zu meißeln. Damals hatte ich mich noch darauf hinausgeredet, dass es in Deutschland eigene Arbeiter dafür gab und die praktische Arbeit ebensowenig mein Fachgebiet war, wie Dinosaurier. Doch jetzt zerplatzte meine Flunkerei wie eine Seifenblase. Ich hatte nicht den blassesten Schimmer von Archäologie. Hingis deckte mich auf: „Du kannst kein Wissenschaftler sein. Du verstehst doch gar nichts von diesem Forschungsgebiet!“

„Du hast Recht. Ich bin nur ein gewöhnlicher Abenteurer, der sich für Ethnologie interessiert.“

„Du hast also von Anfang an gelogen!“

Hingis war inzwischen wütend geworden. Sein Kopf war schon ganz rot.

„Ich habe nicht gelogen. Ihr habt behauptet, dass ich dieser Doktor Müller bin.“

„Aber du hast auch nicht gesagt, dass du es nicht bist.“

„Ihr habt mich auch nie danach gefragt. Ich habe jedenfalls nie behauptet, dass ich Wissenschaftler bin!“

Unser Streit dauerte sicher zwei Stunden. Letztendlich gab Hingis klein bei. Auch ich entschuldigte mich, dass ich nicht von Anfang an für klare Verhältnisse gesorgt hatte, schmierte ihm aber gleichzeitig Honig ums Maul: „Es war einfach schon immer mein Traum, mit einem namhaften Forscher zu den Steinfiguren zu gehen. Wie du richtig sagst, ohne dich hätte ich keine Chance gehabt, hierher zu kommen. Und selbst wenn ich es geschafft hätte, wäre es umsonst gewesen. Denn wer könnte mir mehr von den Babas erzählen als du?“

Damit war das Kriegsbeil begraben. Der Stolz des kleinen Mannes war wieder hergestellt und das erste Mal seit langem verzog er den Mund wieder zu seinem typischen Grinsen: „Du bist ein Schlitzohr. Aber du bist auch ein guter Kamerad. Jetzt haben wir es bis hierher gemeinsam geschafft und werden die Reise auch gemeinsam zu Ende bringen.“

Dash hatte die Szenerie stillschweigend beobachtet und keine Miene verzogen. Aber ich erkannte an seinen leuchtenden Augen, dass er insgeheim schelmisch lachte. Er konnte Hingis ohnehin nicht leiden und er hatte zwar nicht jedes Wort verstanden, aber dennoch mitbekommen, dass ich den Archäologen über den Tisch gezogen hatte. Später sollte er noch öfter auf Hingis zeigen, wenn dieser gerade einmal nicht hin sah, und mir dabei ein breites Lächeln zuwerfen.

Am nächsten Morgen zogen wir wieder los. Östlich von hier wären noch schönere Babas, meinte unser Führer. Ich war glücklich, das Entdeckungsfieber hatte mich endgültig gepackt. Noch vor wenigen Monaten hatte ich es nicht für möglich gehalten, dass ich einmal an der Aufklärung eines der letzten ungelösten Geheimnisse menschlicher Kultur mitarbeiten würde. Doch was war das? In der Ferne erkannte ich einige weiße Punkte, die sich von der sonst so eintönig, grün-braunen Landschaft deutlich abhoben. Als wir näher kamen, erkannte ich eine Figur aus weißem Marmor. Jetzt waren wir endlich da. Das waren jetzt die Babas, die Hingis sehen wollte. Wir trieben unsere Pferde an und galoppierten in Richtung der Figuren.

Ich war fasziniert. Nicht nur, weil ich als erster Europäer die Ehre hatte, diese Zeugen mongolischer Kultur, die aus dem 13. oder 14. Jahrhundert stammten, zu sehen. Es war vor allem die Einmaligkeit der Machart dieser Statuen, um die sich meine Gedanken drehten. Woher hatten die Menschen damals den weißen Marmor, den es hier ebenso wenig gab wie Lavagestein? Sie konnten doch nicht Stein für Stein mit Pferden hierher gebracht haben. Die Figuren mussten mindestens eine Tonne auf die Wage bringen.

Doch noch ein weiteres Rätsel gaben sie mir auf: Waren die alten Nomaden Zentralasiens die Erfinder des modernen Klappstuhls? Die Babas thronten nämlich auf einem Sessel, der augenscheinlich bereits die Technik moderner Campingstühle aufwies. Der in Stein gehauene Mechanismus zeigte bis ins kleinste Detail, dass die Rückenlehne verstellbar und sogar zusammenklappbar war! Schon die Turkvölker, die ja die Mongolei erstmals besiedelt hatten, wussten offenbar über die Vorzüge eines derart leicht zu transportierenden Stuhls Bescheid.

Hingis erklärte mir unterdessen die gültige wissenschaftliche Theorie über die Entstehung der Figuren. Die Babas, so heißt es, sind im Grunde genommen nichts anderes als Denkmäler für verstorbene Persönlichkeiten. Es mussten Leute mit Einfluss und Reichtum gewesen sein, die sich ein solches Monument hatten setzen lassen. „Bedeutet das, dass unter den Statuen diese Menschen begraben liegen?“, fragte ich nach. „Davon hat man bis jetzt noch nichts gefunden. Es dürfte so gewesen sein, dass die Reisenden sich einfach irgendwo hier in den Weiten der Steppe ein Plätzchen ausgesucht hatten, wo dann nach ihrem Tod das Denkmal für sie errichtet werden sollte“, führte der Wissenschaftler seine Erklärungen weiter aus.

Die Statuen sahen sich allesamt sehr ähnlich. Ihre linke

Hand lag auf dem Knie, mit der rechten hielten sie einen Pokal, der einem bei uns als *Römerglas* bekannten Weinglas ähnlich sah. Den Kelch drückten sie fest an die Brust. Ein sanftmütiges, weinseliges Lächeln, fast wie jenes der Mona Lisa, zierte die Gesichter der recht heiter blickenden Gesellen. Sie machten fast den Eindruck, als hätten sie sich eben noch schnell bei einem üppigen Festmahl gelabt, ehe sie sich für ein paar Jahrhunderte in die Steppe setzten. Wurde bei der Totenfeier damals ein Trinkgelage veranstaltet? Und sollte die Statue den Platz des Verstorbenen einnehmen? Bis heute hat man diese Fragen alle noch nicht geklärt. Jetzt waren die Becher, die innen hohl waren, jedenfalls mit Regenwasser gefüllt. Was sich früher in ihnen befand, wird wohl für immer ein Geheimnis bleiben. Es gibt und gab hier niemals Weinanbau und mir war auch kein anderes alkoholisches Getränk bekannt, das damals in der Mongolei hergestellt wurde. Bis auf Kumys, wahrscheinlich hatten die Nomaden schon damals getrunken, was sie heute ihren Gästen kredenzten. Möglicherweise dienten die Becher aber auch als Behältnisse für Weihrauch. Oder sie waren ein Symbol dafür, dass die Verstorbenen auch im Reich der Toten immer genug vom Lebenselixier Wasser dabei haben mussten.

Manche Figuren aber blickten finster drein. Irgendwie machten sie den Eindruck, als wären sie betrübt, dass sie in Zukunft allein, ohne ihre Freunde trinken mussten. Ich wünschte mir insgeheim, dass die Babas mit mir sprechen könnten. Fragen an sie wären mir mit Sicherheit genügend eingefallen.

Drei Tage zogen wir jetzt schon im tiefsten Südosten der Mongolei umher. Weit waren wir noch nicht gekommen, aber das war zu diesem Zeitpunkt auch nicht mehr der Zweck der Sache. Vielmehr war es unser Ziel, die Babas genauer zu erforschen und alles sorgfältiger zu dokumentieren, als es irgendjemand vor uns getan hatte. Und wir waren auf dem besten Weg dazu, mehr als 50 Statuen hatten wir schon eingehendst inspiziert. Während sich Dash hervorragend um unser Wohlbefinden kümmerte und aus den wenigen Zutaten, die er zur Verfügung hatte, immer wieder neue kulinarische Variationen zauberte, die Pferde versorgte und unser Lager beinahe alleine von einem Standort zum nächsten verlegte, waren Hingis und ich im archäologischen Dauereinsatz. Von Früh bis Spät vermaßen wir peinlichst genau jedes Detail der Figuren, führten Buch über ihre besonderen Merkmale und fertigten Skizzen an. Ich machte Hunderte von Fotos, um die rätselhaften Babas zu dokumentieren.

Wir hatten auch schon einige bemerkenswerte Entdeckungen gemacht, die dieses Geheimnis, das wohl eines der letzten unserer modernen Welt war, zwar nicht aufklären konnten, aber doch interessante Rückschlüsse auf das Leben in der damaligen Epoche erlaubten. Mich faszinierte besonders die detailgenaue Darstellung der Reiseutensilien, die dem Verstorbenen offenbar mit ins Jenseits gegeben worden waren. Die meisten Statuen hatten eine Tabaktasche umgehängt, deren Inhalt klar erkennbar war. Jedes einzelne Rauchutensil, das damals zur Standardausrüstung eines jeden Nomaden gezählt haben dürfte, fand sich auch in der marmornen Nachbildung wieder.

Nur wenige Tage nachdem mich Hingis als schwindelnden Laien entlarvt hatte, betrachtete er mich inzwischen mit anderen Augen: „Jetzt bist du schon bald ein echter Wissenschaftler, Georgi. Du bist der beste Kollege, den ich je hatte.“ Nicht nur, dass er mich jetzt wieder als Kollegen betrachtete, war ein Kompliment. Er hatte mich auch zum ersten Mal seit Beginn unserer Reise mit meinem Vornamen und nicht als *Fremder* angesprochen. Ich war also aufgenommen im elitären Kreis der Wissenschaftler und das, ohne jemals einen Doktor gemacht zu haben.

Aber diese Ehre war, so glaube ich zumindest, nicht ganz unverdient. Mit dem Fleiß einer Biene führte ich akribische Aufzeichnungen und entdeckte sogar Details, die selbst dem geschulten Auge des Archäologen entgangen waren. Spät entdeckte ich so noch, gerade rechtzeitig vor Beginn der zweiten Halbzeit meines Lebens, meine Ader für die Forschung.

Wir vermaßen auch die Abstände zwischen den Figuren, konnten aber keine Regelmäßigkeit entdecken. Es gab keinen Hinweis darauf, dass sie in irgendeiner, wie auch immer gearteten Art und Weise, angeordnet waren. Und wenn doch, dann waren wir mit unserem heutigen Denken nicht dazu in der Lage, das System zu entschlüsseln. „Wir bekommen Besuch!“, rief Dash plötzlich aus einiger Entfernung zu uns herüber. Ich fragte mich, wen außer uns es noch in dieses abgelegene Hinterland verschlagen haben könnte.

Und tatsächlich, am Horizont waren einige kleine Punkte zu erkennen, die sich uns langsam, aber kontinuierlich näherten. Mit der Zeit entpuppten sich die Punkte als eine kleine Karawane, die geradewegs auf uns zuhielt.

Es war eine Nomaden-Familie. Wir spazierten ihnen entgegen. Diesmal waren wir zuerst in dieser Gegend, also waren auch wir die Gastgeber. „Habt ihr eine angenehme Reise gehabt", fragte Hingis höflich. „Danke. Wir kommen aus den Bergen und wollen vor Einbruch der kalten Jahreszeit in mildere Gefilde ziehen", erklärte der hagere Mongole, der offensichtlich das Oberhaupt der achtköpfigen Familie war. Sie nahmen unsere Einladung, dass sie bei uns lagern und mit uns essen könnten, dankend an. Ich bereitete eine Dörrfleischbrühe, während meine Kameraden unseren Gästen halfen, ihre beiden Jurten aufzustellen.

Der Fluch der Babas

Die Nomaden blieben einige Tage bei uns. Sie waren äußerst dankbar für die Gastfreundschaft, die wir ihnen entgegenbrachten, denn sie waren schon seit geraumer Zeit unterwegs und ihre Essensvorräte gingen schon langsam zur Neige. Von ihnen erfuhr ich viel über die Lebensweise der Steppenbewohner. Unter anderem erzählten sie mir auch von der Existenz der *Tsaaten*. Von diesem ehemals in Zentralasien weit verbreiteten Nomadenstamm gab es heute nur noch etwa 20 Familien. Sie zogen hauptsächlich im Norden des Landes, im Grenzgebiet zu Russland umher. Sie lebten von ihren Rentierherden, ritten sogar auf ihnen. „Aber niemand will mit ihnen etwas zu tun haben. Sie sind schmutzige Diebe“, erklärte Odin, der Großvater der Familie. Dash und Hingis nickte zustimmend. Doch ich interessierte mich für diesen fast ausgestorbenen Menschenschlag und fand mich mit dieser Auskunft nicht ab. Also erzählte Odin weiter: „Sie kommen nur selten aus ihrem Gebiet heraus. Und Fremde mögen sie gar nicht, sie bleiben lieber unter sich. Nur zum Naadam kommen sie manchmal vom Norden herunter, um Rentierfelle zu verkaufen.“ Odin hatte mein Interesse geweckt. Sobald ich wieder in dieses Land kam, wollte ich zu den Tsaatan.

Am darauffolgenden Tag zeigten uns die Nomaden, die jedes Jahr zweimal durch diese gottverlassene Einöde zogen, noch einige besonders imponierende Steinfiguren. Sie waren noch um eine Spur perfekter gearbeitet und noch ein wenig mehr verziert. Auch unsere Gäste waren übrigens der festen Überzeugung, dass die Babas von einer höheren Macht in die Steppe katapultiert worden waren.

Wir kamen auch zu einer umgestürzten Statue, die in Einzelteile zerbrochen, im Gras herumlag. Hingis und ich wollten die Figur wieder aufrichten, doch unser Ansinnen löste bei Dash und den Nomaden größte Empörung aus. Odin sagte sehr energisch: „Ihr müsst sie so lassen, wie sie ist. Babas sind heilig. Wer sie in ihrer ewigen Ruhe stört, ist für immer verflucht!“

„Aber wir wollen sie doch nicht stören, sondern lediglich wieder aufrichten. Sie soll wieder so stolz auf ihrem Sessel thronen wie zuvor.“

„Es wird einen Grund haben, warum sie umgestürzt ist. Vielleicht ist dieser Baba bei den Göttern in Ungnade gefallen. Lasst sie in Ruhe!“

Ich respektierte zwar stets die Traditionen und Religionen der Einheimischen, doch diesmal ging es mir zu weit. Ich kann bis heute nicht erklären warum, aber ich hatte eine tiefe Zuneigung zu den steinernen Gesellen entwickelt und ich würde mir wahrscheinlich noch immer schäbig vorkommen, bei dem Gedanken, die Figur einfach so in der Steppe verwittern zu lassen. Der Archäologe und ich machten uns trotz der vehementen Proteste unserer Begleiter daran, die Statue wieder aufzubauen. Es war eine Heidenarbeit und der Schweiß floss uns aus allen Poren. Jedes der Bruchstücke wog ungefähr so viel wie ein stämmiger Mann. Nach einer Stunde waren wir fertig und der Baba lächelte beinahe wie neu in die unendliche Weite der Steppe. Doch mit den Nomaden hatten wir es uns jetzt verscherzt. „Der Fluch der Götter wird für immer auf euch lasten. Wir können leider nicht mehr mit euch ziehen“, waren die letzten Worte Odins, ehe er uns mit seiner Familie verließ. Es tat mir leid um die Gesellschaft der freundlichen Menschen, doch ich glaubte noch immer, im Recht zu sein. Ich war nicht abergläubisch. Ein Fluch? Darüber konnte ich nur lachen.

Doch auch Dash war ein wenig irritiert. „Das hättet ihr nicht machen dürfen. Ihr habt den Zorn der Götter heraufbeschworen“, meinte er besorgt. „Und was sollen wir jetzt deiner Ansicht nach dagegen unternehmen?“, fragte ich ihn zumindest ebenso amüsiert, wie er besorgt war. „Wir müssen zu einem Schamanen! Nur er kann den Fluch von euch nehmen“, erklärte er voller Überzeugung. So wenig ich auch an den Fluch glaubte, ich wollte dennoch zum Schamanen. Ich hatte schon viel von diesen Medizinmännern gehört. Sie waren die geistige Elite der alten mongolischen Kultur und es war sicher interessant, einen von ihnen kennen zu lernen. Zudem waren sie vom Aussterben bedroht, wie Dash mir schon früher erzählt hatte. Nicht nur, dass die Russen die meisten Schamanen verschwinden hatten lassen, es gab auch keinen Nachwuchs. Die Anforderungen, die eine Ausbildung zum Medizinmann an die wenigen jungen Männer stellte, die überhaupt noch an die Magie der Medizinmänner glaubten, waren hart. Abgesehen davon war es zu diesem Zeitpunkt wohl kaum mehr das Ziel eines jungen, intelligenten Mongolen, Schamane zu werden.

Es war ein Ritt ins Blaue, den wir da unternahmen. Der Schamane lebte zurückgezogen und allein irgendwo in den Bergen. Dash wusste zwar in etwa das Gebiet, in dem er zu dieser Jahreszeit immer seine Jurte aufgeschlagen hatte, seinen genauen Aufenthaltsort kannte aber niemand.

Zwei Tage zogen wir immer nur geradeaus, bis es endlich bergauf ging. Die Berge waren eine willkommene Abwechslung zur monotonen Graslandschaft. Sogar einige Bäume hatten hier ihre Wurzeln geschlagen. Wir machten Halt und bauten unser Nachtlager auf. „Jetzt müssen wir noch einen Tag reiten, dann sind wir im Gebiet des Schamanen", meinte Dash. Das hörte sich gut an, aber dort würde die Suche erst losgehen. Im Gegensatz zur flachen Steppe war es in den zerklüfteten Bergen ungleich schwieriger einen einzelnen Mann zu finden. Ich hoffte inständig, dass der ganze Aufwand nicht umsonst war und wir den Schamanen treffen würden. An diesem Abend spielte ich mit meinen Kameraden Poker – ich verlor fünf Müsliriegel, konnte aber dafür ein paar Nüsse auf der Habenseite verbuchen.

Die Berge waren steiler und unwegsamer, als ich gedacht hatte. Die Pferde, eigentlich äußerst robuste und zähe Tiere, wurden schnell müde. An einigen besonders steilen Stellen mussten wir sogar absteigen. Trotz der Mühen genoss ich die Wegstrecke. Endlich wieder ein paar Bäume. Die Offenheit der Steppe hatte bestimmt seinen Reiz, doch irgendwie fehlte mir die Geborgenheit des Unsichtbaren. Über viele Kilometer konnte man jedes Lebewesen erkennen.

Hier war das anders. Wie schon in den ersten Tagen meiner Reise erstreckten sich auch hier riesige Edelweißfelder über die Hänge. Erzählte man hier einem Mongolen, dass diese Pflanze vom Aussterben bedroht ist, würde man ausgelacht.

„Seht, da drüben! Hier muss der Schamane erst vor kurzem gewesen sein“, rief Dash und sprang von seinem Pferd. Ich hatte keine Ahnung woran er das erkannt hatte. Nicht die geringste Spur deutete darauf hin, dass hier auch nur in den letzten hundert Jahren ein Mensch vorbei gekommen war, geschweige denn in den vergangenen paar Tagen. Doch unser Führer belehrte mich wieder einmal eines besseren: „Siehst du die Kräuter hier? Sie sind erst vor wenigen Tagen geschnitten worden. Der Schamane braucht sie für seine Salben.“ Sein Auge hatte ihn nicht getrogen. Bei genauerem Hinsehen waren ganz eindeutig die Spuren einer Sichel oder eines ähnlichen Werkzeugs zu erkennen und die Überreste der Pflanzen waren noch nicht verwelkt. Das war ein gutes Zeichen. Ich war zwar noch immer nicht ganz überzeugt, dass es der Medizinmann war, der diese Spuren hinterlassen hatte, aber es gab keinen Zweifel, irgendein Mensch musste es gewesen sein. Vielleicht hatten wir ja Glück.

Die kleine Baumgruppe, an der wir die abgeschnittenen Kräuter entdeckt hatten, bot uns Schutz vor Wind und Wetter. Hier verbrachten wir die Nacht. Die Tage wurden bereits merklich kürzer, der Herbst war nicht mehr weit. Auch die Temperaturen sanken immer weiter. In der Nacht war es schon fast unangenehm kühl.

Frühmorgens weckte mich Hingis zur Wachablösung.

„Die Wölfe sind heute wieder unruhig“, sagte er noch, bevor er in sein Zelt kroch. In den letzten Nächten waren die Biester schon beinahe auffällig ruhig gewesen. Nur vereinzelt hatten wir sie heulen gehört. Doch diesmal musste ein Rudel ganz in der Nähe sein, wenn man nach der Lautstärke ihres gruseligen Gesanges urteilte. Vorsichtshalber holte ich meine Leuchtpistole aus dem Zelt. Ich konnte ja nicht wissen, ob die Wölfe Hunger hatten. Dann machte ich es mir am Feuer gemütlich und schnitt die Herzen aus den Edelweiß, die ich am Vortag gesammelt hatte. Ich wollte meine Freunde zum Frühstück mit dieser Bergsteiger-Spezialität überraschen.

Die Wölfe waren schon seit einiger Zeit beunruhigend leise. Dafür schnaubten die Pferde und tänzelten nervös. Plötzlich sah ich einen Schatten in der Dunkelheit, der sich auf unsere Pferde zubewegte. Ich konnte nicht erkennen was es war, doch ich vermutete, dass es ein Wolf sein musste. „Die Wölfe sind hier“, schrie ich, so laut ich konnte und feuerte einen Schuss aus meiner Leuchtpistole ab. Die grauen Bestien waren schon beängstigend nahe an unsere Tiere herangekommen, doch der Knall und das gleißende Licht erschreckte sie dermaßen, dass sie sofort wieder von ihrer vermeintlichen Beute abließen und das Weite suchten. Als Hingis und Dash eiligst aus ihren Zelten sprangen, waren sie nur mehr Silhouetten in der Dämmerung.

Mit der Nachtruhe war es jetzt natürlich vorbei. Aufgeregt lauschten die beiden meinen Erzählungen. Wir hatten Glück gehabt und waren gerade noch davon gekommen.

Meine Intuition, die Pistole bereit zu halten, hatte uns zumindest vor dem Verlust eines Pferdes bewahrt. Doch jetzt waren wir gewarnt. Die Nachtwache mussten wir in Zukunft noch aufmerksamer und mit der geladenen Flinte absolvieren.

Dash vermutete, dass sich der Schamane südlich von hier aufhalten musste, also ritten wir in diese Richtung. Ich hoffte, dass wir ihn bald finden würden, denn nach dem gestrigen Erlebnis wollte ich die Berge so schnell als möglich wieder verlassen. Während es in der Steppe noch Sommer war, bereiteten sich die Wölfe in der Höhe schon auf den harten Winter vor. Sie mussten sich jetzt den nötigen Speck anfressen, um die kalte Jahreszeit zu überstehen.

Vier Tage irrten wir jetzt schon im Gebirge umher und seit den abgeschnittenen Kräutern, die wir gleich am ersten Tag gefunden hatten, gab es keinen weiteren Hinweis auf den Verbleib des Schamanen. Aber auch der Fluch des Baba hatte uns bis jetzt noch nicht ereilt. Das machte es leichter, Dash davon zu überzeugen, dass wir die Suche abbrechen sollten. Wir einigten uns dahingehend, dass wir es noch einen Tag weiter versuchen wollten. Sollten wir dann keinen Erfolg haben, würden wir dieses Abenteuer abbrechen und in die Steppe zurückkehren, um uns wieder unserer eigentlichen Aufgabe, der Erforschung der Steinfiguren, zuzuwenden.

Nur eine Stunde nach diesem Entschluss blieb Dash abrupt stehen: „Dort drüben ist Rauch. Ich glaube, wir haben ihn gefunden!“ Und tatsächlich. Hinter einigen Baumwipfeln stieg ein braungrauer Qualm zum Himmel empor. Offenbar hatten wir wieder einmal Glück gehabt.

„Tretet ein und seid meine Gäste“, hieß uns der Medizinmann willkommen und bat uns in seine Jurte. Ich hatte das Gefühl, als könnte ich die Luft mit einem Messer durchschneiden, als ich im Innenraum des Zeltes stand. Der dichte Rauch biss in der Nase und machte es mir beinahe unmöglich, Einzelheiten zu erkennen. Es roch seltsam. Ich nahm an, dass der Schamane gerade irgendwelche heiligen Kräuter verbrannte. Der Mann war alt. Steinalt sogar. Selbst wenn man davon ausging, dass das von Entbehrungen geprägte Leben in der Wildnis im hart zugesetzt hatte, musste er weit über 85 Jahre auf dem Buckel gehabt haben. Aus seinen tiefschwarzen Augen funkelte jedoch die Lebensfreude eines Jünglings.

„Was hat euch zu mir geführt?“, fragte uns der Greis nach dem üblichen Höflichkeitsgeplänkel. Dash schilderte ihm unsere Misere in allen Einzelheiten. „Du hast einen heiligen Baba in seiner Ruhe gestört?“, richtete er jetzt das Wort an mich. So sehr ich mich zuvor über den Aberglauben der Mongolen amüsiert hatte, so schnell war mir jetzt die Lust auf Scherze vergangen. Der Mann strahlte eine ungeheure Ruhe aus. Ich glaube es war seine tiefe, rauchige Stimme, die sein Auftreten so imposant und respekteinflößend machte, obwohl er im Grunde genommen nichts anderes war als ein altersschwacher Mann. Einerseits wirkte er wie die personifizierte Güte, andererseits hätte ich mich am liebsten ehrerbietig vor ihm zu Boden geworfen. Er hatte nicht viel gesagt, doch mit seinen wenigen Worten bewirkte er, dass mir meine gut gemeinte Aktion jetzt leid tat. Ich erklärte ihm meine Beweggründe. „Du kennst unsere Götter nicht, also kann so etwas passieren. Aber warum hast du nicht auf die Stimmen der Männer gehört, die dir und deinem Freund von eurem Unterfangen abgeraten hatten?“, fragte er mit einem Blick, der wieder zugleich gütig und doch stechend war. Ich weiß selbst nicht, was plötzlich in mich gefahren war, doch ich bat den Schamanen inständig um Verzeihung für meinen Frevel. Ich bat ihn sogar ehrlich, mir zu helfen. Doch die mongolische Religion kannte scheinbar keine Vergebung für meine Gotteslästerung: „Ihr habt den Unmut der Götter auf Euch gezogen und müsst jetzt die Konsequenzen dieses Fluchs tragen. Reue ist gut, aber sie kommt zu spät. So gern ich euch helfen würde, ich kann es nicht! Verlasst die Gegend so schnell es geht.“ Ich war in diesem Moment tief erschüttert von diesen Zukunftsaussichten, die alles andere als rosig waren.

Es gab also keine Rettung für unsere verlorenen Seelen, doch der Schamane bot uns dennoch an, die Nacht unter seiner schützenden Hand zu verbringen. Am Abend saßen wir noch lang in seiner Jurte und tranken einen seltsam schmeckenden, etwas berauschenden Kräutertee. Ich musste dem alten Mann stundenlang von Europa erzählen. Er war mit Abstand der gebildetste Mongole, der mir außer meinem Freund Hingis begegnet war. Und das, obwohl er noch nie in seinem langen Leben diese Berge verlassen hatte. Ich wollte von ihm auch etwas über seine schamanischen Praktiken erfahren, doch er wollte mir seine Geheimnisse nicht preisgeben. Aber in Sachen Religion machte er mich in nur einer Nacht zum Experten.

Ich hatte nur zwei Stunden geschlafen, als mich Dash unsanft aus meinen Träumen rüttelte. Wir mussten weiterziehen. Schließlich würden wir noch zwei Tage durch die Berge reiten müssen, ehe wir wieder zurück in der Steppe waren. Die Warnungen des Schamanen hatte ich schon bald wieder vergessen.

Im Visier der Gewehre

Drei Tage waren wir schon wieder herunten im Grasland und katalogisierten eifrig die Steinfiguren, die wir noch entdeckten. Trotz meines regen Interesses an diesen Vermächtnissen der mongolischen Ahnen wurde es mir langsam zu viel. Tagein tagaus machten wir nichts anderes, als absolut unbedeutende, minimalste Unterschiede zwischen den Babas, die wir hier, etwa 250 Kilometer nördlich der ersten, entdeckt hatten, zu untersuchen und zu analysieren. Zu prüfen, ob die Stiefel einer Statue hier etwas spitzer zuliefen als jene der Figuren im Norden überforderte mein archäologisches Interesse.

Auch Dash war es inzwischen langweilig geworden. Einzig und allein Hingis war noch immer mit vollem Einsatz bei der Sache. Inzwischen ließ ich ihn schon des öfteren alleine losziehen und vertrieb mir die Zeit lieber mit unserem Führer. Er unterrichtete mich ein wenig in mongolischer Reitkunst, ich brachte ihm im Gegenzug ein paar weitere Kartenspiele bei. Und er war ein begnadeter Zocker! Er hätte mir mit Sicherheit noch das letzte Hemd abgenommen, hätten wir unsere Aktivitäten nicht verlegt. Der junge Mann wollte unbedingt mehr von Europa erfahren, also nahm ich meinen Taschenatlas, den ich immer mit mir führte, zur Hand und erzählte ihm alles, was ich über die Hauptstädte unseres Kontinents wusste. Dash konnte sich gar nicht vorstellen, dass in Deutschland alle Menschen einen festen Wohnsitz hatten. „Wie haltet ihr das nur aus, Tag für Tag am selben Ort aufzuwachen“, fragte er mich. Ich konnte es ihm nicht erklären, schließlich war ich selbst nicht der Typ für diesen Lebensstil. Nicht umsonst hielt ich es nicht länger als ein paar Monate aus, ohne auf Reisen zu gehen. Gänzlich begeistert war er dann, als ich ihm erzählte, dass ich eigentlich Pilot bei der Bundeswehr war. Er war natürlich noch nie geflogen und wollte ganz genau wissen, wie es ist, durch die Lüfte zu segeln. „Du bist frei wie ein Vogel“, meinte der junge Mann, als ich mit meinen Ausführungen am Ende war.

Noch vor dem Einschlafen dachte ich über seine Aussage nach. Es stimmte. Ich war frei wie ein Vogel! Wieder einmal wurde mir das große Glück bewusst, das ich mit meinem Leben hatte. Und als Draufgabe hatte ich noch alle Annehmlichkeiten eines verwöhnten Haushundes, um beim Vergleich mit der Tierwelt zu bleiben.

Drei Tage dauerte mein faules Steppenleben schon und langsam wurde ich der ganzen Sache überdrüssig. Ich wollte die Rückreise antreten. „Bleiben wir noch diesen einen Tag, dann ziehen wir weiter bis zum nächsten Dorf. Von dort fahren wir dann mit dem Jeep zurück nach Ulan Bator“, bat Hingis. Er wollte noch einige besonders schöne Figuren dokumentieren und brauchte dazu auch meine Hilfe. Ich sollte fotografieren. Wir waren einverstanden. Einen Tag würden wir schon noch überstehen, ohne hier vor Langeweile Wurzeln zu schlagen.

Gemeinsam mit Hingis machte ich mich zu meinem vorerst letzten archäologischen Abenteuer auf. Der Wissenschaftler hatte zu Recht auf diesen letzten Tag gedrängt, die Babas, die wir hier sahen, waren wirklich die schönsten, denen wir auf unserer Expedition begegnet waren. Der weiße Marmor strahlte im Sonnenlicht und war von einer Qualität, die jeden Steinmetz zum Schwärmen gebracht hätte. Ich fotografierte wie ein Paparazzo.

„Halt!“, schrie plötzlich jemand hinter uns in herrischem Ton. Wir drehten uns langsam um und sahen direkt in drei Gewehrmündungen. Dahinter standen drei Männer in braunen Uniformen. Wir waren perplex. Was hatten wir getan? Was wollten die Männer von uns? Und wo waren sie überhaupt hergekommen? „Das sind Chinesen“, flüsterte Hingis ängstlich. Doch was zum Teufel suchten Chinesen hier in der mongolischen Steppe! Der kleinste der drei Männer, er war offenbar der Anführer wandte sich an mich. Er nahm scheinbar an, dass ich Russe wäre, jedenfalls fragte er mich in dieser Sprache: „Was macht ihr hier?“ Er hatte sein Gewehr inzwischen gesenkt, als er gesehen hatte, dass wir unbewaffnet waren. Die anderen beiden hielten ihre aber weiterhin im Anschlag. Noch immer hatte ich nicht die geringste Ahnung, was der Aufstand sollte: „Wir untersuchen nur die Steinfiguren. Was wollt ihr von uns?“

„Ihr habt fotografiert. Ihr seid Spione!“

„Was? Wir sollen Spione sein? Hier in der Steppe gibt es doch nichts auszuspionieren.“

„Doch. Unsere Grenzstützpunkte. Ihr seid verhaftet.“

Wir hatten gar nicht gemerkt, dass wir bereits so nah an der chinesischen Grenze waren. Und die Chinesen waren offenbar irritiert, dass jemand, der nicht einmal Asiate war, hier in der Steppe fotografierte. Hingis schlotterten die Knie vor lauter Angst. Nachdem sie die Besetzung durch die Russen so recht und schlecht überstanden hatten, fürchteten die Mongolen jetzt in erster Linie die zweite Großmacht, die an ihr Land grenzte, die Chinesen. Ich versuchte das Missverständnis aufzuklären. Erst als ich dem Befehlshaber unsere detaillierten Aufzeichnungen über die Steinfiguren und die Skizzen zeigte, beruhigte er sich allmählich. Wir einigten uns darauf, dass ich ihm den Film aushändigte, der in der Kamera war, und wir schleunigst aus dem Grenzgebiet verschwinden würden.

Die Soldaten eskortierten uns bis zu unserem Lager. Dash, der gerade unser Essen zubereitete, bekam natürlich einen ordentlichen Schrecken, als wir quasi als Gefangene der immer noch grimmig dreinblickenden Chinesen zurückkehrten. Mit erhobenen Händen und kreidebleichem Gesicht begrüßte er uns. Erst als die Soldaten auch in unserem Lager nichts fanden, was darauf hinwies, dass wir gefährliche Spione waren, senkten sie ihre Waffen. Ich wollte gleich vollends Frieden schließen. „Ihr habt doch bestimmt Hunger! Wollt ihr mit uns essen?“, fragte ich. Hingis und Dash waren geschockt. Mit weit aufgerissenen Augen und offenem Mund starrten sie mich an. In ihren Augen war es eine Dreistigkeit, die Soldaten zum Bleiben zu überreden. Doch mir gefiel der Gedanke, mit den Männern, die uns vor wenigen Minuten noch mit ihren Waffen bedroht hatten, gemeinsam zu speisen. Zugegeben, auch ich war ziemlich überrascht, als die Chinesen sofort einwilligten und sich an unser Feuer setzten. „Gib doch noch etwas mehr Fleisch in die Brühe“, forderte ich Dash auf.

So saßen wir bis knapp vor Mitternacht und unterhielten uns bestens mit unseren Gästen. „Wir müssen jetzt zurück zu unserem Posten. Der Chef kommt jede Nacht zur Inspektion und wenn wir dann nicht da sind, bekommen wir Probleme. Danke für alles, ihr könnt natürlich hier bleiben, so lange ihr wollt“, verabschiedete sich Ho Lin, der Anführer.

Es war wohl der kurioseste Abend gewesen, den ich je erlebt hatte, aber nicht nur deshalb werde ich ihn nie vergessen. Es war für mich der Beweis, dass die meisten Probleme nur auf Missverständnissen beruhen, die durch ein Gespräch auch wieder ausgeräumt werden können.

Noch im Morgengrauen des folgenden Tages bauten wir unser Lager ab. Unsere Reise war erfolgreich gewesen. Kaum jemand vor uns hatte umfangreichere Feldstudien über die geheimnisvollen Steinmenschen angestellt als wir. Obwohl ich ganz und gar kein Wissenschaftler war, hatte ich das Gefühl, einiges zu ihrer Erforschung beigetragen zu haben. Gut, das Geheimnis ihrer Herkunft hatten auch wir nicht lösen können, doch wir waren der Lösung zumindest ein wenig näher gekommen und hatten einige Indizien für die Richtigkeit der Theorie entdeckt, dass sie tatsächlich Denkmäler für die Ahnen waren. Und ich würde der erste Mensch sein, der Beweise mit nach Europa brachte, dass die Babas mehr als nur ein Gerücht waren.

Nur noch fünf Tage Wegstrecke hatten wir bis zum vorläufigen Endpunkt unserer Reise, dem kleinen Ort *Tamsagbulag*, noch vor uns, vorausgesetzt, wir würden nicht wieder durch ein Unwetter aufgehalten. Tamsagbulag war das östlichste Dorf der Mongolei. Von dort würden wir dann mit einem Geländewagen, der zumindest laut Hingis dort schon für uns bereit stand, zurück nach Ulan Bator fahren.

Langsam wurde es Zeit, dass wir endlich wieder nach Hause kamen. Nicht nur, dass ich Sehnsucht nach Renate hatte, wir waren auch schon zu lange gemeinsam unterwegs. Uns ging der Gesprächsstoff aus und so sehr ich Hingis und Dash auch ins Herz geschlossen hatte – ich wurde ihrer langsam überdrüssig. Es ging uns diesbezüglich allen gleich, das glaubte ich zumindest zu wissen, und dieser Umstand schlug sich natürlich auch auf die Stimmung nieder. Es ist seltsam, aber die Rückreise ist immer jener Teil eines Abenteuers, der sich am meisten in die Länge zieht. Man hat alles heil überstanden, verarbeitet nur noch die Eindrücke der vergangenen Wochen oder Monate. Körperlich ist man noch anwesend, geistig aber schon längst zu Hause. Nur selten ereignet sich auf der letzten Etappe noch irgendetwas Erwähnenswertes.

Die Sühne

Natürlich brach noch ein Unwetter über uns herein. Doch die Sintflut, die diesmal über uns niederging war gar nicht zu vergleichen mit den vorangegangenen. Zu den Wassermassen, die die Steppe überfluteten, kam auch noch ein Sturm, wie ich ihn noch selten erlebt hatte. Es war unmöglich, eine Zufluchtsstätte aufzubauen. Die Windböen hätten uns jede Plane sofort aus den Händen gerissen. Es war fast nicht möglich, gegen den Wind anzugehen. Der tiefschwarze Himmel wurde im Sekundentakt vom grellen Licht der Blitze erhellt und der Donner jagte selbst mir, der ich ja an Tropengewitter durchaus gewöhnt war, einen kalten Schauer über den Rücken. So stellte ich mir die Apokalypse vor. Schlimmer noch erging es den Pferden. Wir hatten alle Hände voll zu tun, sie festzuhalten und zu beruhigen.

Es gab keinen Unterschlupf. Die Steppe bietet eben keinen Schutz vor den Naturgewalten. Uns blieb nichts anderes übrig, als zu warten und auf eine baldige Wetterbesserung zu hoffen. Wenigstens das Gewitter hatte sich nach einer Stunde verzogen, doch Sturm und Regen peitschten unverändert über das Grasland. Es wurde merklich kälter als in den vergangenen Wochen, was die Situation nicht gerade erträglicher machte.

Wir schlugen die Pflöcke, die wir immer mit uns führten, so tief es ging in die Erde und banden daran die Pferde fest. Wenigstens davonlaufen konnten sie uns jetzt nicht mehr. Dann schlugen wir noch drei weitere Pfosten in den aufgeweichten Boden. Daran wollten wir eine Zeltplane befestigen, wenn der Wind wenigstens ein bisschen nachließ. Ich weiß nicht, wie oft wir das versucht hatten, ehe endlich der richtige Augenblick gekommen war und wir in unserem notdürftig errichteten Unterschlupf Zuflucht suchen konnten. Wahrscheinlich waren es nur zwei Stunden gewesen, mir war es jedoch vorgekommen, als wären wir einen ganzen Tag im Regen gestanden.

Unterschlupf war eigentlich mehr als übertrieben. Drinnen war es kaum besser als draußen. Wir saßen in einer Wasserlache und zwischen Plane und Boden sickerte, nein floss, immer mehr Wasser zu uns herein. Es war unerträglich. Zu essen hatten wir nichts als trockenes Brot und es gab keine Möglichkeit, uns irgendwie zu wärmen. Wir waren durch und durch nass. Auch unsere Kleidung, die wir in unseren Rucksäcken verstaut hatten, triefte vor lauter Wasser. Lediglich in den Alubehältern, die wir draußen bei den Pferden gelassen hatten, war mit Sicherheit noch etwas Trockenes zu finden, aber es hätte gar keinen Sinn gehabt, die Kleidung zu wechseln – binnen Minuten wäre sie wieder vollkommen nass gewesen.

Es war eine feuchte Hölle, in der wir da die Zeit totschlugen. An Schlaf war hier gar nicht zu denken. Erstens wäre es nicht möglich gewesen und zweitens gefährlich, denn in der Nacht konnte man sich schneller unterkühlen, als man glaubte. Und eine Unterkühlung unter diesen Verhältnissen könnte zu schlimmeren Folgen führen.

Die Sonne schien strahlend, als ich nach zwei Tagen endlich wieder unter der Plane hervorkroch. Meine Kleider trieften und ich spürte ein unangenehmes Stechen im Hals. Drinnen hustete sich Hingis die Seele aus dem Leib. Lediglich Dash ließ sich von alledem nicht stören und schnarchte selig vor sich hin. Irgendwann waren wir wohl doch eingeschlafen und der Naturbursche war der einzige, der diese Ruhe gesund überstanden hatte. Und die Pferde – sie sahen zwar aus, als hätte jemand versucht, sie im Schlamm zu ertränken, waren aber wohlauf und genossen die Sonne scheinbar ebenso wie ich. Mit einem prüfenden Blick überflog ich die Gegend. Sie glich einem Schlachtfeld. Es hatte überhaupt keinen Sinn, an die Weiterreise auch nur zu denken. Ich versank selbst bis wenige Zentimeter unter den Knien im Morast. Ich weiß nicht, ob wir auf dieser Reise mehr Glück oder mehr Pech gehabt hatten. Einerseits hatten wir alle unsere Ziele erreicht und alles erfolgreich überstanden. Andererseits hatte uns vor allem das Wetter mit seinen unvorhersehbaren und gewaltigen Kapriolen übelst mitgespielt. Immer wieder waren wir ein paar Tage aufgehalten worden, weil wir in der Steppe buchstäblich feststeckten.

Eine Beschäftigung für die folgenden drei Tage, die wir jetzt hier verbringen mussten, war aber bald gefunden. Zuallererst bauten wir unsere richtigen Zelte auf. Eine Nacht im Trockenen war ein Luxus, den wir nach dieser Sintflut erst so richtig zu schätzen wussten. Hingis und ich tauschten unsere Aufzeichnungen aus und übersetzten sie uns natürlich auch gegenseitig. Lediglich Dash musste wieder einmal alleine die Zeit tot schlagen. Hauptsächlich beschäftigte er sich mit der Murmeltierjagd. Nach den langen Regenfällen kamen die neugierigen Tiere jetzt zu Dutzenden aus ihren Löchern und sahen sich argwöhnisch um, als ob sie befürchteten, dass die Wassermassen ihre Heimat vollkommen zerstört hätte. Ich war verwundert, dass die Tiere in ihren unterirdischen Bauten nicht ertrunken waren. Sie mussten ein perfekt ausgeklügeltes Wasserableitsystem installiert haben, anders war ihr Überleben unerklärlich.

Endlich konnten wir unser Lager wieder abbrechen und unsere Reise fortsetzen. So mühsam diese Zwangspause auch war – wenigstens hatte ich viel von all dem Papierkram hinter mich gebracht, der mir sonst in Ulan Bator noch bevorgestanden wäre. Wir ritten weiter in Richtung Nordwesten, doch wir kamen wieder nur sehr schleppend voran. Der tiefe Boden ließ die Pferde schnell ermüden und schneller als im Schritttempo konnten wir ohnehin nicht reiten.

Schon am Nachmittag war es mit der Kraft unserer Tiere zu Ende und wir mussten erneut unser Nachtlager einrichten. Wenigstens hatten wir jetzt genügend Zeit, dass wir unsere triefend nassen Kleider trocknen und es uns ein wenig gemütlich machen konnten. Dash grillte uns ein Murmeltier und wir saßen den ganzen Nachmittag am Feuer und genossen die Sonnenstrahlen.

In der Ferne sah ich eine Karawane auf uns zukommen. Ich war gespannt auf die Neuigkeiten, die die Männer mit sich brachten. Wie weit würden wir noch unter diesen miesen Bedingungen weiterreisen müssen? Wurde die Steppe irgendwann und irgendwo wieder trockener? Eine Frage quälte mich am meisten: War es möglich, mit dem Auto nach Ulan Bator zu kommen? Ich wollte unter allen Umständen wieder bald nach Hause und war nicht mehr gewillt, noch lange durch die Mongolei zu reiten. Ich hoffte, dass die Karawane mir all meine Fragen beantworten könnte. Die Chancen standen gut, schließlich kamen sie aus dem Norden. So wie es aussah, waren sie noch fast eine Stunde von uns entfernt.

Wild gestikulierend kamen drei der fünf Karawanen-Mitglieder auf uns zugaloppiert und schrieen Unverständliches. Wir hatten keine Ahnung was dieser plötzliche Temperamentsausbruch sollte. Doch auf einmal sprang mir ein graues Etwas mit voller Wucht ins Genick! Ein Wolfsrudel war hinterrücks über uns hergefallen. Der erste Wolf hatte sich in meinem Nacken verbissen, ein zweiter wollte mir von vorne an die Gurgel. Diesen konnte ich gerade noch mit einer schnellen Handbewegung abwehren – er verbiss sich in meinem Unterarm. Ein stechender Schmerz fuhr mir durch Mark und Bein.War das die Rache der Götter, die uns der Schamane vorhergesagt hatte? War das jetzt die Sühne für die Entweihung der Totenmäler, die wir nach Ansicht der Mongolen begangen hatten? Mir wurde schwarz vor Augen.

Ich hatte keine Ahnung, wie lange ich ohnmächtig war, als mich ein brennender Schmerz in meinem Unterarm wieder ins Reich der Lebenden zurückholte. Als ich die Augen öffnete, war ich von Mongolen umringt. Sie hatten die Bisswunde an meinem Unterarm mit Wodka desinfiziert und waren gerade dabei, mich mit einem alten Hemd zu verbinden. Ich saß in einer großen Blutlache – der nächste Schrecken fuhr mir in die Glieder. Ich konnte doch nicht soviel Blut verloren haben? Mein Schreck legte sich wieder, als einer der Männer auf den toten Wolf deutete, der neben mir lag. Sie hatten ihn mit Holzknüppeln erschlagen und mir damit das Leben gerettet. Die anderen Wölfe waren daraufhin geflüchtet. Ich bedankte mich für die Hilfe. „Dein Leben verdankst du nicht nur uns, sondern auch deinem dicken Kragen“, erklärte mir der Karawanenführer. Tatsächlich, ich konnte mich wieder erinnern. Die Bestie, die mir ins Genick gebissen hatte, konnte mit ihren Zähnen den dicken Pelzkragen meiner Jacke nicht durchdringen. Ich hatte Glück gehabt. Als der Angriff kam, wollte ich mir das viel zu warme Kleidungsstück gerade ausziehen. Wären die Wölfe nur Minuten später über uns hergefallen, hätte meine letzte Stunde wohl geschlagen.

Ich wunderte mich, wie dieser Zwischenfall hatte passieren können. Warum hatte keiner von uns die Tiere bemerkt? Nicht einmal die Pferde waren unruhig geworden, ehe der Überfall in vollem Gange war. Und warum waren wir am helllichten Tag angefallen worden? Die Wölfe mussten alt oder krank gewesen sein, denn ein gesunder Wolf greift keinen Menschen an, schon gar nicht bei Tageslicht. Egal, wir waren dank der tapferen Karawane noch einmal mit einem blauen Auge davongekommen.

Unsere Lebensretter ließen wir selbstverständlich nicht so einfach von dannen ziehen. Wenigstens zum Essen mussten sie bleiben, schließlich gab es keine andere Möglichkeit, ihnen zu danken. Wir erfuhren, dass unsere durch den Schlamm bedingte Tortur bald zu Ende sein würde. Ein Urton (etwa dreißig Kilometer) weiter habe es nur sehr wenig geregnet und die Fahrspur nach Ulan Bator war angeblich auch problemlos passierbar. Endlich gute Nachrichten! In zwei Tagesritten würden wir es also bis Tamsagbulag schaffen, sofern nicht noch irgendetwas dazwischenkam. Dort wollte ich so schnell als möglich zum Arzt. Schmerzmittel hatte ich zwar mit und auch gegen Tollwut war ich geimpft. Aber erstens konnte niemand wissen, an welchen Krankheiten die Wölfe gelitten hatten und zweitens hatte ich Angst, dass sich die Wunde entzünden könnte. Die Karawane blieb über Nacht.

Als wir am nächsten Morgen aufbrachen, waren unsere Retter schon längst fort. Ich war der einzige, der sich von ihnen verabschiedet hatte. Sie waren mitten in der Nacht aufgebrochen und wollten nicht, dass ich die anderen weckte. Ich war hingegen ohnedies die ganze Nacht wachgelegen. Der Schmerz und der Schrecken, der noch immer tief in mir saß, hatten mir den Schlaf unmöglich gemacht.

Wie uns vorhergesagt worden war, wurde der Boden bald wieder fester und wir kamen stetig voran. Dennoch war der Ritt für mich die Hölle. Jeder Schritt meines Pferdes versetzte mir einen Stich, der sich vom Unterarm bis zu den Zehenspitzen und von dort hinauf ins Gehirn fortpflanzte. Immer wieder war ich knapp davor, vom Pferd zu fallen, so setzten mir meine Schwindelanfälle zu. Ich war heilfroh, als wir unsere Etappe für diesen Tag hinter uns gebracht hatten und ich mich in mein Zelt legen konnte, das meine Kameraden, die am Ende ein wenig vorausgeritten waren, schon für mich aufgebaut hatten. Überhaupt kümmerten sich Hingis und vor allem Dash mit rührender Fürsorge um mich. Sie bedienten mich wie einen Kaiser, wechselten mir die Verbände und, was noch viel wichtiger war, lenkten mich mit spannenden Geschichten ab, die sie in diesem unbekannten Land erlebt hatten.

Der nächste Tag war schon wesentlich angenehmer, doch gerade das bereitete mir Sorgen. Der stechende, kaum erträgliche Schmerz war nämlich einem dumpfen Pochen gewichen. Berührungen an meinem Unterarm, der sich grünblau verfärbt hatte, spürte ich gar nicht mehr. Er war beinahe taub. Es war höchste Zeit, dass wir endlich in die kleine Stadt kamen. Dort machten wir uns sofort auf die Suche nach einem Arzt. Nach gut einer Stunde hatten wir den Doktor zu Hause aufgetrieben. Nach einem kurzen Blick auf meine Verletzung packte er mich sofort ins Auto und fuhr mit mir in das winzige Provinzkrankenhaus im Stadtzentrum. Zwei Ärzte, die in der Baracke ihren Dienst versahen, versorgten hier einen Umkreis von mehreren Hundert Kilometern. Das kleine Hospital hatte nichts mit einem Krankenhaus unserer Vorstellung gemeinsam. Es gab drei Zimmer. Das erste war der Warteraum, im zweiten wurde untersucht, behandelt und operiert und das dritte war ein schmutziger Schlafsaal mit ungefähr dreißig Betten, von denen etwa die Hälfte belegt war. Unser Arzt war momentan der einzige in der Stadt. Sein Kollege war nach Ulan Bator gefahren, um Medikamente zu kaufen. Nur eine Krankenschwester versorgte die Patienten, wenn der Doktor seine Ruhepausen machte.

Der Behandlungsraum war überraschend sauber. „Legen Sie sich auf das Bett", wies mich der Arzt an. Er musste die Wunde noch einmal aufschneiden, um den Eiter und den Schmutz, der sich noch immer unter der Kruste befand, zu entfernen. Dann nähte er die Verletzung mit sieben Stichen. Narkose gab es dabei keine, denn das Betäubungsmittel war ausgegangen. Ich musste also die Zähne zusammenbeißen. „Gut, dass Sie gekommen sind. In den nächsten Tagen wäre der Arm abgestorben. Wenn er dann nicht amputiert worden wäre, hätte das Ihren Tod bedeutet", verabschiedete mich der Arzt. Ich war dem Schicksal wieder einmal knapp entronnen.

Meine Freunde warteten vor dem Krankenhaus. „Wir haben eine Überraschung für dich. Komm!", meinte Hingis, als ich bleich wie Kreide herauskam. Ich folgte den beiden. Sie hatten ein Zimmer organisiert! Ein richtiges Bett in einem echten Haus! Ich konnte mein Glück gar nicht fassen. Nach Monaten in der Wildnis ist die erste Nacht auf einer guten Matratze das schönste Erlebnis überhaupt. Klar, es war natürlich kein Hotelzimmer westlicher Art, sondern ein Hinterzimmer in einem heruntergekommenen Gasthof aber es war sauber und warm. Zufrieden und froh, diese anstrengende Reise jetzt endgültig überstanden zu haben, ließ ich mich in mein Bett fallen. „Aber hier sind doch nur zwei Betten! Gibt es noch ein Zimmer?“, fragte ich. „Nein. Ich schlafe draußen. Ich fühle mich in einem Haus nicht wohl“, erklärte Dash. Noch nie in seinem Leben hatte er unter einem festen Dach geschlafen und er wird es wohl nie mehr tun. So flexibel die mongolischen Nomaden auch sind, an ihren Traditionen halten sie fest und was sie nicht kennen, das wollen sie nicht. Frei nach dem alpenländischen Motto „Was der Bauer nicht kennt, das frisst er nicht“, verweigern sie jede Art von Neuerungen.

In unserer Unterkunft gab es auch eine kleine Gaststube, in der wir den Abend verbrachten. Endlich gab es wieder etwas anderes zu Essen als das uns mittlerweile schon beinahe verhasste Dörrfleisch mit Brot. Hühnerfleisch mit Reis und dazu eine dunkle Soße – kulinarisch schwebten wir im siebten Himmel. Die anderen Gäste des Lokals, natürlich ausschließlich Dorfbewohner waren verständlicherweise sehr neugierig, was uns ausgerechnet in den tiefsten Osten der Mongolei verschlagen hatte. Außer der Steppe gab es hier wirklich nicht viel zu sehen. Als wir ihnen von den Gründen unserer Reise erzählten, war unser Tisch sofort das Zentrum der kleinen Stube. Wir wurden regelrecht mit Fragen überhäuft, besonders unsere Ausführungen über die Babas stießen auf reges Interesse. Jeder der Anwesenden hatte schon viel von ihnen gehört, aber niemand hier hatte sie je gesehen. Die Mongolen hier waren seßhaft und anders als die Nomaden hatten sie auch keinen Grund, ihren Heimatort je zu verlassen. Obwohl die Steinfiguren nur einige Tagesritte entfernt waren, würde es niemandem von ihnen in den Sinn kommen, diese kleine Reise anzutreten. Sie hatten andere Sorgen, schließlich mussten sie ihre Familien versorgen. Für Vergnügungstrips blieb da keine Zeit.

Trotz der geselligen Runde ging ich an diesem Abend früh ins Bett. Die Schmerzmittel, die mir der Doktor gegeben hatte, machten mich müde. Vor dem Einschlafen ließ ich die ganze Reise noch einmal vor meinem geistigen Auge vorbeiziehen. Ja, wir hatten viel Glück gehabt. Trotz aller Schwierigkeiten war das Abenteuer am Ende doch ein Erfolg. Wir hatten alle unsere Ziele erreicht und waren heil zurück gekommen. Außerdem hatten die Ergebnisse unserer Forschungsarbeiten die Erwartungen weit übertroffen. Nicht nur, dass wir im Tal der Dinosaurier wertvolle Relikte gefunden hatten, dass ich als erster Europäer die Steinmänner der mongolischen Steppe sehen durfte – unsere Aufzeichnungen über diese beinahe unerforschten Statuen waren die umfangreichsten, die es bis dato gegeben hatte. Ich konnte also zufrieden die Heimreise antreten.

Die Heimreise

Nach dem Frühstück bummelten wir noch ein wenig durch die Stadt, in der es zwar nicht viel zu sehen gab, die aber typischer nicht hätte sein können. Asphaltierte Straßen gab es nicht, die Wege waren lediglich ausgefahrene Staubpisten. Die Verwaltungsgebäude im Zentrum waren aus Beton, die restlichen Baracken aus Holz. Je weiter man sich dem Stadtrand näherte, desto weniger feste Behausungen gab es. Bunte Jurten prägten auch hier das Ortsbild. Die meisten waren jedoch erheblich größer als jene, die ich bisher bei den Nomaden gesehen hatte. Sie mussten auch nicht dauernd von einem Ort zum nächsten transportiert werden.

Zu Mittag kamen wir dann zurück zu unserer Unterkunft. Der alte Landrover, mit dem wir zurück nach Ulan Bator fahren sollten, wartete schon auf uns. Nach einem kleinen Imbiss ging es dann los. Die Zeit des Abschieds von unserem Freund und Führer Dash war gekommen. Er musste mit seinen Pferden zurück nach Dari Danga. Doch zum Glück hatte der Mongole schon am Abend eine Karawane gefunden, der er sich anschließen konnte und musste die Reise nicht alleine tun. „Danke, dass du uns begleitet hast. Du warst ein guter Führer“, meinte ich, als ich ihm seine Entlohnung übergab. Der gute Mann hatte beinahe Tränen in den Augen: „Danke, dass ihr mich als Führer ausgewählt habt. Es war eine gute Zeit. Möge euer Vieh in Frieden weiden!“ Es tat mir leid, dass ich ihn wohl nie mehr wiedersehen würde. Nach der langen Zeit, die wir gemeinsam verbracht hatten, war es ein seltsames Gefühl, sich für immer zu verabschieden.

Die Reise zu Pferd war eindeutig die angenehmste Art, sich in der Mongolei fortzubewegen, soviel stand fest, nachdem wir in Ulan Bator angekommen waren. Zwei Tage lang hatte die Autofahrt durch die Steppe gedauert, aber ich fühlte mich, als wären es Wochen gewesen. Durchgeschüttelt von den unzähligen Unebenheiten in den ausgewaschenen Fahrrinnen war ich heilfroh, dass ich mich mit meinem ramponierten Kreuz endlich aus dem Landrover quälen durfte. Aber es war geschafft. Wir waren wieder zurück in der Zivilisation.

„Wir sagen besser nichts von diesem kleinen Missverständnis", meinte Hingis, als wir ausgestiegen waren. Er meinte natürlich, dass ich für seine Vorgesetzten weiterhin Herr Müller bleiben sollte. Mir war das nur recht, schließlich konnte die Aufdeckung meiner wahren Identität für erhebliche bürokratische Probleme sorgen. Ich sollte die zwei Nächte, die ich noch in der Mongolei bleiben würde, in Hingis Wohnung verbringen. Wir schleppten unsere gesamte Ausrüstung in den Hinterhof und ließen uns dann zum Vorgesetzten des Archäologen chauffieren. Schließlich mussten wir ihm über die Erfolge unserer Expedition Bericht erstatten.

Ich war genervt. Meine letzten Tage in Ulan Bator waren anstrengender gewesen, als ich es gedacht hatte. Ich musste

von einem Amt zum nächsten laufen, um die erforderlichen Genehmigungen zu bekommen, dass ich meine Saurier-Funde mit nach Deutschland nehmen durfte. Dort wollte ich sie einem Museum zur Verfügung stellen. Und dann noch die Schwierigkeiten am Flughafen! Die Maschine war zwar viel zu spät dran, aber ich hätte sie dennoch beinahe versäumt. Schuld daran war ein misstrauischer Zöllner, er schenkte der Echtheit meiner Frachtpapiere keinen Glauben. Erst ein Telefongespräch mit dem hiesigen Museumsleiter konnte ihn überzeugen. Erleichtert durfte ich endlich ins Flugzeug. Mit mehr als fünf Stunden Verspätung hoben wir dann ab. Als ob ich nicht genervt genug gewesen wäre, saß auch noch ein deutscher Geschäftsmann neben mir, der offenbar ein gewaltiges Mitteilungsbedürfnis hatte: „Ich komme aus Bielefeld. Und Sie?“
„Aus München.“
„Ich bin Handelsvertreter für eine Computerfirma und habe gerade einen lukrativen Vertrag mit der mongolischen Regierung abgeschlossen. Was treibt Sie denn in dieses gottverlassene Land?
„Die Lust am Reisen.“
„Aber hier gibt es doch außer ein paar Tempel gar nichts zu sehen. Alles ist so schmutzig. Ich würde nie privat hierher kommen. Da ist mir meine Finca auf Mallorca schon lieber!“
Es interessierte mich nicht im geringsten, ob er Computer oder Lollies zu verkaufen hatte, geschweige denn, wo er seinen Urlaub verbrachte. Ich nahm mein Reisetagebuch zur

Hand und begann zu lesen. Bevor ich meinen Sitznachbarn gänzlich aus meinem Bewusstsein verdrängte, hoffte ich noch insgeheim, dass der geschniegelte Typ sich über mein schmuddeliges Äußeres mokieren würde, doch er sagte nichts. Er versuchte zwar den ganzen Flug über, ein neues Gespräch zu beginnen, aber ich wehrte mich erfolgreich.

Ich hatte tief geschlafen, als der Pilot zum Landeanflug auf Frankfurt ansetzte. Jetzt war ich also endgültig wieder zu Hause. Noch ein paar Stunden Autofahrt und dann würde ich mich in meinem gemütlichen Haus, das in einem Münchner Vorort steht, entspannen können.

Suchend sah ich mich in der Ankunftshalle um. Meine Frau Renate wollte mich abholen kommen, doch ich konnte sie nirgends erblicken. Sie hatte doch nicht etwa meine Rückkehr vergessen, das würde gar nicht zu ihr passen. Als ich schon resigniert hatte, hörte ich endlich ihre Stimme: „Schorsch, da bist du ja!“ Jetzt war die Heimkehr perfekt.

Ich hatte mich schon wieder ganz gut eingelebt. Fast eine Woche war ich jetzt schon wieder in Deutschland und ich plante schon meine nächste Reise. Es sollte wieder in die Mongolei gehen. Diesmal wollte ich die Tsaatan, die beinahe schon ausgestorbenen Nomaden der Taiga vorbereiten. Aber zuvor musste ich die Ergebnisse meines letzten Abenteuers verarbeiten. Wie nach jeder Expedition bereitete ich auch diesmal einen Diavortrag vor. Plötzlich klingelte das Telefon: „Guten Tag, hier spricht Doktor Müller. Bin ich mit Georg Kirner verbunden?“

Bei den Nomaden der Taiga

Aufregende Suche in der Mongolei nach dem Volksstamm der Tsaatan und ihren Rentieren

Das schmutzige Volk

„Warum kommen Sie denn schon wieder in die Mongolei?“, fragte mich der Zollbeamte am Flughafen von *Ulan Bator*. Er hatte mich seit meiner letzten Expedition in dieses Land, die ich Anfang der Neunzigerjahre unternommen hatte, in Erinnerung behalten. Damals war ich als erster Europäer bei den Steinfiguren der mongolischen Steppe und hatte gemeinsam mit dem Archäologen Hingis, der mich auch diesmal wieder begleiten wollte, deren Geheimnisse erforscht. Außerdem hatten wir einen Abstecher ins berühmte *Tal der Dinosaurier* unternommen und dort einige wirklich bemerkenswerte Funde gemacht.

Das war auch der Grund, warum sich der Zöllner auch Jahre später noch immer an mich erinnern konnte. Nach stundenlangen Diskussionen mit ihm und vor allem seinem Vorgesetzten hatte ich es nämlich geschafft, ein Saurier-Ei außer Landes zu bringen und in Deutschland einem Museum zur Verfügung zu stellen. Trotz der formalen Diskrepanzen hatte ich mich mit dem jungen Mann, der übrigens ausgezeichnet Deutsch sprach, da er in Dresden Betriebswirtschaft studiert hatte, bestens verstanden. Letztendlich hatte er mir sogar dabei geholfen, seinen Chef zu überzeugen, mich gegen ein kleines Trinkgeld den Zoll passieren zu lassen.

„Diesmal gehe ich zu den *Tsaatan*“, antwortete ich auf seine Frage. Seit ich während meiner letzten Reise hier von dieser kleinsten Minderheit der Welt gehört hatte, die mit ihren Rentierherden durch die Taiga ziehen, war mir diese

Idee nicht mehr aus dem Kopf gegangen. Die Tsaatan waren eines der letzten Naturvölker dieser Erde. Jetzt, um Jahre später, war ich hier, um mein Vorhaben zu realisieren. „Was wollen Sie bei den Tsaatan? Sie sind ein schmutziges, anarchistisches Volk. Sie sind Wilde!" – Diesen Satz, den ich jetzt aus dem Mund des jungen Mannes vernahm, hatte ich schon von vielen Mongolen gehört. Es war schon richtig, die Nomaden der Taiga waren noch ein echtes Naturvolk, doch genau deshalb wollte ich sie ja auch kennen lernen. Ich bin so eine Art Hobby-Ethnologe und bin immer auf der Suche nach unbekannten Völkern und Kulturen. Egal ob in Südamerika, Südostasien oder in allen Teilen Afrikas – immer wieder hatte ich viele Wochen und Monate bei sogenannten wilden Stämmen verbracht, um sie von Grund auf zu studieren. So viel Schlechtes ich auch oft im Vorhinein über sie vernommen hatte, das Ergebnis meiner Expeditionen war immer dasselbe: Wir Europäer, die wir uns als das zivilisierteste Volk auf Erden betrachten, können von diesen Menschen, die wir meist sehr gering schätzen, noch sehr viel lernen.

Nachdem der ganze Papierkram erledigt war, verabschiedete ich mich beim Zöllner und ging hinaus in die Ankunftshalle. Suchend schweiften meine Augen umher – da war er schon, mein Freund Hingis. Als auch er mich erblickte, kam der kleine Mongole, den ich bei meiner letzten Expedition in dieses Land so liebgewonnen hatte, freudestrahlend auf mich zugestürmt. Er schloss mich in die Arme: „Da bist du ja, mein Freund. Ich freue mich, dich nach dieser langen Zeit endlich wieder zu sehen!“ Gemeinsam packten wir meine Sachen in den Jeep, den Hingis vor dem Flughafen geparkt hatte. Diesmal würde ich die Nächte in der mongolischen Hauptstadt nicht in einem Hotel, sondern im Haus meines Freundes verbringen.

Ulan Bator hatte sich verändert, seit ich hier gewesen war. Es war mehr Verkehr auf den Straßen und zahlreiche neue Geschäfte hatten eröffnet. Hingis hatte bemerkt, dass ich verwundert war: „Seit du hier warst, ist es mit meinem Land bergauf gegangen. Du wirst schon sehen, bald sind wir eine westliche Stadt!“ Er sagte das nicht ohne Stolz, denn der Westen war für die Mongolen noch immer der Inbegriff für Reichtum und Modernität. Ich hingegen zweifelte, dass es gut war, wenn unser Kapitalismus auf alle anderen Kulturen übergriff. Aber ich schwieg. Wir hatten uns lange nicht gesehen und es gab wichtigere Gesprächsthemen als die Gesellschaftspolitik.

Bevor wir zu Hingis nach Hause fuhren, hielten wir noch vor der kleinen Kneipe, wo wir schon das letzte Mal unseren Reiseablauf besprochen hatten. Im Gegensatz zum Rest der Stadt, hatte sich das Lokal ganz und gar nicht verändert. Es war noch immer eine schummrige, verrauchte Bude, aber dennoch irgendwie gemütlich. Natürlich tranken wir *Kumys*, das mongolische Nationalgetränk. Die vergorene Stutenmilch schmeckte mir immer noch nicht, aber ich wusste ja, dass man sich auch an dieses eklige Zeug gewöhnen konnte. Sobald man die ersten paar Gläser irgendwie hinuntergewürgt hatte, begann das Gesöff sogar zu munden.

In unseren Leben hatte sich seit unserer letzten Zusammenkunft viel getan und obwohl wir stets in brieflichem Kontakt gestanden waren, hatten wir uns eine ganze Menge zu erzählen. Vor allem Hingis Karriere hatte einen steilen Aufschwung genommen: Er war inzwischen zum Leiter des archäologischen Staatsmuseums bestellt worden. Doch es gab noch eine wesentlich schwerwiegendere Nachricht, die mich einerseits freute, andererseits jedoch wie der Blitz traf: „Georgi, ich bin im vergangenen Monat Vater geworden. Ich habe einen kleinen Jungen!“ Lachend viel ich meinem Freund um den Hals und gratulierte ihm zu seinem Glück. Natürlich gab es für die nächste Stunde nur ein Gesprächsthema, doch dann kam ich auf die große Sorge zu sprechen, die mich plagte, seit mir Hingis von seinem Baby erzählt hatte: „Hingis. Was soll ich jetzt machen? Ich habe fest mit deiner Hilfe gerechnet, aber du kannst mich jetzt ja sicher nicht begleiten!“

„Das stimmt, mein Freund. Ich kann meine Familie nicht für so lange Zeit alleine lassen. Bitte verstehe mich.“

„Natürlich verstehe ich deine Situation. Aber was soll ich jetzt tun? Ich kann nicht ohne Begleiter in die Taiga ziehen!“

„Da habe ich schon vorgesorgt. Ein Freund von mir wird dich begleiten. Er heißt Surin und kann sogar Deutsch. Ich bin mir sicher, dass du mit ihm zufrieden sein wirst, denn er kennt sich dort oben sehr gut aus.“

„Aber hat er auch das Zeug dazu, eine solch anstrengende Expedition durchzuhalten?“

„Aber sicher. Er hat mich in den letzten Jahren oft auf mei-

nen Forschungsreisen begleitet und hat sich stets als zuverlässiger Mann erwiesen."
„Ich brauche mir wirklich keine Sorgen um ihn zu machen? Du weißt doch, wenn er da oben nicht entspricht, kann ich ihn nicht einfach zurückschicken."
„Für Surin halte ich meine Hand ins Feuer!"
Ich war beruhigt. Ein wenig betrübt war ich zwar schon, denn natürlich hätte ich die Reise gerne gemeinsam mit Hingis unternommen, denn ihm konnte ich voll und ganz vertrauen. Zudem war er auch ein äußerst interessanter Gesprächspartner, was in der Einsamkeit der Steppe schon sehr wichtig war. Doch wenn dieser Surin sein Freund war, konnte ich bestimmt auch ihm vertrauen. Außerdem versprach mir Hingis, dass er uns wenigstens mit dem Jeep nach *Moron* bringen würde, damit wir von dort aus starten konnten. Die Provinzstadt lag etwa sechshundertundfünfzig Kilometer nördlich von Ulan Bator, war aber durch eine gut ausgebaute Straße angeblich sehr leicht zu erreichen.

Gegen Mitternacht kamen wir dann ins Haus meines Freundes. Er wohnte nicht mehr in der Wohnung, in der er noch vor ein paar Jahren als alleinstehender, armer Wissenschaftler gelebt hatte. Sein neues Domizil lag etwas außerhalb des Stadtzentrums in einer für mongolische Verhältnisse sehr schönen Gegend. „Das Haus gehört aber dem Vater meiner Frau. Er hat es uns zur Hochzeit geschenkt", erklärter er mir, als wäre ihm der ungewohnte Luxus fast ein wenig peinlich. Seine Frau, die er vor zweieinhalb Jahren geheiratet hatte, und das Baby schliefen natürlich schon tief und fest und wir mussten leise sein, um sie nicht aufzuwecken. Auch ich ging gleich in das Zimmer, das mein Freund mir zuwies. Ich war jedoch noch überhaupt nicht müde, die Zeitverschiebung raubte mir wieder einmal den Schlaf.

Ich freute mich wirklich auf diese Expedition. Die Tsaatan waren die kleinste Minderheit der Welt. Es gab nur noch etwa achtzig von ihnen, die sich auf mehrere Gruppen aufteilten und durch die gebirgige Taiga an der sibirischen Grenze zogen. Sie waren sehr scheu und gingen Fremden lieber aus dem Weg. In der Mongolei waren sie als wildes, brutales und schmutziges Volk verschrien. Trotzdem wollte ich sie unbedingt finden, auch wenn das bestimmt nicht einfach werden würde. Ihr Wandergebiet umfasste eine riesige Fläche und es gab niemanden, der über ihren genauen Aufenthaltsort Bescheid wusste. *Tsaa* bedeutete so viel wie Rentiere und *tan* hieß soviel wie Mensch. Tsaatan bedeutete also soviel wie *Rentiermenschen*. Über dieses Volk war nur sehr wenig bekannt, aber ich hatte gehört, dass sie Rentiere gezähmt hatten, auf denen sie sogar reiten und die sie melken konnten. Je mehr ich mich mit ihrer Geschichte beschäftigt hatte, desto neugieriger war ich geworden. Ihr Ruf war ja nicht gerade der Beste, ich hatte sogar oft das Gefühl, dass sich die Mongolen vor ihnen fürchteten, doch ich wollte sie selbst kennen lernen.

Das große Fest

Moron war ein richtiges Nest. Obwohl die nördlichste Provinzhauptstadt der Mongolei sicher weit über hunderttausend Einwohner zählt, kam ich mir vor, wie in einem kleinen Dorf. Infrastruktur war so gut wie keine vorhanden. Telefone gab es nur in den öffentlichen Ämtern und der Strom war schon vor Wochen ausgefallen, doch niemand hatte das Netz wieder in Stand gesetzt. Das nötige Geld für die erforderlichen Reparaturen fehlte der Regierung, also musste das Volk ohne Elektrizität auskommen. In unseren Breiten wären derartige Zustände undenkbar, aber hier kümmerte sich niemand darum. Die Mongolen waren an solche Dinge gewöhnt.

Surin war wirklich in Ordnung. Er war ein intelligenter junger Mann, sprach hervorragend Deutsch und verfügte auch über Expeditions-Erfahrung. Ich machte mir keine Sorgen mehr, was Hingis Absage betraf, obwohl es mir immer noch sehr leid tat, dass er mich nicht begleiten konnte.

Wie schon bei meiner letzten Mongolei-Expedition hatte ich meine Reise auch diesmal wieder so terminiert, dass wir zum *Naadam* in Moron waren. Das Naadam ist das größte und wichtigste Volksfest der Mongolei, und jeder der nur irgendwie konnte, kam dorthin. Für uns war es eine günstige Gelegenheit uns nach einem geeigneten, ortskundigen Führer und nach guten Pferden umzusehen. Außerdem hofften wir insgeheim, gleich beim Fest ein paar Tsaatan zu treffen. Angeblich richteten auch sie ihre Routen so ein, dass sie beim Fest dabei sein konnten. Für die Nomaden war es eine willkommene Gelegenheit, Rentiergeweihe und Rentierfleisch gegen Lebensmittel wie Salz, Gerstenmehl und Zucker, aber auch Tabak, einzutauschen. Besonders die Geweihe der Rentiere wurden in China und in Teilen der Mongolei in geriebener Form als Potenzmittel gehandelt und brachten gutes Geld. Es war die einzige Zeit des Jahres, in der die Tsaatan absichtlich Kontakt mit der Zivilisation aufnahmen.

Nun, das klang ja alles sehr vielversprechend und ich freute mich schon auf den nächsten Tag, wenn das Naadam beginnen würde. Eigentlich hätte ich auch hier lieber in einem Zelt draußen auf der Festwiese übernachtet, die etwa dreißig Kilometer außerhalb der Stadt lag, doch es regnete so stark, dass mich meine Begleiter überreden konnten, die Nacht in einem Hotel zu verbringen.

Wenn wir gewusst hätten, was uns dort erwartete, hätten wir bestimmt keinen Schritt in diese heruntergekommene Herberge getan. Alles, was nur kaputt sein konnte, war kaputt, die Zimmer und Betten total verdreckt. Zwar befand sich sogar eine Toilette im Zimmer, aber der Installateur hatte offenbar vergessen, eine Wasserspülung einzubauen. Der Gestank war bestialisch, doch das war auch kein Wunder. Monatelang waren die „Ablagerungen" meiner Vorgänger als Zimmermieter nicht beseitigt worden. Ich zog es vor, meinen Schlafsack auszupacken und auf dem Gang zu übernachten.

Das Einzige, was im Hotel noch funktionierte, war die

Dusche. Der Grund dafür war aber nur der heftige Regen. Die morgendliche Wäsche wurde von allen Gästen folgendermaßen durchgeführt: Man stellte sich im Innenhof unter die defekte Dachrinne und versuchte, vom herabfallenden Wasserstrahl einige Spritzer zu erwischen, um sich wenigstens die Zähne zu putzen und die Augen auszuwaschen. Wir packten unser Zeug natürlich wieder zusammen. Kein Unwetter der Welt konnte uns dazu bringen, noch eine Nacht in diesem Loch zu verbringen. Bei der Bezahlung des Hotels gab es dann einen kleinen Streit zwischen mir und dem Hotelmanager. Ich war, wie ich glaubte aus durchaus nachvollziehbaren Gründen nicht dazu bereit, die gesamte Zimmermiete zu bezahlen. Er ließ aber nicht mit sich handeln: „Zahlen Sie, oder ich rufe die Polizei. Sie hätten schon gestern sagen können, dass ihnen mein Hotel nicht gefällt."
„Aber gestern war es schon spät und wir haben unbedingt eine Schlafgelegenheit gebraucht. Was Sie uns hier geboten haben, ist wirklich eine bodenlose Frechheit! Wann haben Sie eigentlich das letzte Mal ihre Zimmer reinigen lassen?"
„Wenn die Gäste keinen Schmutz machen würden, müsste ich sie nicht reinigen lassen. Bezahlen sie jetzt endlich!"
Es war sinnlos, mit dem Mann zu diskutieren. In jedem anderen Land hätte ich ihm mit dem Gesundheitsamt gedroht, aber hier hätte ich damit wohl nicht allzu viel erreicht. Eine Hygienekontrolle seitens der Regierung gab es hier natürlich nicht. Den Behörden war es herzlich egal, wie die Bürger ihre Betriebe führten.

Hingis musste wieder zurück zu seiner Familie. Surin und

ich konnten ihn nicht einmal dazu überreden, noch wenigstens für einen Tag mit zum Naadam zu kommen: „Es tut mir leid, aber ich muss heim. Ich werde euch beide noch zum Fest führen, aber dann muss ich euch verlassen.“ Ich wusste genau, dass er trotz seines Babys lieber mit uns gekommen wäre, dafür kannte ich sein Abenteuererherz schon gut genug. Aber scheinbar hatte ihn seine Frau ja ganz gut unter Kontrolle...

Das Naadam war wieder großartig. Hier, im hohen Norden des Landes, war es sogar noch ursprünglicher als in Ulan Bator, wo ich es bei meinem letzten Aufenthalt miterlebt hatte. Als wir angekommen waren, war das Fest bereits in vollem Gange und es hatte gerade zu regnen aufgehört. Die Bogenschützen hatten ihre Wettkämpfe schon absolviert, in ein paar Stunden waren die Ringer an der Reihe. Surin und ich verabschiedeten uns traurig von Hingis, der uns noch viel Glück wünschte, und tauchten in die Volksmenge ein.

Die Menschen waren hier noch völlig unverfälscht. Ihre Gesichter waren von Wind und Wetter gegerbt, ihre Kleidung traditionell. Im Gegensatz zu Ulan Bator konnte ich hier keinen einzigen Touristen erblicken. Das hatte natürlich auch zur Folge, dass ich als Exot von allen Seiten mit argwöhnischen Blicken betrachtet wurde. Mir war das aber gar nicht so unrecht, den so kam ich mit vielen Leuten ins Gespräch. Sie wollten selbstverständlich alle wissen, was ein Europäer in Moron zu suchen hatte. „Ich will zu den Tsaatan“, erwiderte ich immer wieder auf die Frage, was ich denn vorhabe. Jedes Mal antworteten die Mongolen mit einem verständnislosem Kopfschütteln: „Was willst du von den Tsaatan? Wir sind froh, wenn wir nichts mit diesem stinkenden Gesindel zu tun haben. Aber viel Glück – sie sind überall und nirgends!“

Dann zogen mich die Ringer in ihren Bann. Ich war zutiefst beeindruckt von diesen kräftigen Burschen und nahm mir vor, niemals einen von ihnen zu reizen. Wie auch bei den Ringkämpfen in Europa war jener Kämpfer der Gewinner, der den anderen zu Boden brachte. War das geglückt, sprang der Sieger auf und breitete seine Arme wie Vogelschwingen über dem Unterlegenen aus. Dies symbolisierte die Flügel eines Adlers – der Sieger stellte den Schwächeren unter seinen Schutz. In meinen Augen eine wunderbare Geste. Daher auch das Sprichwort: „Ich nehme dich unter meine Fittiche.“

Noch mehr beeindruckten mich am nächsten Tag die Reiter. Beim letzten Naadam, das ich besucht hatte, hatten sie sich lediglich ein wildes Rennen geliefert, diesmal ging es jedoch wirklich um die Reitkünste der jungen Männer. Was sie mit ihren kleinen wilden Pferden zeigten, war mehr als zirkusreif. Jeder Artist wäre bei ihrer Darbietung vor Neid erblasst, dabei waren sie eigentlich nur gewöhnliche Hirten, die das ganze Jahr über mit ihren Herden unterwegs waren. Die halsbrecherischen Kunststücke, die sie beim Wettkampf vorführten waren nichts als das, was sie bei ihrer alltäglichen Arbeit brauchten. So bekam zum Beispiel ein junger Reiter die Aufgabe, einen besonders starken

Hengst aus der Herde heraus zu fangen. Sein einziges Hilfsmittel war eine lange Stange, an deren Ende eine Schlinge befestigt war. Mit dieser *Urga* ritt er dann im Galopp auf die Herde zu, umkreiste sie zunächst, erspähte sein Zielobjekt und verfolgte dann den prächtigen Hengst. Mit einer Hand dirigierte er sein Pferd in wilde Manöver, in der anderen Hand hielt er die Stange. Der Hengst tat sein Möglichstes, um der Schlinge zu entkommen, doch gegen die artistischen Fähigkeiten seines Gegners hatte er keine Chance – die Schlinge zog sich um seinen Hals. Zuerst wehrte sich das halbwilde Pferd noch nach Leibeskräften, doch bald gab es seinen Widerstand auf und konnte von den Helfern weggeführt werden. Das alte Gerücht, dass mongolische Kinder das Reiten noch vor dem Gehen lernten, schien mir gar nicht so abwegig. Auch besagt ein anderes mongolisches Sprichwort: „In der Steppe braucht man die Beine zum Reiten und nicht zum Laufen!"

Der Pferdedieb

Am Abend des dritten Tages war die Festwiese wie leer gefegt. Das Naadam war mittags zu Ende und die Mongolen hatten sofort ihre Zelte abgebrochen und waren ihrer Wege gegangen. Surin und ich hatten eines der besten Feste der letzten Jahre gesehen, das bestätigten mir auch viele Mongolen. Doch kein einziger Tsaatan hatte sich hierher verirrt und niemand konnte sagen warum. „Vielleicht sind sie alle im letzten Winter umgekommen. Das wäre auch kein großer Schaden“, meinte ein alter Mongole bösartig. Auch unsere Suche nach geeigneten Pferden war erfolglos geblieben. Ich hätte mit Sicherheit schon hier Tiere gekauft, doch Surin riet mir davon ab: „Gute Pferde sind hier viel zu teuer und billige Pferde taugen nichts.“

Nördlich von Moron gab es keine Straßen mehr. Nur noch Pisten führten weiter in den Norden. Jeder Fahrer bahnte sich hier seinen eigenen Weg und so war ein unglaubliches Gewirr an Spuren entstanden. Wir hatten uns einen Jeep mit Fahrer gemietet, da wir ja noch keine andere Transportmöglichkeit gefunden hatten. Unser nächstes Ziel war der *Khubsgul-See*, der schon sehr nahe an der sibirischen Grenze lag und damit ein optimaler Ausgangspunkt für unsere Suche war. Außerdem hofften wir natürlich, dass wir dort endlich brauchbare Pferde finden würden, denn für Autos war dort oben Endstation. Ab dort ging es ins Gebirge, das selbst für den besten Geländewagen zu unwegsam war.

Dort angekommen, waren wir auch schon in einer anderen Welt. *Khatgal* war ein verschlafenes Dorf am Ufer des Gewässers, das ein wenig kleiner als der Bodensee ist. Der Khubsgul war glasklar und umrahmt von einer einzigartigen Bergkulisse. Wer sich in den Alpen wohl fühlt, der war hier im Paradies. Die Luft duftete nach Lärchen und dem Rauch der Holzfeuer, der aus den Kaminen der wenigen Häuser kam. Einzig die zahlreichen Radaranlagen, die auf den umliegenden Bergen postiert waren, störten die märchenhafte Idylle. Sie waren ein Zeichen, dass wir wirklich schon ganz nah an der sibirischen Grenze sein mussten. Als ich ein paar Fotos davon schießen wollte, kam sofort ein Soldat ganz aufgeregt aus einer Hütte gerannt und schrie mich an: „Spion, Spion!" Er wollte mir sogar die Kamera aus den Händen reißen, letztendlich beruhigte er sich aber doch und sah ein, dass ich nichts Böses im Sinn hatte und nicht hier war, um die mongolischen Verteidigungsanlagen auszukundschaften.

Ein weiteres Indiz dafür, dass wir schon fast in Sibirien waren, war die grimmige Kälte, die hier sogar im Juli herrschte. Surin hatte zum Glück einen Bekannten hier, in dessen Haus wir übernachten konnten. Am nächsten Tag machten wir uns auf die Suche nach einem geeigneten Führer. Surin war zwar vor Jahren schon einmal hier gewesen, doch auch er kannte die Gegend nicht gut genug und wusste nicht mehr über die Nomaden der Taiga als ich. Nachdem wir beinahe alle Bewohner des Dorfes gefragt hatten, ob sie uns begleiten wollten und wir eine Absage nach der anderen

eingesteckt hatten, trafen wir auf einen Mongolen namens Bata. Er war ein Bär von einem Mann, mindestens um einen Kopf größer als ich und ehemaliger Major der mongolischen Armee: „Ihr wollt die Tsaatan besuchen? Seid ihr sicher, dass ihr euch die Reise durch die Wildnis der Taiga auch wirklich zutraut?“
„Ja wir sind uns ganz sicher. Das einzige, was uns jetzt noch fehlt, ist ein zuverlässiger Begleiter.“
„Und deshalb seid ihr jetzt bei mir?“
„So ist es. Du scheinst ein guter Mann zu sein und es würde mich freuen, wenn du mit uns kommst. Ich zahle auch gut.“
„Ums Geld geht es mir nicht. Ich liebe die Wälder und das Abenteuer. Aber du bist ein Europäer. Ich weiß nicht ob du das schaffst. Ich überlege mir die Sache noch.“
Genau diese Skepsis machte ihn in meinen Augen noch vertrauenswürdiger. Führer, die gleich jedem ihre Dienste anboten, waren meist zu nichts zu gebrauchen. Bata hingegen war nicht so sehr auf den Profit bedacht, obwohl ich ihm natürlich etwas zahlen musste, sondern achtete auf die Sicherheit des Unternehmens.

Am nächsten Tag kam er zu uns: „Wann reisen wir ab?“
„Du kommst also mit uns?“
„Ich bin bereit. Ihr scheint in Ordnung zu sein!“
„Wir wollen so bald wie möglich losziehen. Das einzige, was uns noch fehlt, sind gute Pferde.“
„Das ist kein Problem. Die kann ich besorgen.“
Unser Team war also komplett. Ich freute mich, dass wir Bata als Führer gewonnen hatten. Er kannte das Gebiet wie sei-

ne Westentasche und war bereit, uns zu begleiten. Der Major war genau der richtige Mann für diese Aufgabe, denn er sprach zwar kein Wort Deutsch, dafür aber fließend Russisch und den Dialekt der Tsaatan. Während meiner Fahrrad-Tour durch Russland hatte ich die Sprache recht gut erlernt, Sprachbarrieren gab es also keine. Auch den finanziellen Teil unserer Abmachung hatten wir schnell erledigt.

Gleich am nächsten Morgen machten wir uns auf den Weg. Es war an der Zeit, dass wir uns endlich Pferde besorgten, denn zu Fuß würden wir nicht weit kommen. Immerhin hatten wir ja vor, ein mehr als siebzigtausend Quadratkilometer großes Areal, also ein Gebiet, das nur geringfügig kleiner war als Österreich, nach achtzig Menschen abzusuchen, von denen niemand wusste, wo sie sich gerade aufhielten. Ich hatte gehofft, dass wir gleich im Dorf einen guten Pferdehändler finden würden, aber damit hatte ich weit gefehlt. „Wir haben einen dreistündigen Fußmarsch vor uns, dann kommen wir zu einer Jurte, wo es gute Tiere gibt“, erklärte Bata, der als Führer und ehemaliger Offizier natürlich sofort das Kommando über unsere kleine Gruppe übernommen hatte. Unser Gepäck deponierten wir vorerst in seinem Haus. Wir wollten es später holen, wenn wir die Pferde hatten, denn es wäre sinnlos gewesen, die schwere Last den ganzen Tag mit uns herum zu schleppen.

Die Bewohner der Jurte begrüßten uns herzlich und wie jeder Besucher mussten auch wir zunächst erzählen, woher wir kamen, was wir vorhatten und wohin wir gehen wollten. Ich kannte dieses typisch mongolische Ritual ja bereits von meiner letzten Expedition. Als ich in die Jurte eintrat, passierte mir ein kleines Missgeschick – ich stolperte über die Türschwelle. „Ab jetzt wirst du Unglück haben", prophezeite mir der Besitzer. Die Mongolen waren bekanntlich ein ausgesprochen abergläubisches Volk.

Wieder einmal genoss ich die einzigartige Atmosphäre, die in diesen mongolischen Zelten herrscht. Schon seit Urzeiten unterliegt der Innenraum einer Jurte einer strikten Ordnung, an der sich bis heute nichts geändert hat. So steht der Hausaltar immer gegenüber dem Eingang. Rechts davon sitzen die Gäste und die Männer, die linke Seite ist für Frauen und Kinder reserviert. Den Mittelpunkt bildet ein Ofen mit einem langen Rohr, das wie ein Kamin durch das Dach des Zeltes nach außen führt. Natürlich fehlte hier jedes technische Gerät, von dem wir glauben, dass es ein unverzichtbarer Bestandteil unseres Lebens ist. Die Mongolen saßen hingegen abends zusammen, die Eltern erzählten ihren Kindern alte Märchen oder es wurde gemeinsam musiziert. Immer wieder kam ich in solchen Jurten zum selben Schluss: Es gab zwar keine Spur von Luxus, dafür jede Menge Harmonie und Zufriedenheit.

Während ich in meine Gedanken versunken war und die anderen das Frage-Antwort-Spiel weiter fortführten, bereiteten die Frauen inzwischen das obligatorische Kumys. Dieses Willkommensgetränk auszuschlagen, hätte bedeutet, unsere Gastgeber schwer zu beleidigen. Wir erkundigten uns dann natürlich auch, wie es die Höflichkeit gebot, über das Befinden sämtlicher Familienmitglieder, der Verwandten und natürlich auch der Tiere. Nach einer Stunde kamen wir dann endlich auf unser eigentliches Anliegen zu sprechen. Bedauernd erklärte das Familienoberhaupt: „Wir hätten euch gerne Pferde gegeben, aber unsere Tiere weiden einige Tagesritte entfernt. Aber wir würden uns freuen, wenn ihr uns trotzdem wieder einmal besuchen kommt!“

Solche und ähnliche Prozeduren wiederholten sich die nächsten drei Tage. Wir klapperten sämtliche Jurten der Umgebung mehr oder weniger systematisch ab, doch wir waren vom Pech verfolgt. Ein Händler weigerte sich sogar, uns Pferde zu verkaufen: „Ihr geht freiwillig zu den Tsaatan? Ihr seid verrückt – von mir bekommt ihr keine Tiere!“ Ich fragte mich, was diese im ganzen Land zutiefst verachteten Menschen der restlichen Bevölkerung getan hatten.

Am vierten Tag hatten wir dann endlich Glück. Wir trafen auf einen Mann, der uns nicht nur fünf ausgezeichnete Pferde zur Verfügung stellen konnte, sondern sich auch noch bereit erklärte, uns auf unserer Reise zu begleiten: „Ich gebe meine Pferde nicht gerne aus der Hand und außerdem kann ich euch helfen. Ich kenne die Routen der Nomaden!“ Etwas Besseres hätte mir nicht passieren können, denn jetzt hatte ich gleich zwei ortskundige Führer an der Hand und außerdem musste ich die Pferde nicht kaufen, sondern nur mieten, was mich natürlich wesentlich billiger kam. Mischig, so hieß unser neuer Begleiter, war mir zudem noch sehr sympathisch.

Als wir nun endlich alles beisammen hatten und uns für den Aufbruch ins Ungewisse rüsteten, musste ich eine sehr unerfreuliche Entdeckung machen. Surin hatte heimlich fast alle Gastgeschenke verkauft, die ich eigentlich für die Tsaatan vorgesehen hatte. Als ich ihn zur Rede stellte, leugnete er zunächst alles: „Du beleidigst mich, Georgi. Warum sollte ich dich betrogen haben?"
„Ich weiß nicht, warum du mich betrogen hast, aber fest steht, dass du es getan hast!"
„Warum glaubst du, dass ich es war? Es kann auch jeder andere aus der Gruppe gewesen sein!"
„Nein. In Frage kommst nur du. Du warst alleine mit den Vorräten, wer soll es denn sonst gewesen sein?"
„Vielleicht hast du ja recht. Aber ich habe ohnehin überhaupt keine Lust, einen Verrückten wie dich zu begleiten. Geh die Tsaatan doch alleine suchen. Was soll ich denn bei diesen Leuten?"
Das waren die letzten Worte, die ich von ihm gehört hatte. Nach unserem Streitgespräch kehrte er mir einfach den Rücken und lief davon. Ich hatte mein volles Vertrauen in den jungen Mann gesetzt, war er mir doch sogar noch von meinem Freund Hingis empfohlen worden. Aber so konnte man sich täuschen – man kann in das Innere eines Menschen leider einfach nicht hinein sehen. Der finanzielle Schaden war nicht allzu groß, bei den Gastgeschenken handelte es sich lediglich um Tabak, Salz und ein paar andere Gewürze, die ich eben jetzt noch einmal kaufen musste. Viel mehr schmerzte mich der Ausfall eines deutschsprachigen Be-

gleiters. Ich war der russischen Sprache zwar weitestgehend mächtig, aber falls doch Verständigungsprobleme auftauchen würden, hätte mir Surin wertvolle Dienste erweisen können.

Ganz aufgeregt und völlig außer Atem rannte Mischig auf mich zu und rief schon aus der Ferne: „Dein Freund hat eines meiner Pferde gestohlen! Ihr seid alle Diebe!“ Da hatte ich die Bescherung. Nicht nur, dass er die Gastgeschenke verkauft hatte, nein, er musste sich auch als Pferdedieb beweisen. Dieser Umstand fiel natürlich auch auf mich zurück, schließlich war ich ja für die ganze Reise und damit auch für meine Leute verantwortlich. Ich konnte Mischig gut verstehen, dass er jetzt auch sein Vertrauen in mich verloren hatte.

Als ich ihm erzählte, dass Surin auch mich bestohlen und sich längst aus dem Staub gemacht hatte, waren wir schnell wieder Verbündete. Wir schimpften noch eine Weile gemeinsam über den feigen Verräter und machten uns dann wieder an die Arbeit. Den Dieb bei der Polizei zu melden, wäre sinnlos gewesen. Das Einzige was ich tun konnte, war bei unserer Heimkehr meinem Freund Hingis davon zu erzählen, der den Verbrecher ja augenscheinlich sehr gut kannte. Vielleicht wusste er dann über seinen Aufenthaltsort Bescheid und konnte wenigstens das Pferd wieder beschaffen. Der unangenehme Vorfall war schnell wieder vergessen, denn wir hatten jetzt Wichtigeres zu erledigen, als verlorenen Dingen nachzutrauern.

Durch die Wälder der Taiga

Die Leute im Ort glaubten nicht an unseren Erfolg. Obwohl unter ihnen viele Jäger waren, die das ganze Jahr über im Hinterland umherstreiften, hatten sie schon lange keinen Hinweis auf den Verbleib der Nomaden gefunden. „Wahrscheinlich sind sie über die sibirische Grenze gegangen und sind dann nicht mehr zurückgekommen", vermuteten viele. Wenn es wirklich so war, bedeutete das natürlich das Scheitern meines Vorhabens, denn ohne Visum nach Russland vorzustoßen war ein Risiko, das die Sache sicher nicht wert war. Die Lage dort hatte sich zwar seit dem Fall des sozialistischen Systems etwas entspannt, bei illegaler Einreise verstanden die Russen aber immer noch keinen Spaß, wie ich auch von meiner Fahrradtour noch in leidvoller Erinnerung hatte.

Ich war dennoch optimistisch. Die russische Grenze war genauestens bewacht und auch den Tsaatan wäre es bestimmt nicht so leicht gelungen, einfach nach Russland zu spazieren. Genau dieser Umstand war auch die größte Bedrohung ihrer Existenz. Denn früher, als die Mongolei noch ein russischer Satellitenstaat war, beziehungsweise als die Grenzüberwachung noch nicht so genau genommen wurde, pendelten sie zwischen den Weidegründen der Mongolei und jenen Sibiriens. Heute ist das Gebiet, in dem sie frei umherziehen konnten nicht einmal mehr halb so groß wie noch vor einigen Jahren. Siebzigtausend Quadratkilometer waren zwar eine unvorstellbar große Fläche für so wenige

Menschen, doch war der Großteil des Gebiets beinahe unbegehbar und außerdem waren gute Weiden rar.

Außerdem glaubte ich, über ein gutes Team zu verfügen, auch wenn ein Mann ausgefallen war. Mit Bata alleine wäre ich sogar durch die Hölle gegangen, so sehr vertraute ich ihm. Und auch Mischig war bestimmt in Ordnung. Bei ihm kam hinzu, dass er ein hervorragender Reiter war. Schon oft war ich auch bei früheren Expeditionen verlacht worden, da meine Vorhaben als unmöglich eingeschätzt wurden. Doch ich hielt mich immer an meine innere Überzeugung: Nach den meisten Dingen, die noch nicht entdeckt wurden, hat noch nie jemand gesucht.

Endlich war es soweit. Im Morgengrauen beluden wir die Pferde, sattelten unsere Reittiere und ritten los. Mischig meinte es offensichtlich gut mit mir. Er hatte mir, wie er zumindest behauptete, ein „sehr gutes Pferd" zugeteilt. Allerdings schien mir dieses Tier sogar um eine Spur zu gut für mich zu sein, denn es ignorierte meine Befehle mit eiserner Konsequenz und das noch dazu zum Gaudium meiner Begleiter. Ich war an sich kein ungeübter Reiter, doch war es etwas anderes, auf einem geduldigen Schulpferd zu sitzen, als auf diesen halbwilden Tieren. Mein Pferd ging zwar mit einer ungeheuren Treffsicherheit immer genau in die entgegengesetzte Richtung, in die ich es führen wollte, doch zum Glück siegte am Ende dann doch der Herdentrieb und so blieb es wenigstens immer in der Nähe seiner Artgenossen.

Wir kamen ziemlich flott voran. Das Gelände war noch nicht allzu schwierig und die Pferde waren auch noch frisch. Obwohl sie mit unserem ganzen Gepäck, wie den Zelten, Kleidung und Proviant wirklich schwer beladen waren, drängten sie richtiggehend vorwärts. „Sie waren lange auf der Weide und freuen sich, dass sie wieder etwas Neues sehen“, begründete Mischig ihr Verhalten.

„Ich weiß ganz genau, in welchem Gebiet sich die Nomaden um diese Zeit immer aufhalten“, meinte Bata. Da sie als Rentierzüchter von ihren Tieren und damit von deren Nahrung abhängig waren, mussten die Tsaatan ihre Route nach der Vegetation in den verschiedenen Jahreszeiten richten. Die Rentiere ernährten sich hauptsächlich von Flechten und Moosen, aber kaum von Gras. Ihr Futter fanden sie nur an bestimmten Orten.

Ich vertraute meinem Begleiter und so ritten wir vom Khubsgul-See in nordwestliche Richtung. Immer wieder mussten wir größere und kleinere Flüsse überqueren, was die Pferde jedoch ohne Probleme bewältigten. Für sie war dieser erste Teil unserer Reise noch ein Kinderspiel. Wir mussten nur aufpassen, dass unser Gepäck nicht nass wurde – wir selbst blieben zumeist nicht verschont. Immer wieder stand uns das Wasser im wahrsten Sinn des Wortes bis zum Hals. Ab einer gewissen Wassertiefe war es gar nicht einmal so einfach, der Strömung der Flüsse standzuhalten, die auf den ersten Blick gemütlich vor sich hin plätscherten. Ein weiteres Problem war natürlich die Kälte. Wie schon bei meiner letzten Expedition in die Mongolei hatte ich auch diesmal kein Glück mit dem Wetter. Es regnete zwar bei weitem nicht so viel wie damals, für einen Sommer war es aber verhältnismäßig kalt. Mitten in der bei uns heißen Jahreszeit fielen die Temperaturen hier in der Nacht schon unter Null, tagsüber zeigte das Thermometer ungefähr zehn Grad. Unter diesen Umständen war es natürlich nicht besonders angenehm, alle paar Stunden durch einen eiskalten Fluss zu waten.

Nur einmal hatten wir das Glück, dass über einen breiten, tiefen Fluss eine Fähre führte. Ein Fährmann war hier, mitten in der Wildnis der mongolischen Taiga natürlich nicht zugegen, wir mussten also selbst Hand anlegen. An einem bereits vorhandenen Seil zogen wir die nicht gerade vertrauenserweckende Plattform von Ufer zu Ufer. Es dauerte mehr als eine ganze Stunde, ehe wir endlich alle Pferde und unser gesamtes Gepäck auf der anderen Seite hatten, denn wir mussten jedes Pferd einzeln über die reißenden Fluten transportieren. Ich bewunderte die Tiere, die voller Vertrauen auf die schwankende Plattform stiegen und trotz des heftigen Schaukelns mit stoischer Ruhe die Ankunft am anderen Ufer abwarteten.

Wir Menschen waren nach dieser anstrengenden Tätigkeit natürlich geschafft und beschlossen, unser Nachtlager gleich hier zu errichten, obwohl es erst in ein paar Stunden dunkel wurde. Am Abend saßen wir noch einige Zeit zusammen und ich erzählte den beiden anderen von meinen früheren Abenteuern. Bata berichtete auch ein wenig über seine Erlebnisse bei der mongolischen Armee, doch ich wurde das Gefühl nicht los, dass er nur sehr ungern von seiner Vergangenheit sprach.

Als die anderen sich längst in die Zelte gelegt hatten, unternahm ich noch einen kleinen Rundgang um unser Lager. Ich genoss die Ruhe der Nacht. Ab und zu hörte ich ein Schnauben der Pferde, das war aber auch schon alles. Mit tiefen Zügen atmete ich die klare, kalte Luft und betrachtete den Sternenhimmel. Ich konnte mir nicht erklären warum, aber nirgendwo leuchteten die Himmelskörper schöner als hier in der Taiga.

Unterwegs fanden wir immer wieder wild wachsende Zwiebeln und Rhabarber, mit denen wir unseren eintönigen Speisezettel ein wenig aufbessern konnten. Ansonsten gab es nur Brei aus Gerstenmehl und Trockenfleisch. Dieses Dörrfleisch war schon das Grundnahrungsmittel der mongolischen Reiterhorden in der Zeit des Dschingis Khan. Auf ihren endlosen Eroberungsfeldzügen hatten sie die Vorteile dieses Lebensmittels ähnlich zu schätzen gewusst wie wir heute: Das Fleisch hielt beinahe ewig, benötigte kaum Platz und war äußerst nahrhaft. Dass dabei kulinarische Hochgenüsse auf der Strecke blieben, ließ sich nicht verhindern. Auf meine von zu Hause mitgebrachte spezielle Kraftnahrung wollte ich erst zurückgreifen, wenn es sonst nichts mehr zu beißen gab. So hatte ich es auf meinen Reisen immer gehalten und ich hatte stets gute Erfahrungen damit gemacht, dass ich noch über eine letzte Notreserve verfügte.

Allmählich wurde die Gegend immer unwegsamer, dafür wurde aber das Wetter wieder etwas wärmer. Die Landschaft war wunderschön. Weiden säumten die zahlreichen Bäche, die von den hohen Bergen ringsum talwärts gurgelten. Wir waren in der sogenannten *mongolischen Schweiz*, wie dieses Gebiet ob seiner Schönheit oft genannt wurde. Vor allem die Edelweißblumen, die zu Tausenden auf den Gebirgswiesen wuchsen, erinnerten mich stark an die Alpen. In der Ferne zeigte mir Bata den Pass, den wir überqueren mussten, um in jenes Tal zu gelangen, wo er das Lager der Nomaden vermutete. Es war beeindruckend, wie weit man bei dieser klaren Luft sehen konnte.

Auf der Suche nach den Tsaatan verloren sich in diesem Flussbett ihre Spuren, denen wir gefolgt waren.

Die Tsaatan leben von und mit ihren Rentieren, deren Muttertiere von den Frauen gemolken werden.

Aus der Rentiermilch bereiten die Frauen Käse, der im Zelt zum Trocknen aufgehängt wird. ▸

Um mit dem Tross der Nomaden mitziehen zu können, musste ich lernen, auf einem Rentier zu reiten.

Die Säuglinge der Tsaatan werden wie Pakete verschnürt. Es erinnerte mich an das in Bayern so benannte „Fatschenkind“. ▸

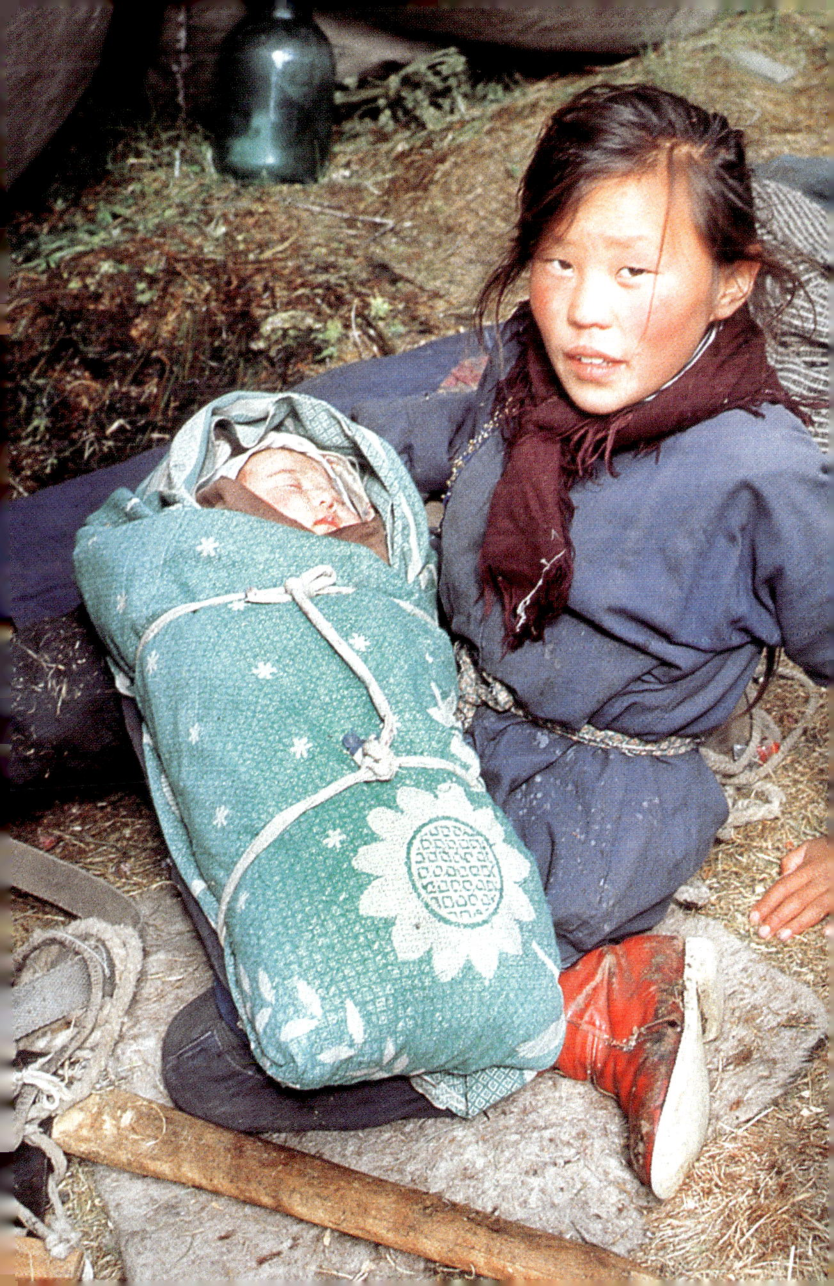

Bei diesem fast abgebauten Urz (Zelt), erkennt man deutlich die Holzkonstruktion. Wichtigstes Teil in einem Urz ist der Ofen und das Abzugsrohr. Alles wird fein säuberlich zusammengepackt auf die Rentiere verladen. Nichts darf vergessen oder verloren werden.

Die Kinder werden bei der Wanderung auf einem Rentier fest-gebunden. Klaglos nehmen sie alle Strapazen in Kauf.

Zielsicher hat der Führer des Trosses die Furt im Tingis-Fluss gefunden. Nur hier ist eine Überquerung mit den Rentieren möglich.

Vom Pech verfolgt

Tagelang ritten wir immer weiter bergauf, aber der Pass kam einfach nicht näher. Inzwischen wurde es vor allem in der Nacht wieder ganz empfindlich kalt, die Temperatur fiel immer öfter sogar auf minus zehn Grad! Später sollte ich erfahren, dass der Sommer auch in der Heimat kalt und nass war, doch mit diesen extremen Witterungsbedingungen, wie sie im mongolischen Hochland vorherrschten, ließ er sich natürlich nicht vergleichen. Die Überquerung von Flüssen wurde damit immer mehr zum Problem. Wir konnten jetzt nicht mehr einfach an einer beliebigen Stelle durchmarschieren, denn die Kälte hätte uns die Gesundheit und vielleicht sogar das Leben kosten können. Mit einer Lungenentzündung in der Wildnis war schließlich nicht zu spaßen. So verbrachten wir viel Zeit mit der Suche nach geeigneten Furten, wo wir ans andere Ufer gelangen konnten, ohne nass zu werden.

Bedrohlich tief hingen die Wolken über den Berggipfeln und starke Windböen pfiffen mit oft ohrenbetäubender Lautstärke durch das kleine Tal, durch das wir jetzt ritten. Ein Unwetter nahte heran. Ich wollte weiter gehen, doch Bata gebot mir Einhalt: „Wenn hier oben das Wetter schlecht ist, wird es gefährlich. Es ist besser, wenn wir hier unsere Zelte aufschlagen.“ Etwas unwillig gab ich klein bei. Was sollten mir, dem bergerprobten Abenteurer, ein bisschen Wind und Regen schon ausmachen? Schließlich verfügte ich über ausreichend Erfahrung in ganz anderen

Gebirgen, wie zum Beispiel dem Himalaya oder den Anden. Im Vergleich zu den Bergriesen, die sich dort in den Himmel erhoben, waren die Gipfel hier, die zwischen dreitausend und viertausend Meter Seehöhe erreichten, nichts als kleine Hügel.

Doch dann war ich froh, dass ich auf meinen Führer gehört hatte. Der Wind peitschte über die Lichtung, auf der wir unser Lager aufgeschlagen hatten und riss beinahe die Zelte aus ihrer Verankerung. Dichter Schneeregen prasselte auf uns herab und der Nebel schränkte die Sichtweite auf wenige Meter ein. Nicht auszudenken, hätten wir uns jetzt in höheren Lagen befunden. Wieder einmal machte ich die Erfahrung, dass selbst der hartgesottenste Bergprofi die Empfehlungen der Einheimischen nicht missachten sollte.

Die Nacht war eisig kalt, doch es hatte wenigstens schon am späten Nachmittag zu regnen aufgehört. Wäre nämlich der Regen in der Nacht in Schneefall übergegangen, würde uns jetzt bestimmt ein halber Meter der weißen Pracht das Weiterkommen ungemein erschweren. So kamen wir aber ganz gut voran und die Sonne wärmte unsere frierenden Körper. Die Pferde waren noch immer frisch und munter, obwohl wir nun doch schon einige Tage in schwierigem Gelände unterwegs waren. Übermorgen sollten wir den Pass erreichen, hinter dem wir die Tsaatan treffen sollten.

Der Boden wurde immer weicher. Bald versanken die Hufe unserer Tiere schon bis zum Knöchel im Morast, wenig später sogar schon bis zu den Knien. Doch wir konnten das große Sumpfgebiet, das uns jetzt noch vor unserem letz-

ten Anstieg trennte, unmöglich umgehen, denn die Berge von denen es eingeschlossen war, konnten wir mit den Pferden auf keinen Fall erklimmen, obwohl sie sich im Gelände wohler fühlten, als jeder Haflinger. Tapfer kämpften sich die Tiere durch den Schlamm, manchmal sanken sie bis zum Bauch ein. Mit vereinten Kräften zogen wir derart gefangene Tiere wieder auf festeren Boden. Es war ein Wunder, mit welchem unbändigen Willen sie noch immer weiter vorwärts gingen.
Wir benötigten zwei volle Tage, ehe wir erschöpft, aber wohlbehalten wieder auf festem Untergrund standen. Gleich weiter zu reiten war unmöglich, der Sumpf hatte sowohl uns als auch vor allem den Tieren die letzten Kräfte abverlangt. Wir beschlossen, einen ganzen Tag zu pausieren, ehe wir die gewaltige Steigung in Angriff nehmen wollten, die uns noch von der Passhöhe trennte.

Bata wollte die Zeit nutzen, um uns endlich wieder frisches Essen zu besorgen, denn der übliche Brei hing uns mittlerweile schon zum Hals heraus. „Komm Georgi, wir gehen auf die Jagd“, meinte er, während er eine Schrotflinte mit abgesägtem Lauf aus seiner Satteltasche packte. Ich war sofort begeistert von dieser Idee. Nicht nur, dass endlich Abwechslung auf unseren Speisezettel kommen würde, sofern wir erfolgreich waren, ich war auch ganz heiß darauf, endlich einmal ohne Pferde durch die dichten Wälder zu streifen und die Natur zu genießen. Mischig passte indessen auf unsere Pferde auf. Er war froh, dass er im Lager bleiben durfte, denn er war zwar ein zäher Bursche, aber die Anstrengungen der letzten Tage nicht gewöhnt und brauchte eine Pause.

Stunden waren wir jetzt schon unterwegs und hatten kein einziges Stück Wild gesichtet. Langsam aber sicher wurde es Zeit, den kleinen Jagdausflug abzubrechen und zum Lager zurück zu kehren. Wir kämpften uns gerade durch das dichte Unterholz einer Lichtung, als Bata mich sachte mit dem Ellenbogen anstieß – nur etwa dreißig Meter vor uns lag ein kleiner Tümpel, an dem ein kleiner Schwarm Wildenten stand. Wir lächelten uns an. Jetzt musste Bata nur noch treffen und zum Abendmahl würde es eine leckere, gegrillte Ente geben. Als erfahrener Schütze hatte mein Begleiter damit natürlich kein Problem. Mit der ersten Ladung Schrot erlegte er eine Ente am Teich und als die anderen dann ganz verstört davon fliegen wollten, holte er auch noch eine vom Himmel. Das lange Warten auf den waidmännischen Erfolg hatte sich also gelohnt.

„Ah, da seid ihr ja wieder“, rief Mischig ganz erfreut, als wir wieder im Lager ankamen und noch dazu zwei Wildenten über unseren Schultern baumelten. Es war schon fast wieder dunkel und er hatte uns – und damit in erster Linie sein Abendmahl – wahrscheinlich schon abgeschrieben. Es war ein richtiges Festmahl. Wir hatten schon seit unserer Abreise nichts anderes mehr gegessen als Brei, Trockenfleisch und Brot. Das frische, zarte Geflügel ließ uns jetzt alle Strapazen vergessen.

Am nächsten Tag brachten wir den schwierigsten Teil der Strecke hinter uns. Es ging ständig bergauf und auf den steilsten Stücken mussten wir den Großteil unseres Gepäcks selbst tragen – die Pferde konnten mit der schweren Last die Steigung nicht bewältigen. Gegen Abend erreichten wir dann endlich die Passhöhe, mit dem klingenden Namen *Dawun*, was eigentlich nicht mehr bedeutete als *Montag*. Wir genossen die herrliche Aussicht, die sich uns von dort oben bot. Unter uns lag ein weites, grünes Tal, in dem wir den derzeitigen Aufenthaltsort der Tsaatan vermuteten. Möglicherweise konnten wir sie schon am nächsten Tag erreichen. Unser Nachtlager errichteten wir etwas unterhalb der Passhöhe, damit wir vor allfälligen Wetterumschwüngen geschützt waren.

Und das war gut so, denn am Morgen fegte ein eiskalter Wind über das mehr als dreitausend Meter hoch gelegene Plateau und schleuderte uns unzählige Graupel ins Gesicht. Langsam begann es dann sogar zu schneien. Jetzt hatten wir allen Grund zur Eile. Niemand konnte wissen, wie lange die Schneefälle anhalten würden und es hätte uns nichts Schlimmeres passieren können, als dass wir hier oben eingeschneit wurden. Hurtig zogen wir bergab. „Ich befürchte, dass die Nomaden bei dieser Wetterlage schon in tiefere Lagen abgewandert sind. Normalerweise ist in diesem Tal ihr Lagerplatz für den Sommer, im Herbst und Winter ist es hier aber viel zu kalt“, meinte Bata. Die Tsaatan gleich beim ersten Versuch anzutreffen, wäre auch zu einfach gewesen.

Unten angekommen suchten wir das Tal peinlichst genau nach einem Zeichen der Nomaden ab, das auf die Existenz eines bewohnten Lagers schließen ließ. Doch da war absolut nichts. Keine Zelte, keine Menschen. Die Suche war aber auch nicht gerade einfach, denn das dichte Schneetreiben hatte nun auch hier unten eingesetzt und verhüllte uns immer wieder die Sicht. Es wurde auch bereits dunkel und so mussten wir einen Platz für die Nacht suchen, ehe es zu spät war.

Unsere Lagerstätte war rasch errichtet. Wie jeden Abend baute ich mein kleines Bergsteigerzelt auf und kroch in meinen warmen Schlafsack. Meine beiden mongolischen Begleiter hatten es bislang vorgezogen, sich einfach nur in ein paar Decken zu hüllen und die Nacht im Freien, auf dem blanken Boden zu verbringen. Bei diesen widrigen Witterungsverhältnissen wollten jetzt aber auch sie auf ein Dach über dem Kopf nicht verzichten und errichteten ein behelfsmäßiges Zelt. Dazu legten sie lediglich eine große Plane auf den Boden, hoben sie mittels eines abgebrochenen Astes auf der Vorderseite ein wenig an, beschwerten die Seiten mit Steinen – und fertig war ihre Behausung. Ich selbst war durch meine vielen Expeditionen in allen Klimazonen dieser Erde schon ziemlich abgehärtet, aber immer wieder musste ich mit Erstaunen feststellen, wie die Einheimischen mit einfachsten Mitteln den unerbittlichen Launen der Natur trotzten.

Nach einer unruhigen, kalten Nacht, in der ich kaum ein Auge zugetan hatte, ging es am nächsten Morgen weiter. Ich fragte mich, ob bei diesen Bedingungen überhaupt noch eine kleine Chance bestand, unser Unternehmen erfolgreich zu beenden, oder ob alle Strapazen, die wir bisher durchgemacht hatten, umsonst waren. Zum Frühstück gab es wieder einmal den obligatorischen Gerstenbrei. Ich konnte das Zeug nicht mehr sehen, aber es war wenigstens warm und machte satt. Wir zogen weiter. Angestrengt suchten wir immer wieder die Gegend nach irgendwelchen Spuren der Nomaden ab, doch ohne Erfolg. Wir fanden kein einziges Anzeichen dafür, dass hier oben Menschen mit ihren Tieren lebten.

Am Ende des Tales fanden wir dann doch noch etwas. „Seht, da drüben! Da haben sie gelagert", rief Mischig plötzlich aus. Und in der Tat – wir sahen die Reste eines verlassenen Lagers. Ein paar Zeltstangen, ein paar alte Rentierfelle und ein Paar völlig kaputte Schuhe. Wir waren enttäuscht, denn Bata hatte mit seiner Vermutung recht behalten: Sie waren bereits in ein anders Lager weiter gezogen. Aber wenigstens wussten wir jetzt mit Sicherheit, dass sie noch hier in dieser Gegend weilten und nach der anfänglichen Enttäuschung machte sich neue Hoffnung breit. Wir mussten ja nur den vielen Rentierspuren folgen, um früher oder später auch auf die Tsaatan zu stoßen. Doch der eben neu geschöpfte Mut verlor sich schon bald in einem Flusslauf. Waren sie flussauf- oder flussabwärts gegangen und wo hatten sie das Gewässer wieder verlassen?

Kurz, bevor wir die Expedition schon abbrechen wollten, hatten wir dann doch noch Glück. Nach tagelangem Suchen fanden wir frische Spuren der Rentierherde. Hätten wir diesen neuen Hinweis auf den Verbleib der Nomaden nicht gefunden, wir wären mit Sicherheit umgekehrt, denn die brutalen Witterungsverhältnisse besserten sich nicht im Geringsten – im Gegenteil, sie wurden immer schlimmer. Nun aber hatten wir endgültig wieder neue Hoffnung geschöpft, denn die Spuren waren ziemlich frisch und wir konnten nicht mehr weit von den Tsaatan entfernt sein.

Doch kaum waren wir wieder motiviert, kam auch schon der nächste Rückschlag! Mischig wurde krank und konnte nicht mehr weiter. Fieber und starke Bauchschmerzen plagten den armen Mann. Zum Glück waren wir in einem ziemlich felsigen Gebiet und wir hatten bald eine Höhle gefunden, wo wir Mischig ein geschütztes Krankenlager errichten konnten. „Hier hast du es ja so gut wie ein König. Du liegst in einem richtigen Palast", sagte ich zu ihm und deutete auf die Felsen. Ich hatte entdeckt, dass die Höhle aus feinstem Marmor bestand.

Bata und ich wickelten unseren Freund in warme Felle und Decken. Ich gab ihm noch ein Medikament gegen sein starkes Fieber und versprach ihm, dass wir ihn sofort holen würden, sobald wir das Lager der Tsaatan gefunden hatten. Es mag herzlos klingen, dass wir den Kranken ganz alleine zurück ließen, aber wir hatten keine andere Möglichkeit. Was hätten wir sonst tun sollen? Wir waren beide keine Ärzte und konnten ihm demnach nicht wirklich helfen. Eine Weiterreise in das nächste Dorf, wo er medizinische Versorgung oder zumindest eine warme Unterkunft bekommen konnte, war in seinem Zustand unmöglich. Er würde inzwischen schon allein zurechtkommen und wir mussten nicht alle drei das große Abenteuer aufgeben. Mischig selbst störte dieser Umstand überhaupt nicht: „Hier drinnen ist es ohnehin viel angenehmer als draußen in der Kälte. Lasst euch nur Zeit!“ Der kleine Mann war immer zu Scherzen aufgelegt, selbst wenn es ihm so dreckig ging wie gerade eben. Ich wusste natürlich ganz genau, dass er ein großes Opfer für uns brachte, indem er trotz seiner Krankheit alleine hier blieb und dass er nichts lieber tun würde, als weiter mit uns zu ziehen, wenn es sein körperlicher Zustand nur zuließe. Außerdem war er selbst schon ganz gespannt auf die Tsaatan, denn er war einer der wenigen Mongolen, die diesen Nomaden unvoreingenommen gegenüber standen.

Unter Beschuss

Am nächsten Morgen ließen wir ihn dann wirklich allein. Wir folgten weiter den Spuren, die wir entdeckt hatten. Es regnete und es war kalt. Die Feuchtigkeit kroch uns in die Glieder. Der Pfad, dem wir nun nachgingen war nur sehr schwer begehbar. Es war beinahe unvorstellbar, wie sich die Nomaden, die ja anders als wir sehr schwer beladen waren und außerdem mit ihren riesigen Herden unterwegs waren, hier durchgekämpft hatten. Selbst wir hatten gehörige Probleme, vorwärts zu kommen, obwohl wir nur das Nötigste dabei hatten. Einen Teil unseres Gepäcks hatten wir bei unserem kranken Freund gelassen. Ich machte mir Sorgen um Mischig und meinte zu Bata: „Ich hoffe, dass Mischig gut zurecht kommt. Wir hätten ihn nicht alleine lassen dürfen!"
„Er ist ein zäher Bursche, auch wenn er nicht so aussieht. Er schafft das schon."
„Aber was, wenn sein Fieber steigt und er ernsthaft krank ist?"
„Das glaube ich nicht. Und selbst wenn – was sollen wir dagegen tun? Die Medikamente hast du ihm gegeben und ins Tal können wir ihn jetzt nicht mehr bringen. Er wird sich schon wieder erholen, mach dir keine Sorgen."
Wo er recht hatte, hatte er eben Recht. Außer ihm eine gute Genesung zu wünschen stand es wirklich nicht in unserer Macht, ihm zu helfen. Wir hätten ihm vielleicht Gesellschaft leisten können, aber wir waren hier nicht auf einer Erholungsreise.

Nachdem wir ein paar Stunden unterwegs gewesen waren, rief Bata freudig aus: „Sieh, die Zelte! Da drüben müssen sie sein!" Auch ich sah jetzt das Lager, das nur etwa einen Kilometer von uns entfernt war. Wir hatten es geschafft! Mit etwas Glück, war das Unmögliche wirklich geworden. Voller Übermut und Freude galoppierten Bata und ich auf das Lager zu, so schnell unsere Pferde konnten.

Plötzlich rief mein Führer ganz entsetzt: „Halt, das sind nicht die Tsaatan, es sind russische Soldaten!" Wir rissen beide heftig an den Zügeln. In der Tat, vor den Zelten steckten russische Fahnen in der Erde, wir befanden uns bereits auf sibirischem Gebiet. Plötzlich krachten Schüsse durch die sonst so ruhige Landschaft! Die Russen, die uns als unerwünschte, illegale Eindringlinge betrachteten, schossen tatsächlich auf uns! Mir fuhr der Schreck in alle Glieder. Es hatte keine Vorwarnung gegeben, nicht einmal ein Zeichen. So schnell uns unsere Pferde trugen machten wir uns aus dem Staub. Bata nahm die Situation wesentlich gelassener als ich: „Die Russen sind so. Sobald sie einen Mongolen an der Grenze erblicken, schießen sie!" Er musste es wissen, denn schließlich hatte er gegen die sowjetische Armee um die Unabhängigkeit der Mongolei gekämpft.

Seit sich die Mongolei aus der Umklammerung der ehemaligen Sowjetunion gelöst hatte, herrscht zwischen den beiden Ländern eine Art Kalter Krieg im Kleinformat. Es gab keine offenen Feindseligkeiten, aber beide Staaten gebärdeten sich so, als würden sie im nächsten Moment übereinander herfallen.

Der Grund für dieses Verhalten lag irgendwo in der Taiga begraben, genau in diesem Gebiet, in dem wir uns jetzt befanden und natürlich auch auf der sibirischen Seite. Geologen vermuteten hier nämlich große Goldvorkommen, auf die naturgemäß beide Seiten aus waren. Von Jahr zu Jahr verschärfte sich der Konflikt und bis heute gab es noch keine Lösung.

Diese Rivalitäten beeinflussten auch maßgeblich das Leben der Tsaatan, deren Lebensraum dieses kostbare Gebiet war. Schon jetzt kämpften sie um ihre Existenz, da sie die sibirische Landesgrenze nicht mehr überschreiten durften und ihre lebenswichtigen Wanderwege dadurch stark eingeschränkt waren. Doch was würde erst aus ihnen werden, wenn die Goldvorkommen tatsächlich erschlossen wurden? Auf die Existenz der verhassten Minderheit würde dann wohl niemand mehr Rücksicht nehmen!

Mitten in die unberührte Natur würden hier breite Zufahrtsstraßen und große Ansiedlungen für die Arbeiter gebaut und überall Bergwerke errichtet. Das wirtschaftliche Interesse an den Bodenschätzen war sicher verständlich, doch für die Tsaatan wäre das Gold ihr Ende. Schon jetzt waren ihre Weidegründe viel zu klein und sie hatten keine Möglichkeit, in ein anderes Gebiet auszuweichen.

In der Höhle des Schamanen

Wir ritten wieder zurück zur Höhle, wo wir unseren Freund gelassen hatten. Doch Mischig war nicht mehr da, auch sein Pferd war weg! Erschrocken suchten wir die Gegend ab. Nach einiger Zeit entdeckte Bata zum Glück einige Zeichen, die unser kranker Begleiter mit seinem Messer in einen Baum geritzt hatte. Aus der mir absolut unverständlichen Schnitzerei konnte Bata erkennen, dass unser Freund in eine Gegend unterhalb des *Büren Chaan*, eines nahe gelegenen Berges, ziehen wollte, da dort angeblich ein Schamane lebte, den er aufsuchen wollte. Von ihm erhoffte er sich Hilfe.

Da wir vermuteten, dass sich auch die Nomaden in dieser Gegend aufhalten würden und weil ich außerdem die Gelegenheit, wieder einmal auf einen Schamanen zu treffen, nicht auslassen wollte, zogen auch wir am nächsten Tag in diese Richtung. Mischig hatte den genauen Weg in die Baumrinde geritzt und so kamen wir ganz gut voran. Auf halber Strecke trafen wir auf einen *Owoo*. Diese Opferaltäre, die eigentlich nicht viel mehr als ein kleiner Steinhaufen waren, standen in der mongolischen Steppe, und offenbar auch hier im Gebirge, in ziemlich regelmäßigen Abständen überall herum. Bata hielt natürlich an und stieg von seinem Pferd. Vorschriftsmäßig umkreiste er den Altar dreimal und legte dann einen Jackenknopf als Geschenk ab. Diese Opfergabe konnte alles sein. Egal ob eine Dose, eine Münze, ein Kleidungsstück, oder eben ein Knopf. Wichtig war nur, dass man den Geistern irgendetwas überließ, damit sie dem Reisenden wohlgesinnt waren.

Ich folgte aus Achtung vor der mongolischen Sitte seinem Beispiel. Dieses Ritual sollte die guten Geister der Taiga wecken und sie dazu bewegen, ihre schützende Hand über uns zu halten. Ich war zwar nicht abergläubisch, aber ich hatte schon bei meiner letzten Expedition die leidvolle Erfahrung gemacht, dass man den Zorn der mongolischen Götter besser nicht auf sich zog. Damals hatte ich eine umgestürzte Steinfigur wieder aufgerichtet und damit die Toten in ihrer Ruhe gestört. Nur wenige Zeit später wäre ich beinahe den hungrigen Wölfen zum Opfer gefallen.

Wir waren schon ganz nahe an unserem Ziel, als Bata sich an mich wandte: „Georgi, du musst leider hier warten. Ich darf dich nicht bis zum Schamanen führen, denn du bist ein Fremder!“ Ich hatte schon mit so etwas ähnlichem gerechnet. Während der kommunistischen Herrschaft wurden die Schamanen wegen falscher Religionsausübung verfolgt und von russischen Gerichten, deren Sprache sie nicht einmal verstanden, verurteilt. Diese so wichtigen Figuren der mongolischen Kultur waren damals fast ausgerottet worden und waren verständlicherweise immer noch sehr misstrauisch. Erst seit kurzem wagten die Medizinmänner, die der Verfolgung entkommen waren, ihre Tätigkeiten wieder auszuüben. Der Schamane, zu dem wir unterwegs waren, hatte sich damals in einer Höhle versteckt, in der er auch heute noch lebte. Ich hatte volles Verständnis für diese Skepsis allen Fremden gegenüber, wollte mich aber nicht so einfach da-

mit zufrieden geben: „Du weißt doch ganz genau, dass ich für den Schamanen keine Gefahr darstelle.“
„Ich weiß das schon, aber der Schamane weiß das nicht. Ich muss seinen Wunsch respektieren.“
„Gibt es keine Möglichkeit für mich, den Mann kennen zu lernen?“
„Nein.“
„Warum reitest du denn nicht einfach voraus und frägst ihn, ob er mich nicht doch empfangen möchte?“
„Ich glaube nicht, dass das funktioniert, aber ich werde sehen, was ich für dich tun kann.“

Bata ließ mich alleine stehen und ritt in Richtung der Höhle. Ich bildete mir aber ein, dass er einen kleinen Umweg machte, um mich zu täuschen. Er befürchtete offenbar, dass ich ihm einfach folgen würde. Als Gastgeschenk für den Medizinmann hatte ich ihm etwas Tabak mitgegeben, denn der war in dieser Gegend rar und sehr begehrt.

Zu meiner Freude kam Bata schon nach wenigen Minuten zurück, um mich zu holen. Um ehrlich zu sein, hatte ich nicht damit gerechnet, dass er wirklich versuchen würde, den Schamanen zu überzeugen. Wir verstanden uns zwar ausgezeichnet, aber unser beider Vertrauen ineinander musste offenbar noch wachsen. „Du kannst kommen. Der Schamane hat nichts dagegen, dich zu sehen!“, rief er mir schon aus einiger Entfernung zu.

Der Schamane war ein steinalter Mann, der aber noch immer sehr viel innere Kraft und vor allem Ruhe ausstrahlte, obwohl er am ganzen Körper zitterte, als er sich erhob, um mich willkommen zu heißen. Auch mein kranker Freund Mischig begrüßte mich überschwänglich. Der Mongole war schon wieder vollkommen gesund und wollte weiter mit uns ziehen. Der Schamane hatte ihn mit einem Tee aus Kräutern und Lärchenrinde behandelt, der offensichtlich besser gewirkt hatte als meine teuren Tabletten. Dann tat der Schamane noch etwas ganz Besonderes für uns: Er nahm einen brennenden Wacholderstrauß, schwenkte ihn herum und murmelte dabei irgendetwas Unverständliches. Ich wusste noch vom letzten Mal, als ich einen Schamanen getroffen hatte, dass er jetzt die bösen Geister beschwor, dass sie von uns abließen, damit wir in aller Ruhe weiterziehen konnten.

Haltet die Hunde!

Nachdem wir den Schamanen für seine Dienste entlohnt hatten, dankten wir ihm und hofften, dass seine Geisterbeschwörungen uns auch wirklich vor allen Gefahren schützen würden, die uns jetzt noch erwarteten. Dann zogen wir weiter. Von nun an ging es stets bergab, da wir die Tsaatan wohl in deutlich tieferen Gefilden suchen mussten. Höchstwahrscheinlich hatten sie schon jetzt ihr Lager für den Herbst errichtet.

Der Zufall wollte es, dass wir nach zwei Tagen auf einen Jäger trafen, der einem Silberfuchs auf der Spur war. Diese Männer kannten die Gegend wie kaum jemand anderer, zudem beobachteten sie ihre Umgebung ganz genau – ihnen entging keine Spur. Es konnte also gut sein, dass er auch über den Aufenthaltsort der Nomaden Bescheid wusste. Nachdem wir das übliche Begrüßungsritual überraschend schnell bereits nach einer halben Stunde hinter uns gebracht hatten, fragte ihn Bata, ob er uns nicht weiterhelfen könne. Wie aus der Pistole geschossen kam die Antwort: „Ted nar medekhgui gadsart Baydag!" Bata übersetzte: „Er meint, sie sind im Tal der Ahnungslosen." Der Jäger war absolut sicher, dass die Tsaatan dorthin unterwegs waren und wohl auch den Winter dort verbringen würden. Vielleicht waren es ja die Gebete des Schamanen, die dieses glückliche Treffen bewirkt hatten.

Ich war voller Vorfreude und Ungeduld. Hatten sich all die

Strapazen also doch gelohnt? Würde es mir nun doch noch gelingen, diese kleine Minderheit tatsächlich zu finden? In den vergangenen Tagen hatten sich in mir wieder gehörige Zweifel geregt, doch jetzt schien das Glück auf unserer Seite zu sein.

So schnell wir es unseren schon etwas erschöpften Tieren zumuten konnten, zogen wir nun in dieses *Tal der Ahnungslosen*. Dieser Name war bezeichnend, denn ich hatte wirklich nicht die geringste Ahnung, was uns dort erwarten würde. Ob die Nomaden wirklich dort waren? Und selbst wenn – würden sie uns auch willkommen heißen? Wir mussten natürlich damit rechnen, dass sie gar nichts mit uns zu tun haben wollten, denn sie waren nicht gerade für ihre Gastfreundschaft bekannt. So vieles hatte ich schon über diese Minderheit gehört, doch nun war ich gespannt, wie diese Menschen wirklich waren.

Nachdem wir viele Höhenmeter abgestiegen waren, mussten wir jetzt wieder steil bergauf. Es galt einen dreitausend Meter hohen Pass zu überqueren, ehe wir in die Nähe des gesuchten Tales kamen. Das Wetter hatte sich inzwischen zum Glück gebessert, das Gebirge war also keine besondere Schwierigkeit. Doch mittlerweile hatten wir andere Sorgen – unsere Essensvorräte gingen langsam zur Neige. Wir mussten unsere Rationen schon sehr sparsam portionieren, denn es lag noch eine weite Strecke vor uns. Meinen Notproviant wollte ich nicht anrühren, denn auf der Rück

reise brauchten wir bestimmt auch noch etwas davon. Zwischendurch versuchten wir es wieder mit der Jagd, aber diesmal hatte wir auch damit keinen Erfolg. Hoffentlich bekamen wir bald etwas zu beißen, denn sonst drohte uns am Ende noch die Umkehr so knapp vor dem Ziel.

In einem kleinen Seitental lösten sich dann unsere Proviantsorgen. Eine mongolische Familie hatte hier ihre Jurte aufgebaut und wir konnten etwas Nahrung kaufen. Hartkäse, Trockenfleisch und Gerstenmehl – mehr gab es natürlich nicht, aber ich hatte mich inzwischen schon daran gewöhnt. Der Einkauf kostete mich eine ordentliche Stange Geld, in einem deutschen Delikatessengeschäft wäre der Einkauf bestimmt nicht viel teurer gekommen. Doch die Mongolen hatten selbst nicht mehr viel übrig. Uns etwas von ihren Vorräten abzutreten bedeutete für sie, dass sie ihr Lager früher abbrechen mussten, um ins nächste Dorf zu kommen, wo sie wieder neue Lebensmittel kaufen konnten. Insofern war der hohe Preis, den ich bezahlte, also schon gerechtfertigt.

Jetzt waren wir wieder gerüstet und voller Zuversicht machten wir uns auf den Weg. Die genaue Strecke kannten wir allerdings nicht, meine Begleiter wussten nur die ungefähre Richtung. So kämpften wir uns eben bergauf, bergab durch die Wildnis, überquerten zahllose eiskalte Flüsse und ich hoffte nur, dass wir irgendwann auch wirklich in diesem Tal der Ahnungslosen ankommen würden.

Obwohl die Strapazen und das immer noch kalte Wetter sehr an der Substanz zehrten, war die einmalige Landschaft der Taiga, durch die wir nun ritten, doch eine angemessene Entschädigung für all die Entbehrungen die wir auf uns nahmen. Wir ritten durch lichte Lärchenwälder und genossen das herrliche Panorama dieser einmaligen, unberührten Gegend. Verschneite Bergspitzen erhoben sich rings um uns herum und die Stille war schon fast beängstigend. Nur das Schnauben unserer Pferde und das Klappern ihrer Hufe war zu hören. Tagelang ging es nun in gemächlichem Tempo so weiter, ehe wir den letzten Pass vor uns hatten, der uns zumindest nach Batas Meinung noch vom Tal der Ahnungslosen trennte.

Von nun an ging es wieder stetig bergauf. Je höher wir kamen, desto lichter wurden die Wälder und nach einiger Zeit hatten wir die Baumgrenze erreicht. Hier war der Pfad aber noch um ein Vielfaches beschwerlicher, denn statt durch den Wald mussten wir uns jetzt unseren Weg durch dichtes Gestrüpp bahnen. In den letzten Tagen war ich immer mehr zu Fuß gegangen, denn mein verweichlichtes Hinterteil war von den unzähligen Stunden im Sattel schon ziemlich mitgenommen. Meine Füße waren da zum Glück weitaus besser trainiert. Hier oben, im dornigen Gestrüpp war ich aber gerne wieder bereit, die schmerzenden Schrunden auf meinem Hintern wieder dem harten Sattel auszusetzen, denn die unzähligen kleinen Widerhäkchen, welche die Pflanzen eigentlich vor hungrigen Tieren schützen sollten, hatten schon nach wenigen Metern aus meiner Hose einen zerrissenen Fetzen gemacht und ich wollte natürlich nicht, dass dasselbe auch mit meiner Haut passierte.

Dann endlich, nach tagelangem Bergauf, erreichten wir die Passhöhe, unter der sich das Tal der Ahnungslosen auftat. Es war ein wunderschöner Anblick. Das breite Tal schien endlos lang zu sein und durch seine Mitte schlängelte sich ein schmaler Fluss. Voller Spannung suchten wir von hier oben, wo wir beinahe das ganze Tal überblicken konnten, die Gegend nach irgendeinem Hinweis auf die Nomaden ab.

Plötzlich ein Aufschrei von Mischig: „Seht ihr die weißen Punkte dort unten? Das müssen ihre Zelte sein!“ Und tatsächlich – in der Ferne leuchteten ihre weißen Zelte und bei genauerem Hinsehen konnte man sogar dünne Rauchsäulen erkennen, die von dort aufstiegen. Wir hatten es geschafft! Überglücklich wie ich war, hätte ich am liebsten Luftsprünge gemacht. Ich konnte es kaum glauben, dass wir in den unendlichen Weiten der Taiga gerade diesen einen, winzigen Punkt entdeckt hatten. Allen Unkenrufen zum Trotz waren wir beinahe am Ziel.

Nur noch zwei Tagesritte, die wir für den Abstieg von der Passhöhe bestimmt brauchen würden, trennten uns noch vom Lager der Tsaatan. Am liebsten wäre ich gleich losgaloppiert, doch der Weg war beschwerlich und wir mussten mit Argusaugen über jeden einzelnen Schritt unserer Pferde achten. Ein kleiner Fehltritt und schon hätten sie sich ein Bein gebrochen – das hätte hier in der Wildnis ihren Tod bedeutet.

Wir waren nur noch etwa einen halben Kilometer von den weißen Zelten entfernt. Ich trat meinem Pferd in die Flanken, damit ich im Galopp auch diese kurze Distanz, die mich noch von meinem großen Ziel trennte, schnell hinter mich bringen konnte. Doch geistesgegenwärtig packte Bata meinen Gaul am Zügel und hielt mich zurück: „Langsam, mein Freund. Die Tsaatan sind sehr menschenscheu. Wenn du sie überrascht werden sie sich erschrecken und die Hunde auf dich hetzen!“ Tatsächlich hatten die Nomaden ein perfektes Hundewarnsystem. Kaum hatte Bata ausgesprochen, sprangen sie uns auch schon mit wildem Gebell entgegen. Bata rief den Tsaatan, die schon ganz neugierig aus ihren Zelten gekommen waren, irgendetwas in ihrem Dialekt zu. „Haltet die Hunde“, habe das geheißen, erklärte er mir gleich darauf. Es war die typische Begrüßung, die jeder Fremde rufen musste, ehe er sich dem Nahbereich der Zelte näherte. Es bedeutet soviel wie *Ich komme in Frieden* und führte dazu, dass die Nomaden der Aufforderung entsprechend ihre wilden Hunde zurückpfiffen. Erst dann konnte man sich ungefährdet ihrem Lager nähern.

Bata ritt wie gewohnt voraus. Er war unser Führer und kannte die Sprache der Tsaatan. Bevor Mischig und ich ins Lager kamen, wollte er abklären, ob wir überhaupt willkommen waren. Wir beobachteten, wie er wild gestikulierend mit einem Mann sprach. Mein Herz klopfte vor lauter Aufregung wie verrückt. Nach langer Zeit kam Bata wieder auf uns zu. Welche Nachricht würde er wohl bringen? Würden uns die Tsaatan willkommen heißen oder war alles umsonst?

Das Leben der Tsaatan

Schon an Batas Gesicht konnte ich erkennen, dass alles gut gegangen war. Freudestrahlend berichtete er: „Sie freuen sich auf unseren Besuch. Wir dürfen ins Lager kommen und sogar einige Tage bei ihnen bleiben!" Ich war überglücklich. Jetzt war wirklich alles perfekt und wir waren endgültig am Ziel. Als erster Europäer überhaupt bekam ich die kleinste Minderheit der Erde zu Gesicht und durfte sogar eine Zeitlang an ihrem harten Leben teilhaben. Auch Mischig und Bata waren ganz offensichtlich froh, dass alles doch noch so gut gelaufen war.

Glückselig ritten wir gemeinsam auf die kleine Ansiedlung zu. Das Oberhaupt des Nomaden-Stammes kam uns auf halbem Weg entgegen, um uns gebührend zu empfangen. Er saß ganz stolz auf einem weißen Rentierbullen und verzog keine einzige Miene. Zunächst zischte er irgendetwas in Richtung der Hunde. Ich verstand davon kein Wort, die Tiere aber offenbar schon. Sofort beendeten sie ihr furchterregendes Gebelle und kamen schwanzwedelnd auf uns zugelaufen. Dann begrüßte mich der Tsaatan mit den Worten: „Eki haragische!" Auf mongolisch hieß das soviel wie *Sei willkommen, fremder Mensch.* „Ekoa!", erwiderte ich. Das war der Gruß in der Sprache der Tsaatan, soviel hatte ich mir zuvor schon angeeignet. Unser Gastgeber war offenbar sehr überrascht, dass ich, der Fremdling, ihn in seinem Dialekt begrüßte und honorierte das mit einem kurzen Lächeln.

Im Schritt ritten wir dann gemächlich weiter auf das Lager zu, der Nomade führte uns mit seinem Rentier an. Es war schon ein seltsames Bild, wie das nur etwa einen Meter und zwanzig Zentimeter große Tier mit dem schweren Mann auf seinem Rücken dahinstolzierte, oder vielmehr wankte. Zunächst kamen wir an einem Pferch vorbei, in dem die jungen Rentiere, wie ich später noch beobachten konnte, über Nacht eingeschlossen wurden, damit sie nicht von Raubtieren gerissen werden konnten. Wölfe waren hier nämlich keine Seltenheit. Nicht zuletzt deshalb legten die Tsaatan auch so viel Wert auf ihre riesigen, furchterregenden Hirtenhunde. Sie konnten gemeinsam sogar ganze Wolfsrudel in die Flucht schlagen.

Die Zelte der einzelnen Familien lagen weit auseinander, dazwischen lagerten an Pflöcken angebunden die gezähmten weiblichen Rentiere. Ihre Milch war das Grundnahrungsmittel der Nomaden. Noch bevor uns die anderen begrüßen konnten, bat uns der Stammesälteste in sein Zelt, um uns einen Willkommenstrunk zu reichen. In einer aus Birkenrinde hergestellten Schale servierte er uns warme Rentiermilch, dazu gab es ein Stück getrocknetes Rentierfleisch. Mit dem Fleisch erwies uns Gambuxu, so hieß der Mann, eine besondere Ehre, denn die Tsaatan schlachten ihre Tiere nur ganz selten oder in absoluten Notfällen. Rentierfleisch gilt daher, obwohl es eigentlich im Überfluss vorhanden war, als delikate Rarität.

Ich hatte damit gerechnet, dass wir wieder eine endlose Begrüßungszeremonie über uns ergehen lassen mussten, aber dem war nicht so. Gambuxu war äußerst wortkarg und stellte keine Fragen. Es schien ihn auch nicht besonders zu interessieren, woher wir kamen und warum wir jetzt hier waren. Wir waren eben seine Gäste und damit hatte sich die Sache. Woher ich kam, wollte er letztendlich aber doch noch wissen, denn einen so sonderbaren Menschen wie mich hatte er überhaupt noch nie gesehen. Von Europa hatte er noch nie gehört. Er wusste nicht einmal, dass es außer Sibirien, China und der Mongolei noch andere Länder auf dieser Erde gab.

Nachdem der Alte mit uns fertig war, mussten wir natürlich in den anderen fünf Zelten die gleiche Zeremonie noch jeweils einmal über uns ergehen lassen. Die Menschen waren freundlich und neugierig, aber doch wesentlich schüchterner und distanzierter als beispielsweise die Mongolen. Es war leicht zu erkennen, dass sie nur selten Fremde in ihrer Nähe duldeten.

Die Tsaatan waren eigentlich gar keine Mongolen, sondern ein Turkvolk, das ethnisch zu den Tuba gehörte, die jenseits der Grenze im Süden Sibiriens in einer autonomen Republik lebten. Dort gab es heute noch etwa hundertundsechzigtausend Tuba, die freilich vollkommen russifiziert waren und mit den noch sehr ursprünglichen Tsaatan so gut wie nichts mehr gemeinsam hatten.

Nachdem ich alle Stammesmitglieder begrüßt und ein wenig kennen gelernt hatte, wies mir Gambuxu einen Platz zu, an dem ich mein Zelt errichten durfte. Meine Begleiter durften im Urts einer Familie übernachten. Als dann mein kleines, leuchtend buntes Bergsteigerzelt fertig aufgebaut war, kamen zunächst die Kinder und jungen Leute, später aber auch die Erwachsenen, um diese luxuriöse Behausung neugierig zu bewundern und zu begutachten. Ihre Zelte waren wesentlich einfacher als dieses. Anders als die Jurten der Mongolen waren es keine Kuppelzelte, sondern sogenannte Urts. Sie erinnerten ein wenig an die Tipis der Indianer. Als Gerüst für diese Zelte dienten etwa ein Dutzend lange Holzstangen, die zylinderförmig in den Boden gesteckt wurden und oben ineinander verkeilt waren. Um dieses Gestänge wurden einfache Planen und Decken gebunden, der Eingang wurde nur von einem Tuch verdeckt. In der Mitte jedes Urts war natürlich der obligatorische Ofen, wie ich ihn auch aus den Jurten schon kannte. Der Boden war nicht isoliert, lediglich ein paar Felle dienten als Sitz- und Schlafgelegenheiten. Ringsherum war dann noch der Hausrat aufgestellt, allerdings gab es da nicht viel. Ein paar Eimer, Schüsseln und Decken sowie einige Mehlsäcke waren in der Regel alles, was die Zelte an Interieur zu bieten hatten.

Diese spartanische Schlichtheit hatte mehrere Gründe. Zuerst mussten die Tsaatan immer für einen schnellen Aufbruch bereit sein. Sie waren von ihren Rentierherden abhängig und mussten mit ihnen ziehen, wenn das Futter knapp wurde. Der Hauptgrund war aber die Armut, welche die Tsaatan in den vergangenen Jahrzehnten noch verstärkt heimgesucht hatte.

Der Grund dafür war einmal mehr die Grenze zwischen Sibirien und der Mongolei. Während sie früher noch uneingeschränkt und frei durch die gesamte Taiga ziehen konnten, waren die Tsaatan heute mehr oder weniger Gefangene. Das Gebiet, in dem sie sich heute noch ungehindert bewegen konnten, umfasste zwar immer noch eine Fläche, die fast so groß war wie ganz Österreich. Aber durch die Schließung der Grenzen waren wichtige Märkte verloren gegangen, an denen sie ihre einzigen Güter, die Felle und das Fleisch ihrer Rentiere, an den Mann bringen konnten. Die Tsaatan lebten jetzt in wirtschaftlicher Isolation.

Wir durften länger bleiben, als nur die geplanten Tage. In den folgenden Wochen studierte ich eingehend das Leben dieser kleinen Minderheit, über die in der Mongolei zwar viele Gerüchte kursieren, über die aber kaum jemand etwas Genaueres weiß. Meines Wissens waren wir die ersten Fremden, die eine so lange Zeit mit ihnen verbringen durften.

In erster Linie lebten diese Menschen natürlich von ihren Rentieren, von denen jede Familie etwa zweihundert besaß. Die meisten der Tiere waren halbwild und fraßen in der Umgebung des Lagers hauptsächlich Flechten und Moose. Es war nicht etwa so, dass die Tsaatan ihre Herden von Ort zu Ort trieben, vielmehr folgten sie den Tieren, die sich selbständig ihre Weideplätze auserkoren.

Einige junge Bullen werden als Reittiere gezähmt, die Kühe nur soweit, dass sie sich melken ließen. Ansonsten ziehen es die Nomaden vor, in den Wäldern der Taiga zu jagen. Dazu legten sie in erster Linie Fallen aus, denn sie besaßen zwar Gewehre, aber Munition war Mangelware. Für eine einzige Patrone tauschten sie auf den Märkten, die sie ab und zu besuchten, gerne einen wertvollen Zobelpelz. Aus den Hülsen mussten sie dann noch die Hälfte des Pulvers entfernen, denn sonst wären die alten Waffen beim Schuss geplatzt. Einige der Gewehre mussten irgendwie von der Wehrmacht hierher gekommen sein – man konnte immer noch die eingravierten Hakenkreuze erkennen.

Einmal, es war in der zweiten Woche unseres Besuchs, durfte ich Tschadrawal, einen jungen Mann, beim Fallenstellen begleiten. Er war der einzige, der sich ab und zu mit mir unterhielt und mir auch vom Leben seines Volks erzählte, vom Rest des Stammes waren wir eher nur geduldet. Die Tsaatan waren eben kein sehr kommunikatives Volk. Auch Abends mieden sie eher die Gesellschaft. Nach getaner Arbeit verbrachten sie den Rest des Tages in ihren Zelten. Tschadrawal war anders. Er war lebendig und sehr aufgeschlossen und sprach sogar ein bisschen Russisch, was die Kommunikation mit ihm natürlich ungemein erleichterte. Am liebsten hätte er sich den ganzen Tag über mit mir über ferne Länder und fremde Völker unterhalten. Einmal hatte er mir im Vertrauen erzählt, dass er den Stamm gerne verlassen würde, um sich irgendwo anders eine neue Existenz aufzubauen – aber er wusste nicht wohin.

Wir streiften lange durch die dichten Wälder, bis wir einen geeigneten Platz für die Falle gefunden hatten. Dafür, dass die Tsaatan über keinerlei technische Kenntnisse verfügten, war die Falle eine bemerkenswerte Konstruktion.

Sie erinnerte irgendwie an eine Armbrust. Wenn sich ein Tier in der Spannschnur verfing, wurde es von einem Pfeil durchbohrt. Ich wollte natürlich beobachten, wie dieses System in der Praxis funktionierte: „Komm, legen wir uns da hinten auf die Lauer!“ Tschadrawal lachte: „Glaubst Du, die Tiere hier sind dumm? Wenn wir in der Nähe bleiben, werden wir nie etwas fangen. Wir gehen zurück ins Lager und kommen morgen wieder her, um unsere Beute zu holen.“ Insgesamt ein halbes Dutzend solcher Fallen versteckten wir im Unterholz.

Am Heimweg erzählte mir der junge Mann von seinen Träumen: „Am liebsten würde ich nach Russland gehen und dort in einer großen Stadt wohnen. Hier habe ich keine Zukunft. Mein Volk ist arm und es wird uns schon bald nicht mehr geben. Ich möchte irgendwo in einer Fabrik arbeiten und eine Familie gründen. Nicht einmal das kann ich hier tun!“ Mir war schon klar, dass es mit der Familiengründung etwas schwierig war, denn es gab so gut wie keine Auswahl. Geheiratet wurde nur innerhalb eines Stammes, jedoch nicht aus Tradition, sondern weil es keine andere Möglichkeit gab. Außerhalb ihrer kleinen Volksgruppe waren die Tsaatan derart verachtet, dass sie nie einen Partner finden konnten. Sie lebten mit demselben Problem, mit dem auch in Europa die Zigeuner kämpfen. Für Tschadriwal gab es aber noch aus einem anderen Grund keine Chance: „Nur der älteste Sohn darf eine neue Familie gründen und ein eigenes Zelt haben. Die Jüngeren, zu denen auch ich gehöre, müssen bis zum Tod ihrer Eltern bei ihnen bleiben.“

Seine Zukunftsaussichten waren wirklich nicht gerade rosig. Ich wünschte ihm, dass er den Absprung schaffen würde und traute es ihm auch zu. Tschadriwal war intelligent und hatte auch den nötigen Willen, um etwas zu erreichen. Immerhin hatte er sich, wie er mir anvertraute, die russische Sprache ganz alleine, nur mit Hilfe eines Schulbuches, das er heimlich auf einem Markt gekauft hatte, angeeignet. Ich war verwundert. Die Tsaatan konnten doch nicht einmal lesen, sie waren allesamt Analphabeten. Wie konnte er also mit Hilfe eines Buches etwas lernen? „Dajan, einer der Alten, hat den Stamm einmal für einige Jahre verlassen. Er war in Ulan Bator. Er hat mir später das Lesen beigebracht."

Am nächsten Morgen marschierten Tschadriwal und ich wieder los, um nach der Falle zu sehen. Auch diesmal unterhielten wir uns wieder lange über das Leben in der Taiga. Offenbar war ich doch nicht der erste Europäer, den sie zu Gesicht bekommen hatten. Mein junger Freund erzählte mir von einem Wissenschaftler aus der ehemaligen DDR, der vor vielen Jahren, als die Mongolei noch unter russischer Herrschaft stand, hergekommen war, um eine Seuche zu bekämpfen, die damals den Rentierbestand um mehr als zwei Drittel reduziert hatte. Es war ihm gelungen und er wurde bei den Tsaatan immer noch als Held verehrt. „Aber die meisten von meinem Stamm haben geglaubt, dass er ein Russe war. Ich war damals noch ein kleiner Junge, aber ich kann mich heute noch an ihn erinnern. Er hat zwar unsere Tiere gerettet, aber zu uns war er alles andere als freundlich.

Es war damals eine harte Zeit für uns und wir haben kaum etwas zu essen gehabt. Trotzdem hat er uns nie etwas von seinen Vorräten abgegeben."

In der Falle hatte sich tatsächlich ein Vogel verfangen, der ähnlich aussah wie ein Rebhuhn, aber etwas kleiner war. Wir klapperten auch die anderen Fallen ab, doch hier hatten wir weniger Glück. Der Vogel war die ganze Beute. „Macht nichts, morgen komme ich noch einmal her", meinte Tschadriwal.

Während die Männer jagten, kümmerten sich die Frauen um das Lager und die Herden. Die Rentiermilch verarbeiteten sie hauptsächlich zu Hartkäse, dem sogenannten *Aarnul*, der zwar etwas eigenartig, wenn man sich an sein strenges Aroma gewöhnt hatte, aber hervorragend schmeckte. Jetzt war mir auch endlich klar, was diese kleinen Päckchen waren, die in jedem Zelt hingen: Es war Käse, der dort über dem Feuer trocknete.

Es mochte schon stimmen, dass sich die Tsaatan an keine Gesetze hielten. Wie sollten sie auch – hier in der Taiga gab es nur jene Zwänge, welche die Natur ihnen auferlegte. Dennoch waren sie alles andere als asozial. Die Arbeitsteilung funktionierte perfekt, die Familien waren ein eingespieltes Team. Während sich die Männer um die Fleischbesorgung und den Schutz des Lagers kümmerten, waren die Frauen, die übrigens hoch geachtet waren, für die gezähmten Tiere und das Lager selbst verantwortlich. Und sogar die Kinder packten mit an, wo es nur ging: Sie sammelten Feuerholz, holten Wasser vom Fluss und halfen den Erwachsenen, einfachere Arbeiten zu verrichten. Zwischendurch fanden sie aber immer noch Zeit zum Spielen und Scherzen.

Mittlerweile waren auch die anderen Stammesmitglieder etwas aufgeschlossener geworden und wenn Bata, Mischig und ich auch noch nicht ihre Freunde waren, so waren wir zumindest ihre Gäste. Ohne die Hilfe meiner Begleiter konnte ich ohnehin nur mit Tschadriwal kommunizieren. Mehr war auch nicht nötig, denn der Rest der Tsaatan kümmerte sich ohnehin lieber um seine eigenen Angelegenheiten. Nur hin und wieder brachten mir die Frauen ein wenig Käse ins Zelt oder luden mich auf eine Schale Rentiermilch ein.

Einmal kam Suryin, eine der Frauen, zu meinem Zelt und brachte mir ein wenig Gerstenmehl. Sie hatte blau geschwollene Augen und eine blutige Wunde auf der Stirn. Auch ihre Lippen waren aufgeschlagen und ihr fehlte ein Zahn. Ich konnte sie leider nicht fragen, was mit ihr geschehen war, doch ich vermutete, dass ihr Mann sie geschlagen hatte. Ich ging sofort zu Bata und fragte nach, ob er wusste, wer oder was sie so übel zugerichtet hatte. „Ihr Mann hat bestimmt zu viel Arkhi, das ist so eine Art Wodka, getrunken. Das passiert hier öfter. Wenn sie zuviel saufen, werden sie aggressiv und schlagen ihre Frauen, manchmal sogar bis zum Tod“, erklärte er mir. Ich war entsetzt über so viel Gewalt. Überhaupt waren die Tsaatan ein äußerst aggressives Volk und auch ich hatte schon gemerkt, dass man ihnen besser aus dem Weg ging, wenn sie zuviel getrunken hatten. Ihr Umgang miteinander war oft brutal und herzlos. Andererseits kümmerten sie sich auch rührend um ihre Familienmitglieder und waren wirklich äußerst freundliche und zuvorkommende Menschen. Ihre plötzlichen Stimmungsschwankungen machten mir mitunter Angst. Bestimmt lag das auch an ihren harten Lebensbedingungen, denn wer hier in der Taiga Schwäche zeigte, hatte kaum eine Chance. Das nächste Problem war der Alkohol. Bis vor nicht allzu langer Zeit hatten die Tsaatan noch gar keinen Schnaps gekannt, heute versuchten sie alle ihre Sorgen mit dem Teufelszeug wegzuspülen. Es war wie bei vielen anderen Naturvölkern auch – der Alkohol, den die Zivilisation ihnen gebracht hatte, war oft ihr Untergang.

Erst jetzt wurde mir klar, dass die Frauen meist gar nicht aus reiner Gastfreundschaft zu mir ins Zelt gekommen waren. Sie mussten sich vor ihren wild gewordenen Gatten verstecken und suchten Zuflucht.

Auf den Rücken der Rentiere

Wir waren jetzt schon die dritte Woche bei den Nomaden der Taiga und nach ihrer anfänglichen Distanziertheit hatte ich mittlerweile hier auch schon einige Freunde gewonnen. Vor allem die Kinder kamen immer wieder zu mir und bestaunten mein Hab und Gut. Besonders fasziniert waren sie vom Blitz meines Fotoapparats, denn sie waren fest davon überzeugt, dass so etwas nur ein Zauberer konnte.

Die Alukiste mit meinen Vorräten, auf die ich jetzt manchmal zurückgriff, hatte ich jedoch in meinem Zelt verstaut und hielt sie unter Verschluss. Immer wieder kamen Jung und Alt, um zu fragen, was denn in der geheimnisvollen Kiste war. Ich hütete das Geheimnis jedoch wie meinen Augapfel, denn mir war klar, wenn diese Menschen, die mit so wenig Nahrung auskommen mussten, meinen Proviant entdeckten, würde nichts mehr für mich übrig bleiben.

In unbemerkten Momenten holte ich manchmal ein wenig Kraftnahrung aus meiner Kiste und rührte sie mit Wasser an. So war es auch diesmal, als plötzlich ein lautes Getöse zu hören war und der Boden unter meinem Zelt erzitterte. Neugierig sah ich nach, was da draußen los war. Eine große Rentierherde donnerte den nahegelegenen Hügel herab, geradewegs auf unser Lager zu. Einige Meter voraus rannte ein riesiges weißes Tier. Es war ein Bild wie aus einem Märchenbuch! Sofort packte ich meine Kamera und lief der Herde entgegen. Dieses Foto musste ich einfach haben.

Als ich dann wieder zu meinem Zelt ging, um endlich zu essen, war nichts mehr da – die Hunde hatten alles aufgefressen, was sie erwischen konnten. Sogar die Konservendosen hatten sie angebissen, sie waren aber zum Glück trotz ihrer kräftigen Kiefer nicht zum Inhalt durchgekommen. Ich wollte mir gerade eine gute Suppe zubereiten, als Gambuxu mich aufsuchte. Mit Händen und Füßen verdeutlichte er mir, dass er Magenschmerzen hatte. Er machte mir auch unmissverständlich klar, dass er Medizin von mir haben wollte. Ich zögerte ein wenig, denn aus Erfahrung wusste ich, dass es nicht immer gut war, solchen Naturmenschen unsere Pharmabomben zu geben, denn in den meisten Fällen hatten sie immer gute Naturmedizin, die normalerweise auch hilft. Aber Gambuxu hörte nicht auf zu jammern und so gab ich schließlich nach.

Mit dieser gut gemeinten Tat hatte ich aber eine Lawine ins Rollen gebracht, wie ich es vorher nicht für möglich gehalten hatte. Das Stammesoberhaupt hatte offensichtlich gleich allen anderen erzählt, dass ich über wundersame Heilmittel verfüge. Nun stand die ganze Sippe vor meiner Tür und jeder deutete auf seinen Kopf, seinen Bauch oder auf irgendeinen anderen Körperteil, der gerade ein wenig schmerzte. Jetzt war ich wirklich in einer Zwickmühle. Einerseits konnte ich meinen Gastgebern ja nicht die Hilfe verweigern, andererseits hatte ich fast nur Tabletten dabei, die für absolute Notfälle vorgesehen und dementsprechend stark waren. Also gab ich ihnen nur harmlose Salztabletten und siehe da – auch die halfen!

Von jetzt an war ich bei den Tsaatan hoch angesehen, schließlich hatte ich wie durch ein Wunder alle ihre Wehwehchen geheilt. Letztendlich hatte die Sache also doch etwas Gutes. Jetzt hatte ich das Vertrauen dieser skeptischen Menschen endlich gewonnen. Von nun an war ich in jedem Zelt ein gern gesehener Gast.
Auch in der geschützten Tallage waren die Nächte mittlerweile ziemlich kalt und obwohl ich einen warmen Schlafsack und dicke Kleidung mit hatte, fror ich nachts ganz erbärmlich. Mischig und Bata, die ja bei einer Familie schliefen, hatten es besser, denn in ihrem Zelt gab es einen Ofen. Ich kroch morgens immer schon sehr früh aus den Federn, um mich durch Bewegung ein wenig anzuwärmen. Das Bild, das sich mir dann im Lager bot, entschädigte mich jedes Mal aufs Neue. Es war eine eigenartige Stimmung, wenn die Frauen im Morgengrauen zu den Rentierkühen gingen, um sie zu melken. Dichte Nebelschwaden hingen über dem Boden und der Atem von Tieren und Menschen dampfte durch die grimmige Kälte. Das Gras und das Gestrüpp glänzten im Morgenlicht, denn alles war mit Rauhreif überzogen.

Anschließend trieben die Männer die Rentiere wieder hinaus in die unendliche Taiga, damit sie dort fressen konnten und gingen dann auf die Jagd und kontrollierten die Fallen. Es war eine eigenartige Geschäftigkeit, die in den ersten Stunden des Tages im Lager herrschte.

Mir gegenüber benahmen sich die Tsaatan in den letzten Tagen wieder sehr unterschiedlich. Es konnte sein, dass sie mich und meine Freunde in ihre Zelte riefen, ihre Pfeife rauchten und uns stundenlang von ihrem Leben erzählten. Dann plötzlich, ohne erkennbaren Grund, sprangen sie auf, beschimpften uns und warfen mich und meine Begleiter aus dem Zelt. Sie waren wirklich unberechenbar in ihrer Art. Das eine Mal waren sie sanftmütig wie ihre zahmen Rentiere, das andere Mal waren sie hart und brutal wie das Klima, mit dem sie jeden Tag kämpften.

Schon die Kinder waren hart im Nehmen. Ich konnte es kaum glauben, wie hier die Babys gewickelt wurden. Dazu wurde einfach ein Tuch auf den Boden gelegt, darauf kam trockenes Gras, darauf wieder ein altes Tuch. Dann wurde das kleine Kind in diese kratzige Packung eingewickelt und wie ein Paket verschnürt. Nur das Gesicht schaute aus dem Ganzen noch hervor. Nachts wurde dieses Bündel dann zum Schutz vor wilden Tieren einfach an einer Zeltstange aufgehängt. Es war mir unerklärlich, aber die Kinder duldeten das alles ohne Geschrei.

Ich konnte keinen Handgriff tun, ohne dass ich dabei zumindest von einem dieser Menschen beobachtet wurde. So konnte ich natürlich auch meine Essensvorräte nicht für immer geheim halten. Die Tsaatan wussten inzwischen nur zu genau, was ich da in meiner Kiste verborgen hielt. So kam es wie es kommen musste.

Die Nomaden hatten nur mehr sehr wenig zu essen, sie wussten nicht mehr, wie sie über den Winter kommen würden. Sie verfügten zwar über ihre riesigen Herden, aber ihre Rentiere schlachteten sie nur in äußersten Notfällen oder zu ganz besonderen Anlässen. Immer öfter kamen jetzt Erwachsene und Kinder hungrig an mein Zelt und zeigten unmissverständlich, dass sie etwas zu beißen haben wollten. Ich befand mich dadurch in einer äußerst prekären Situation. Schließlich hatten auch sie mir immer wieder etwas von ihren Speisen abgegeben und auch wenn es nicht viel war, es fehlte ihnen jetzt. Natürlich wollte ich sie auf keinen Fall verärgert, waren sie doch im Großen und Ganzen immer freundliche Gastgeber gewesen. Andererseits musste ich aber auch an mich und meine Begleiter denken, denn wir hatten noch einen langen Rückmarsch vor uns, an dem es aller Voraussicht nach keine Möglichkeit geben würde, neuen Proviant zu besorgen.

Ich wusste aber auch ganz genau, wie brutal die Tsaatan werden konnten. Mit gemischten Gefühlen öffnete ich also meine geheimnisvolle Schatzkiste und verteilte einen großen Teil meiner Vorräte an die hungrigen Nomaden. Doch wovon sollten Bata, Mischig und ich jetzt leben? Als ich dann aber die strahlenden Augen der Kinder sah, hatte ich diese Sorge schnell wieder vergessen. Auch die Erwachsenen zeigten sich überaus dankbar und behandelten mich noch besser als zuvor. Davon konnte ich aber leider auch nicht satt werden. Innerhalb von zwei Tagen hatte ich dann sämtliche Lebensmittel unters Volk gebracht, denn die Tsaatan ließen nicht von mir ab, bevor die Kiste endgültig leer war.

Jetzt blieben mir und meinen Freunden nur noch zwei Möglichkeiten. Entweder, wir traten unverzüglich die Heimreise an oder aber wir blieben hier und ernährten uns von dem, was uns die Tsaatan von ihren kargen Vorräten abgaben. Dass das nicht viel sein konnte, war uns durchaus bewusst, aber wir entschieden uns trotzdem für die zweite Möglichkeit. Es war ja nicht das erste Mal, dass ich auf einer Expedition mit sehr wenig Nahrung auskommen musste.

Ab jetzt gab es nichts mehr, außer Gerstenbrei, Dörrfleisch und Rentierkäse und auch das nur einmal am Tag. Mit Wehmut dachte ich an meine Salami, das Schwarzbrot und die Kraftnahrung. Allerdings konnte ich ja zu Hause wieder so viel essen, wie ich wollte – die Menschen hier hatten hingegen nicht die geringste Aussicht auf bessere Zeiten.

Eines Abends saß ich wieder einmal bei einer Familie im Zelt. Hier erlebte ich zum ersten Mal, wie die Tsaatan ihre Kinder in den Schlaf sangen. Mit Musik nach westlicher Vorstellung hatte dieses tiefe Brummen jedoch herzlich wenig zu tun. Man mochte vermuten, es käme aus der Kehle eines Bären, doch es war die Großmutter, die diese sonderbaren Geräusche aus der Tiefe ihres Brustkorbes hervorbrachte. Aber die Geschmäcker waren eben verschieden – dem Baby schien es zu gefallen. Die tiefe Bassstimme schien beruhigend auf das Kind zu wirken, jedenfalls war es binnen Minuten eingeschlafen.

Auch mich hatte der melancholische Singsang schläfrig gemacht und ich verzog mich in mein Zelt. Wie in jeder Nacht herrschte auch jetzt wieder vollkommene Ruhe, bis auf das leise Grunzen der Rentiere. Es war kalt. Ende August war der Herbst hier schon eingezogen und sogar für die abgehärteten Tsaatan war es viel zu kalt für August.

Die Temperaturen lagen jetzt auch tagsüber schon unter dem Gefrierpunkt. Die meisten Kinder waren nur mit dünnen Pullovern bekleidet, hatten oft nicht einmal eine Hose oder Schuhe! Als sie so vor mir standen, wurde ich natürlich vom Mitleid überrollt. Sofort holte ich aus dem Zelt meine Reservekleidung und verteilte unter den Kindern alles, was ich nur irgendwie entbehren konnte. Ein paar T-Shirts und Pullover wurden dann sogar zu Hosen umfunktioniert: Die Kinder schlüpften mit den Beinen durch die Ärmel und mit einem Strick um den Bauch wurde das neue Kleidungsstück dann gehalten. Der Halsausschnitt war plötzlich der Hosenschlitz – eigentlich ja ganz praktisch. Wie gut es uns Europäern doch ging! Alle, die das Gegenteil behaupteten und herumjammerten, hätte ich jetzt gerne an diesen Ort gebracht. Wenn sie diese ärmlichen Bilder sehen würden, wären sie mit ihrem Leben bestimmt auf einen Schlag wieder zufrieden gewesen.

Als ich am nächsten Morgen erwachte, herrschte bereits eine geschäftige Unruhe im Lager, wie ich sie hier bislang noch nicht erlebt hatte. Auch Bata war schon wach und half den Tsaatan beim Abbau ihrer Zelte. Als er mich erblickte, kam er zu mir herüber und erklärte mir den Umtrieb: „Es ist zu kalt. Die Rentiere sind in ein tiefer gelegenes Gebiet gezogen und die Tsaatan müssen ihnen folgen. Wenn wir mitkommen wollen, musst du dich beeilen. Mischig und ich sind schon fertig." Was für eine Frage. Natürlich wollte ich die Tsaatan begleiten. Noch nie zuvor war ihnen ein Fremder beim Umzug willkommen gewesen, doch uns hatte man es sogar angeboten. Freilich war mir klar, dass diese Wanderung alles andere als ein Spaziergang werden würde, aber ich wollte mir diese einmalige Gelegenheit nicht durch die Finger gehen lassen.

Also half auch ich unseren Gastgebern bei der sorgfältigen Verpackung ihrer Behausungen. Alles musste genauestens geplant und ausgeführt werden, damit auch ja der gesamte Besitz auf die Tragtiere gepackt werden konnte. Unterwegs durfte dabei natürlich nichts verloren gehen, denn die Tsaatan können nicht so einfach in ein Kaufhaus gehen und sich etwas Neues kaufen. Alles, was sie besaßen, war für sie unersetzlich. Es war ein logistisches Meisterwerk, wie diese angeblich so chaotischen Menschen das alles auf die Reihe bekamen. Das einzige, was liegen blieb, waren die langen Zeltstangen. Sie waren an jedem Lagerplatz zur Genüge vorhanden und konnten ja im nächsten Jahr wieder verwendet werden. Die Stangen wären also nur unnötige Last für die ohnehin schon schwer beladenen Tiere gewesen.

Inzwischen war so gut wie alles verstaut und auf den Rentieren festgezurrt, nur das drei Monate alte Baby lag noch in seiner üblichen Verpackung auf dem Boden. Doch nicht mehr lange, denn es wurde mit einem eigens konstruierten Gestell, das einem modernen Kindersitz schon ziemlich nahe kam, ebenfalls auf den Rücken eines Tieres geschnallt. Mit einem Strick wurde es dann noch „angegurtet" und zum Schutz gegen Sonne, Wind und Kälte wurde aus einer

Decke noch eine Art Zelt darüber gebaut. Nun wurden nur noch die Tragtiere mit einem Seil zusammengebunden und schon ging es los.

Erst jetzt stellte ich fest, dass die Tsaatan auch einige Pferde besaßen, die in den letzten Wochen einfach frei herum gelaufen waren. Nun dienten sie einigen Männern als Reittiere, während Frauen und Kinder auf den zahmen Rentieren saßen. Anfangs war das Tempo sehr hoch, denn es wurde von den frei laufenden Rentieren bestimmt. Hier oben gab es für sie kaum noch Nahrung – also wollten sie so schnell wie möglich weiter.

Unser Tross musste ein kurioses Bild abgegeben haben. Er bestand aus vierundzwanzig Menschen, etwa sechzig Pferden und hunderten von Rentieren. Auch die Hunde liefen frei mit und streunten ein wenig herum. Vermutlich waren sie auf der Jagd nach etwas Essbarem, aber am Abend kamen sie immer wieder brav zurück zum Nachtlager.

Allmählich wurde das Weiterkommen schwieriger. Der nicht vorhandene Weg führte uns durch dichtes, kniehohes Gestrüpp, mit dem auch die Tiere ihre Probleme hatten. Dann mussten wir wieder unzählige eiskalte Bäche und Flussläufe überqueren. Bis die ganze Karawane sicher am anderen Ufer angekommen war, verging natürlich jedes Mal enorm viel Zeit.

Ich war erstaunt, wie sicher schon die kleinen Kinder auf den Rücken ihrer Rentiere saßen. Die Kleineren waren meist irgendwo zwischen den Gepäckstücken verstaut, die etwas Älteren saßen obenauf. Trotz des schwierigen Geländes, ja sogar wenn die Tiere in die Flüsse sprangen und am anderen Ufer die oft steile Böschung wieder hinaufkletterten blieben die Kinder ganz ruhig sitzen. Nie hörte ich eines von ihnen jammern oder gar weinen – sie hatten von Geburt an gelernt, mit ihrem harten Leben in der Wildnis zurecht zu kommen.

Nach einigen Tagen erreichten wir einen Platz am Oberlauf des *Tingis-Flusses*, der geeignet war, um ein Zwischenlager zu errichten. Hier hatten die Rentierherden Halt gemacht, denn es gab zumindest für die nächsten paar Tage wieder genügend Futter. Die Tiere waren schnell abgeladen, aber ausgepackt wurde nur das Nötigste. Während die Frauen Feuerstellen errichteten, holten die Männer Stangen für die Zelte. Am Abend wurde dann, ganz entgegen der Sitte in den großen Lagern, zusammen gekocht und gegessen. Es war ein harmonisches Bild, wie sie hier so alle zusammen am Feuer saßen. Die Männer rauchten ihre typischen Pfeifen, rings um das Lager spielten die Kinder. Sie hatten nur das Notwendigste zum Leben, aber an diesem Abend wurde mir bewusst, dass sie auch gar nicht mehr brauchten.

Das Einzige, auf das sie nicht verzichten konnten, war ihre Freiheit. Deshalb war es der Regierung auch nie gelungen, die Tsaatan seßhaft zu machen. Immer wieder wurde das versucht, entweder mit verlockenden Versprechungen, oder mit brutalem Zwang. Doch so oft die Regierung diesen Versuch unternommen hatte, so oft war er gescheitert.

Immer wieder waren die Nomaden zurück in die Berge gezogen. Ihr Wandertrieb war weitaus stärker als alles andere.

Die Nacht war bitterkalt. Ich hatte meine gesamte Zusatzkleidung an die Kinder verschenkt, also blieb mir nichts anderes übrig, als mich in die schmutzigen Filzdecken einzurollen, die wir sonst den Pferden auf den Rücken legten. So rochen sie auch, aber sie halfen wenigstens gegen die klirrende Kälte.

Drei Tage später waren auch hier alle Flechten und Moose von den Rentieren verspeist, es war also Zeit für den nächsten Umzug. Ohne ein weiteres Zwischenlager wollten die Tsaatan jetzt ins *Tal der warmen Winde*, wo sie bis zum nächsten Frühling bleiben würden. Nach dem Abmarsch deutete nichts darauf hin, dass hier Menschen einige Tage verbracht hatten. Alles, sogar die Essensreste, wurden wieder eingepackt und mitgenommen. Oft wurde behauptet, die Tsaatan wären ein schmutziges Volk, doch hier konnte sich jeder „zivilisierte" Mensch ein Beispiel nehmen. Es stimmte zwar, dass sie sich nicht gerade häufig wuschen, doch lag das nicht an ihnen, sondern an der Kälte. Ich möchte denjenigen sehen, der sich bei Temperaturen, die im Winter oft bis fünfzig Grad unter Null fallen, im Freien wäscht.

Bevor wir endgültig aufbrachen, stellte sich noch eine Frau mit einer Büchse voller Milch vor der versammelten Karawane auf und spritzte die Flüssigkeit in alle vier Himmelsrichtungen. Dies galt als Opfer für die Götter der Taiga. Sie sollten uns auf unserem schwierigen und oft auch gefährlichen Weg zur Seite stehen.

Zwar mit knurrendem Magen, aber äußerst beeindruckt von den positiven Erlebnissen der letzten Tage setzte ich mich auf mein Pferd und schon ging es mit vollem Tempo weiter. Die Herde war schon wieder ein ganzes Stück voraus. Erst nach einigen Stunden hielten wir zum ersten Mal an. Wir standen vor einer großen Lärche, die völlig allein auf einer großen Wiese in den klaren Himmel wuchs. Die Tsaatan stellten sich gesammelt vor den Baum und wieder spritzte die Frau Milch, diesmal auf den Boden vor der Lärche. Bata erzählte mir später, dass es sich dabei um eine Totenfeier gehandelt hatte, denn an dieser Stelle hatten sie im Vorjahr einen Mann verloren, der aufgrund einer schweren Krankheit die Reise nicht mehr geschafft hatte. Nach alter Sitte wurde er unter dem Baum, das Gesicht in Richtung zur aufgehenden Sonne, begraben.

Bereits seit ich aufgewacht war, plagte mich ein lästiges Jucken am ganzen Körper. Ich kratzte mich wie ein Verrückter, doch es hörte einfach nicht auf. Es war, als ob tausend kleine Insekten mich auf einmal bissen. Die kurze Rast bei der Lärche nutzte ich, um Nachschau zu halten, was mir diese Höllenqualen bescherte. Da sah ich dann die Bescherung! Mein ganzer Körper war übersäht von roten Flecken. An allen möglichen und unmöglichen Stellen war ich zerstochen. Ich brauchte nicht lange überlegen, was die Ursache für all das war: Die Filzdecken, in die ich mich nachts gewickelt hatte, hatten wohl sämtlichen Flöhen, Läusen, Wanzen und anderem Ungeziefer als Behausung gedient, bevor sie mich als ergiebige Nahrungsquelle entdeckt hatten.

Ich hatte auch nichts mehr, mit dem ich den Juckreiz bekämpfen konnte, denn meine Gastgeber hatte mir bereits alle Medikamente abgebettelt oder sich einfach selbst bedient. So musste ich mich mit meinen Qualen abfinden und versuchen, mich so wenig wie möglich zu kratzen, denn sonst wäre alles nur noch schlimmer geworden.

Wir zogen nun immer weiter bergab, in Richtung *Tal der warmen Winde*. Wie schon der Name sagte, war das Klima dort ein wenig milder als in der restlichen rauen Bergwelt der Taiga. Während das Thermometer anderswo auf mehr als fünfzig Grad unter den Gefrierpunkt fällt, war es dort mit etwa dreißig Grad unter Null schon fast wohlig warm.

Immer wieder fragte ich mich, wie lange dieser harte, aber herzliche Nomadenstamm noch überleben würde. Die Aussichten dafür standen nicht besonders gut, denn wie gesagt, ihre Wanderwege waren derart eingeschränkt, dass es nur noch eine Frage der Zeit war, bis sie wirklich einmal nicht mehr ihr Auskommen fanden. In die Ebene ziehen konnten sie nicht. Die Zivilisationskrankheiten wären für sie tödlich gewesen. Tschadriwal hatte mir einst eine Geschichte erzählt: „Als wir das letzte Mal beim Naadam in der Ebene waren, ist meine Mutter schwer krank geworden. Sie war eben nur an die Höhe gewöhnt und wir alle haben gedacht, dass sie stirbt. Kaum waren wir aber wieder hier in den Bergen, war sie sofort wieder gesund und ist tagelang mit uns durch die Taiga geritten. Meine Mutter ist erst letztes Jahr gestorben, sie war schon sehr alt!“

Bei den verschiedensten Naturvölkern, die ich schon besuchte, hatte ich immer wieder ähnliche Geschichten gehört. Sobald man diese Leute aus ihrer natürlichen Umgebung herausreißt, war das eine Gefahr für ihre Gesundheit, ja sogar für ihr Leben. Abwehrkräfte gegen diverse Viren und Bakterien haben sie einfach noch nicht entwickelt. Eigentlich war es ja bei uns zivilisierten Menschen nicht viel anders – ließe man einen typischen Bürohengst ohne irgendwelche Hilfsmittel allein in der Wildnis zurück, er würde es mit Sicherheit nicht überleben.

All diese Gedanken gingen mir durch den Kopf, während ich auf meinem kleinen Pferd neben dem Tross einher ritt. Mir war indessen aufgefallen, dass die Männer, wenn sie gerade keine Pfeife rauchten, ihren Tabak in Papier wickelten und daraus eine Zigarette formten. Das wäre ja eigentlich nichts besonderes, wenn dieses Papier nicht aus einem Schulheft stammen würde. Bata erklärte mir den Zusammenhang: „Vor Jahren hat die Regierung einmal Schulbücher und Hefte an die Nomaden verteilt. Unterricht haben sie aber keinen bekommen – so hat das Papier wenigstens einen Nutzen.“

Je näher wir dem Tal der warmen Winde kamen, desto reichhaltiger und abwechslungsreicher wurde die Vegetation. Aber auch der Boden veränderte sich zusehends. Die Taiga wurde hier wieder sumpfig und die Pferde versanken mit ihren Hufen im Morast. Jetzt wurde mir endlich klar, warum die Tsaatan die Rentiere den Pferden als Reittiere vorzogen. Durch ihre breiten, spaltbaren Hufe hatten sie natürlich eine wesentlich größere Auftrittsfläche und sanken dementsprechend weniger ein. Für die Pferde wurde der Weg immer mühsamer, den Rentieren machten die widrigen Bedingungen überhaupt nichts aus. Tschadriwal bemerkte, wie sehr sich unsere Tiere quälten und ritt zu mir herüber: „Warum setzt ihr euch nicht einfach auf ein Rentier? Dann könnt ihr eure Pferde schonen. Außerdem – wenn ihr schon mit uns zieht, dann müsst ihr doch wenigstens einmal auf unseren Tieren reiten."

„Aber ich bin noch nie auf einem Ren gesessen."

„Das macht nichts. Ich sage nur den anderen Bescheid."

Am nächsten Rastplatz war es dann so weit. Auch Gambuxu war damit einverstanden, dass meine Begleiter und ich auf Rentieren weiter ritten. Doch als Fremde mussten wir zuvor noch ein Ritual über uns ergehen lassen – schließlich konnte man sich nicht einfach so auf eines dieser edlen Tiere setzen. Wir mussten gereinigt werden. Gambuxu sammelte in der Umgebung ein paar Wacholderzweige zusammen. Diese zündete er dann an. Die Zweige waren frisch und feucht, daher entwickelte sich starker, intensiv duftender Rauch. Mit diesen glimmenden Ästen streifte er dann ganz knapp an unseren Körpern vorbei, insbesondere an unseren Allerwertesten und unseren Beinen. Dazu murmelte er irgendwelche Formeln und Gebete, denn es war eine heilige Handlung. Sinn der Sache war aber eigentlich, dass wir als Fremde natürlich einen anderen Geruch hatten als die

Tsaatan und uns die Tiere daher nicht auf ihrem Rücken dulden würden. Durch das starke Aroma des Rauchs wurde unser „Gestank" ganz einfach überdeckt und die Tiere haben uns als Reiter anerkannt.

Nachdem diese Zeremonie, die natürlich der ganze Stamm genauestens beobachtet hatte, beendet war, bekamen wir unsere Rentiere. Jetzt erst waren wir würdig, auf ihnen zu reiten. Zunächst war es schon ein sehr eigenartiges Gefühl, auf diesem doch recht kleinen Tier zu sitzen. Mein Ren wankte seltsam hin und her, als wir dann weitergingen. Ich dachte, es würde jeden Augenblick unter mir zusammenbrechen, doch nach einiger Zeit gewöhnte ich mich an die Schaukelei. Es war dann recht angenehm, da die Rentiere sich viel ruhiger bewegten als unsere Pferde.

Das nächste Nachtlager sollte beim Zusammenfluss des *Cha Chum* und des *Kultis* eingerichtet werden. Wir waren noch etwa eine Stunde von diesem Ort entfernt, da stoppte plötzlich der ganze Tross. Was war geschehen? Ganz hinten sah ich einige Männer schnell von ihren Tieren springen. Auch ich war neugierig und ritt zurück. Ein Rentier war offenbar unter seiner schweren Last zusammengebrochen. Blut lief ihm aus den Nüstern und aus dem Maul. Der Besitzer des Tieres machte kurzen Prozess und erlöste es von seinen Leiden. Ich glaube, er war nicht ganz unglücklich darüber, dass er einen Grund bekommen hatte, das Ren zu schlachten und auch dic anderen Tsaatan machten durchwegs fröhliche Gesichter. Schließlich bedeutete das ja, dass es nach langer Zeit endlich wieder frisches Fleisch geben würde. So war es dann auch. Im Lager wurde es ausgeweidet und verarbeitet. Es gab kein einziges Stück Fleisch, das nicht irgendeine Verwendung fand. Auch das Fell wurde natürlich feinsäuberlich abgezogen und die Knochen den Hunden vorgeworfen.

Im Tal der warmen Winde

Obwohl ich jetzt doch schon einige Zeit mit den Tsaatan zusammenlebte, entdeckte ich immer wieder Dinge in ihrem Leben, die mir neu waren. So fiel mir beispielsweise erst jetzt auf, dass sie den Eingang ihrer Zelte immer nach Osten, also in Richtung der aufgehenden Sonne, ausrichteten. Außerdem durfte man in den Urts kein Wasser verschütten, denn das brachte Unglück. Aus Unwissenheit verstieß ich dann auch beim Verzehr des Rentieres gegen die doch recht strenge Etikette. Anstatt es mit dem Messer abzuschaben, nagte ich das Fleisch gleich direkt vom Knochen. Ein unerhörtes Benehmen! Sogar die Kinder zeigten mit dem Finger auf mich, den Fremden, der nicht einmal wusste, wie man ordnungsgemäß ein Rentier verspeist.

Gambuxu hatte beschlossen doch noch einen Ruhetag einzulegen. Diese Pause und vor allem die erste sättigende Mahlzeit seit einiger Zeit tat uns allen gut, nur die Rentiere fanden hier noch nicht genügend Futter. Weit verstreut ästen sie die ganze Umgebung ab. Einige von ihnen fraßen jetzt sogar Gras, was an sich ganz und gar nicht ihrem natürlichen Verhalten entsprach.

Ein höllisches Pochen im Kopf machte mir diesen Tag zur Qual, doch meine Tabletten waren ja schon längst bei meinen Gastgebern gelandet. Also wandte ich mich jetzt an Tschadriwal und erzählte ihm von meinem Leiden. „Ich komme gleich wieder“, meinte er, drehte sich um und ging in den Wald. Nach einiger Zeit kam er zurück. In der Hand hielt er verschiedene Kräuter, aus denen er mir einen Tee kochte. Das Zeug schmeckte unheimlich bitter – aber es half. Für mich war es einmal mehr der Beweis, dass diese Menschen auf westliche Medizin nicht oft angewiesen waren. Sie wussten sich selbst meist ganz ausgezeichnet zu helfen.

Früh am nächsten Morgen machten wir uns auf zur endgültig letzten Etappe zum Winterlager. Je tiefer wir aus den Bergen hinunter kamen, desto dichter wurden die endlosen Lärchenwälder. Der Boden war immer noch tief, sodass wir auch weiterhin auf den Rentieren ritten. Inzwischen machte es mir schon richtig Spaß, wie ich da so durch die Taiga schaukelte.

Dieser letzte Abschnitt bis zum Tal der warmen Winde war wohl auch der längste, zumindest kam es mir so vor. Die Tiere und auch wir Menschen waren allesamt schon ziemlich schwach, denn die Nahrungsknappheit und die Strapazen hatten uns stark mitgenommen. Lange würden wir wohl nicht mehr weiter können, wenn Tiere und Menschen nicht bald etwas zu essen bekamen. Besonders die Kinder und die älteren Nomaden litten sehr.

Und dann endlich lag es vor uns, das endlos lange und breite Tal der warmen Winde. Es war ein echtes nordisches Paradies, das sich da vor uns auftat. Ich konnte gut verstehen, warum die Tsaatan ausgerechnet hier den langen, harten Winter überstehen wollten. Der Platz vermittelte das Gefühl von Geborgenheit und Schutz vor der tödlichen Kälte der kommenden Monate.

Das Tal hatte seinen Namen zu Recht. Ein richtig warmer Fönsturm pfiff durch die Senke. Jede Familie suchte sich jetzt einen Platz, wo sie ihr Zelt aufbauen wollte. Diesmal gab es richtige Streitereien um die Aufteilung des doch so weiten Tals. Hier mussten sie für die nächsten Monate bleiben und jeder wollte natürlich das schönste Plätzchen. Dabei ging es natürlich vorrangig um die Nähe zur Wasserstelle und zum Rentierpferch. Die Aggressionen gingen sogar so weit, dass sie sich mit Steinen bewarfen und mit Messern bedrohten! Selbst unter den Frauen war die Stimmung äußerst gereizt.

Diesmal dauerte die Errichtung des Lagers länger als sonst. Schließlich musste diesmal auch der gesamte Hausrat ausgepackt werden, was in den Zwischenlagern ja nicht notwendig gewesen war. Ich wartete, bis alle anderen ihre Urts aufgebaut hatten, ehe ich ein wenig abseits auch mein Zelt errichtete. Gerade in dieser aufgeheitzten Atmosphäre wollte ich keinem der Tsaatan in die Quere kommen. Was war plötzlich los mit diesen Menschen, die während der letzten Tage wie Pech und Schwefel zusammengehalten und sich geholfen hatten, wo es nur ging? Drehten sich die Konflikte wirklich nur um die Platzwahl? Es konnte ja nicht sein, dass sich diese Menschen gegenseitig beinahe umbrachten, nur um einige Meter näher beim Flusslauf zu sein. Selbst Gambuxu, den ich immer als den Ruhepol seines Stammes betrachtete, war voll in das seltsame Geschehen einbezogen und warf selbst mit Steinen nach seinem Nachbarn.

Tschadriwal war wieder einmal der einzige Nomade, der in der ganzen Aufregung kühlen Kopf behielt. Ihn fragte ich, was eigentlich wirklich geschehen war. Halb besorgt um seine Stammesbrüder, halb belustigt von ihrem lächerlichen Benehmen erzählte er: „Die Zeltplätze sind nur ein Vorwand für diesen Streit."

„Und was ist dann der eigentliche Grund?"

„Wir haben auf dem Weg drei Hunde verloren."

„Und deshalb schlagen sich deine Leute fast den Schädel ein?"

„Die Hunde sind ein großer Verlust. Wir brauchen sie für die Jagd und um unsere Tiere zu bewachen. Jeder schiebt jetzt dem anderen die Schuld in die Schuhe."

Für mich war das zwar immer noch kein ausreichender Grund für diese Aggressionen, aber ich kannte meine Gastgeber inzwischen gut genug, dass ich wusste, wie leicht sie in Rage gerieten. Im Vergleich zu all den anderen Nichtigkeiten, die schon einen kleinen Lagerkrieg ausgelöst hatten, war dieser Streit durchaus begründet. Aber Tschadriwal warnte mich auch noch eindringlich: „Einige Leute behaupten, dass du und deine Freunde daran Schuld haben, dass die Hunde fort sind und sie Hunger haben. Pass auf dich auf, du weißt ja, wie meine Brüder sind."

„Aber warum? Ich habe ihnen ja nichts getan!"

„Sie meinen, dass ihr Unglück über unseren Stamm gebracht habt. Seit ihr bei uns seid, sind einige Sachen nicht so gut gelaufen. Das Wetter ist zu kalt, die Vorräte sind schon fast am Ende und jetzt sind auch noch die Hunde entlaufen!"

„Aber damit haben wir doch nichts zu tun. Ich habe deinen Leuten alles gegeben was ich habe. Meine gesamten Vorräte, meine Medizin und sogar meine Kleidung!"
„Ich weiß ja, dass du ein Segen für unser Volk bist. Aber du kennst meine Sippe. Sie denken nicht so wie andere Menschen. Tu mir den Gefallen und pass auf."
Nach dieser Überlegung wusste ich, dass es an der Zeit war, die Tsaatan zu verlassen. Was ich für sie getan hatte, war nicht mehr wichtig. Ab jetzt waren ich und meinc beiden Begleiter nur noch unerwünschte Mitesser. Die Vorräte waren ohnehin knapp und wir zehrten auch noch von ihnen. Diesen Menschen zu erklären, dass wir ihnen weit mehr gegeben hatten, als wir ihnen nahmen, wäre sinnlos gewesen. Für sie waren wir von nun an eine Bedrohung ihrer Existenz und damit unerwünscht. Es war ein kleines Wunder, dass sie bis jetzt noch keine offenen Feindseligkeiten uns gegenüber gezeigt hatten.

Die Flucht

Immer mehr Tsaatan schlossen sich der inzwischen verbreiteten Meinung an, dass Mischig, Bata und ich die Schuld an ihrer Misere trugen. Nachdem ich meinen Begleitern von der Unterredung mit Tschadriwal, der mir inzwischen ein lieber Freund geworden war, erzählt hatte, waren wir uns sofort einig: Wir mussten das Lager verlassen, ehe wir endgültig zu den Feinden der Nomaden wurden. Auch Bata hatte natürlich schon länger mitbekommen, dass da irgendetwas im Busch war, denn er verstand ja die Sprache der Tsaatan.

Als die Nomaden sahen, dass wir uns anschickten, unser Gepäck zu ordnen und die Pferde zu holen, kamen fünf Männer auf mich zu und verstellten mir den Weg. Über Bata ließ ich ihnen ausrichten, dass wir sie jetzt wieder verlassen werden. Schließlich hätten wir noch einen weiten Heimweg vor uns und nichts mehr zu essen. Außerdem wollten wir ihnen nicht länger zur Last fallen. Da wir wirklich kein bisschen Proviant mehr unser Eigen nannten, baten wir sie auch, uns doch etwas Gerstenmehl und Dörrfleisch zu verkaufen. Als Bata die Antwort auf seine Bitte vernahm, konnte ich richtig sehen, wie ihm das Blut aus dem Kopf wich. Kreidebleich übersetzte er: „Die sind verrückt. Sie wollen fünfhundert Dollar für das Essen!“ Ich traute meinen Ohren kaum und ließ Bata noch einmal nachfragen, ob er das wirklich richtig verstanden hatte. Ja, sie wollten fünfhundert Dollar. Ich konnte es kaum fassen, dass das die gleichen Männer waren, denen ich alles gegeben hatte, was ich nur irgendwie entbehren konnte! Immer wieder hatten sie mir versichert, dass ich ihr Freund sei und sie mir doch so dankbar wären.

Dennoch war diese horrende Forderung eigentlich nichts Ungewöhnliches. Auf meinen vielen Expeditionen zu den Naturvölkern dieser Erde hatte ich schon oft die Erfahrung gemacht, dass diese Menschen einfach keine Vorstellung vom Wert des Geldes hatten und einfach irgendwelche utopischen Summen nannten, die sie irgendwo schon einmal gehört hatten.

Doch noch nie hatten sie einer solchen Forderung so brutal Nachdruck verliehen, wie es die Tsaatan jetzt taten! Drei der Männer stürzten sich dann plötzlich mit gezückten Messern auf uns! Gerade noch konnte ich einem Stich in meine Brust ausweichen. Ich war froh, dass ich mich auf den Nahkampf recht gut verstand, denn nur so konnte ich meinen Gegner einigermaßen unter Kontrolle halten. Obwohl er noch kleiner war als ich, der ich wahrlich kein Hüne bin, verfügte er über Bärenkräfte. Auch Mischig rang mit einem der Angreifer um sein Leben. Einzig Bata, der mächtige Mongole hatte seinen Mann in Sekundenschnelle überwältigt. Jetzt setzte er diesem sein Messer an die Kehle und befahl den anderen Männern mit donnernder Stimme, sofort von uns abzulassen. Doch diesen war es ganz egal, dass Bata ihren Freund als Geisel hatte – sie versuchten weiter, uns an den Kragen zu gehen!

Erst als Gambuxu und Tschadriwal herbeigelaufen kamen und uns halfen, hatten wir den Angriff überstanden. Gambuxu versetzte allen dreien heftige Faustschläge ins Gesicht. Obwohl er sich während unseres ganzen Aufenthalts nichts davon anmerken hatte lassen, verfügte er offenbar doch über eine gehörige Autorität. Unsere Angreifer nahmen die Schläge des viel schwächeren, alten Mannes ohne ein Wort zu sagen hin und machten sich dann aus dem Staub.

Bata schilderte Gambuxu, wie es zu dem Streit gekommen war. Natürlich war auch das Stammesoberhaupt nicht bereit, uns gratis Verpflegung mitzugeben, er ließ sich aber auf hundert Dollar herunter handeln. In der Mongolei war das immer noch ein Vermögen. Bei sparsamer Lebensweise konnte man mit diesem Geld schon einige Monate auskommen. Doch uns blieb nichts anderes übrig, als diese Forderung zu erfüllen, denn wir konnten den Heimweg nicht gänzlich ohne Proviant antreten.

Wir schieden also nicht gerade als Freunde von den Tsaatan, vielmehr war unsere Abreise eine Flucht. Gerne hätte ich noch einige Zeit bei ihnen verbracht, denn an sich waren sie ein liebenswertes Volk, wenn man nur wusste, wie man richtig mit ihnen umging. Nach diesem Angriff war auch meine Geduld mit ihnen zu Ende, denn wir mussten um unser Leben bangen. Niemand von den Tsaatan, mit denen wir eine so lange Zeit verbracht hatten, fand es jetzt noch der Mühe wert, sich von uns zu verabschieden. Einzig die Frauen und Kinder, die unseren Streit von den Zelten aus beobachtet hatten, winkten jetzt verstohlen hinter den Planen hervor. Ihre Zuneigung uns gegenüber vor den Männern zu zeigen, wäre gefährlich gewesen. Der einzige, der diesen

Mut aufbrachte, war natürlich mein Freund Tschadriwal. Als er vor mir stand, griff er in seine Manteltasche und holte zwei aus Rentiergeweih geschnitzte Figuren aus seiner Tasche. Er reichte sie mir als Abschiedsgeschenk und drückte mich an seine Brust. Ihm und mir standen Tränen in den Augen. Er war der einzige Nomade, zu dem ich wirklich ein freundschaftliches Verhältnis aufgebaut hatte. Während unserer langen Streifzüge durch die Wälder der Taiga waren wir uns sehr nahe gekommen. Es war eine rührende Szene. Ich vergönnte Tschadriwal wirklich, dass sich einst sein Lebenstraum erfüllen würde.

Die Frauen hatten inzwischen schon die versprochene Verpflegung vorbereitet und in die Mitte des Lagers gestellt. Jetzt waren wir endgültig bereit, von diesen sonderbaren Menschen für immer Abschied zu nehmen. Die Zeit mit ihnen war geprägt von vielen freudigen Überraschungen, aber auch von vielen Enttäuschungen.

Auch auf dem Rückweg mussten wir zunächst einen hohen Pass überqueren, was sich als äußerst mühsam herausstellte. Unsere Tiere waren schon schwach und es war wieder einmal bitterkalt. Wir legten weite Strecken zu Fuß zurück, um unsere Pferde wenigstens zeitweise zu entlasten. Doch da stießen auch wir Menschen schnell an unsere Grenzen. Die karge Ernährung der letzten Wochen und die vielen Anstrengungen hatten auch an unseren Kräften gezehrt. Nach dem Pass wurde es dann leichter, denn es ging nur leicht bergab und wir kamen recht gut vorwärts.

Mit melancholischen Gedanken, aber auch erfreulichen und schönen Erinnerungen an die vielen einmaligen Erlebnisse bei den Tsaatan verging der lange Rückmarsch wie im Flug. Dann hatte uns die Zivilisation wieder. Eben noch waren wir in einer der ursprünglichsten Landschaften der Erde gewesen, dann kamen wir auf eine Lichtung und plötzlich standen wir vor einer breiten Straße.

Ich hielt gleich den erstbesten Lastwagen an, der des Weges kam und bat den Fahrer um ein wenig Diesel. Der Mann glaubte seinen Ohren nicht zu trauen, denn was wollte ein Reiter mit Diesel anfangen? Als ich ihm dann aber meine zerstochenen Arme zeigte, lachte er und gab mir gerne ein paar Liter ab. Noch an Ort und Stelle zog ich mich bis auf die Unterhose aus und rieb meinen gepeinigten Körper mit dem Dieselöl ein. Es wirkte Wunder – der elende Juckreiz, der mich schon seit Tagen quälte, ließ sofort nach. Dafür war es jetzt vorbei mit den sanften Düften des Lärchenwaldes. Jetzt stank ich wie eine ganze Tankstelle!

Heimkehr und Rückschau

Bata und ich waren noch einige Tage nach Ulan Bator unterwegs gewesen. Mischig hatte uns schon vorher verlassen, denn wir brauchten die Pferde nicht mehr. Den restlichen Weg hatten wir hauptsächlich mit öffentlichen Verkehrsmitteln, aber auch als Autostopper hinter uns gebracht. In der Hauptstadt angekommen, verabschiedete ich mich auch von Bata, der mir während unserer langen Reise ein lieber Freund geworden war. Er versprach mir, mich irgendwann in Deutschland zu besuchen.

Vor meinem Abflug traf ich mich dann noch mit Hingis, dem Archäologen und erzählte ihm in allen Details von unseren Abenteuern. Von Minute zu Minute war ihm mehr anzusehen, wie sehr er es bereute, dass er daheim geblieben war. Dann erzählte ich von Surin, seinem Freund, der uns so feige betrogen hatte. Hingis war schockiert: „Ich habe immer gedacht, dass er in Ordnung ist. Ich habe schon viel mit ihm zusammen erlebt und er war immer zuverlässig. Es tut mir leid, dass du wegen mir solche Probleme bekommen hast. Wenn sich der noch einmal unter meine Augen traut kann er was erleben!“

Der arme Mann war wirklich sehr betrübt, dass einer seiner Freunde unser Vertrauen missbraucht hatte. Es half auch nichts, als ich ihm versicherte, dass ich den Vorfall schon fast vergessen hatte und dass sich jeder einmal in einem Menschen täuschen kann.

Es war unglaublich, aber mein Flug ging pünktlich. Mit dem Zoll hatte ich diesmal keine Probleme, da ich außer den Fotos und den zwei Rentierfiguren, die mir Tschadriwal zum Abschied geschenkt hatte, keine Souveniers dabei hatte. Bei meiner letzten Mongolei-Expedition hatte ich ja erbittert darum gekämpft, dass ich die Dinosaurier-Eier, die ich damals gefunden hatte, mit nach Deutschland nehmen durfte. Schon eine Stunde, nachdem mich Hingis am Flughafen abgeliefert hatte, saß ich im Flugzeug nach Frankfurt.

Meine Sitznachbarn rümpften allesamt die Nase. Ich hatte mich inzwischen zwar schon längst geduscht, aber offenbar war das Dieselöl auf meiner Haut immer noch zu riechen. Verzweifelt und besorgt suchten sie nach einer Ursache für diesen Gestank. Als ich ihnen klar machte, dass es kein Leck war, das den strengen Geruch verbreitete, sondern nur ich, lehnten sie sich wieder entspannt zurück.

Wohlbehalten zu Hause angekommen denke ich auch noch heute oft an die Zeit, die ich mit den wilden, unbezähmbaren Tsaatan, einem der letzten Naturvölker der Erde, verbracht hatte. Die meisten der Gerüchte, die über sie im Umlauf waren, stimmten zumindest zum Teil. Sie waren schmutzig, ungepflegt, anarchistisch, brutal und unberechenbar. Doch sie waren auch ehrlich, sanftmütig, intelligent und liebenswert. Jede ihrer schlechten Eigenschaften hatte aber auch ihren Grund.

Den Tsaatan nachzusagen, sie hätten kein Sauberkeitsempfinden, war nicht fair. Natürlich konnten sie den Sauberkeitsvorstellungen eines zivilisierten Menschen nicht entsprechen, doch als dreckig würde ich sie deshalb noch lange nicht bezeichnen. In den harten Wintern beispielsweise war es für sie beinahe unmöglich, sich zu waschen, wenn sie nicht erfrieren wollten.

Nichts als ein Vorurteil ist auch die Aussage, die Tsaatan wären anarchistisch und zu keiner Ordnung bereit. Es mag schon stimmen, dass sie sich nicht unseren Gesetzen beugen, doch das liegt ausschließlich an ihrem Freiheitsdrang. Es ist eben unmöglich, einen echten Nomaden seßhaft zu machen und zu sozialisieren. Innerhalb ihres Stammes folgen sie aber sehr wohl allen Regeln des Zusammenlebens. Allein die Arbeitsteilung innerhalb der Familien sucht seinesgleichen. Und ich kenne nur wenige sogenannte zivilisierte Völker, in denen die Gleichberechtigung der Geschlechter derart ausgeprägt ist wie bei den Tsaatan. Diese Emanzipation ist auch ein absolutes Muss, denn in der rauen Wildnis war das Überleben ohne diesen Zusammenhalt nicht möglich.

Einen Vorwurf, den ich mit bestem Willen nicht entkräften kann, ist jener, dass die Tsaatan brutale und aggressive Menschen sind. Ihre Umgangsformen sind rau und für den Außenstehenden neigen sie zu sinnloser Gewalt. Doch diese schlechte Eigenschaft hat ihre Ursache im harten Alltag der Nomaden. Ein gefühlvoller Mensch würde mit den Strapazen des außerordentlich harten Alltags sicher nicht lange zurechtkommen. Die Leute mussten hart sein, um in ihrer menschenfeindlichen Umgebung zu überleben. Schwäche zu zeigen bedeutet für sie den Untergang. In der Wildnis gibt es keinen Platz für Gefühle. Nicht ganz unschuldig an ihrem brutalen Verhalten war auch der Alkohol, den erst die Zivilisation zu ihnen gebracht hat.

Auch ihre Skepsis gegenüber Fremden ist durchaus verständlich – schließlich wurden sie über Jahrzehnte hinweg brutal verfolgt und werden in der Mongolei auch heute noch als Menschen zweiter Klasse angesehen. In ihrer Heimat, der Taiga aber, da sind sie diejenigen, die anderen Menschen einiges voraus haben und das lassen sie Fremde auch spüren.

Trotz aller Entbehrungen und Probleme, mit denen sie zu kämpfen haben, besitzen die Tsaatan aber auch eine Vielzahl guter Eigenschaften. Da wäre zum Beispiel ihre Ehrlichkeit – nie ist es mir passiert, dass mich einer von ihnen belogen hätte. Und sie zeigen jedem, ob sie ihn mögen oder nicht. Falsche Freundschaft und ähnliche Heucheleien kennen sie nicht.

Zudem können sie treue Freunde sein, wie mir Tschadriwal bewiesen hatte. Es mag schon sein, dass sie in ihrem Verhalten unberechenbar sind, in ihrer Freundschaft sind sie es jedenfalls nicht. Bewundernswert ist auch der Gemeinschaftssinn, der sich immer dann entwickelt, wenn er gebraucht wird. An und für sich bleiben die Tsaatan ja lieber unter sich, wenn es aber sein muss, halten sie alle zusammen.

Es ist jedenfalls unfair, sie abzuurteilen, bevor man einige Zeit mit ihnen gelebt hat. Wie bei jedem anderen Volk auch macht man mit ihnen positive und negative Erfahrungen. Ihr soziales System passt vielleicht nicht in unsere Gesellschaft, doch es passt hervorragend in die Taiga. Wenn ich mich dann in unserer hochtechnisierten und ach so zivilisierten Welt umsehe, wo wir an allen Ecken und Enden die Natur ausbeuten, sie verschmutzen und sogar vergiften, meine ich, dass uns die Tsaatan ein gutes Vorbild sein könnten – sie leben nicht von der Natur sondern mit der Natur.

Möglicherweise war es die letzte Generation dieses unbekannten Volkes, mit der ich durch die Taiga ziehen durfte. Die Tsaatan sind vom Aussterben bedroht und zwar stärker, als jede Tierart. Jahr für Jahr werden es weniger, die den Kampf ums Überleben aufnehmen. Die Verlockungen der Zivilisation werden immer größer und vor allem die jungen Leute sehnen sich verständlicherweise nach einem einfacheren Leben, an dem sie Tag für Tag etwas zu essen haben und sich nicht darum sorgen müssen, dass sie erfrieren.

Der zweite Grund für die eklatante Gefährdung der Tsaatan besteht, wie gesagt, seit die Russen die Grenze dicht gemacht haben. Damit wurden die Nomaden ihrer Lebensgrundlage beraubt. Nicht nur, dass die Nahrung für ihre Tiere knapp wurde, sie werden auch ihre Waren wie Felle und Rentierfleisch nicht mehr los, da sie keinen Zugang zu den Märkten haben. Auch die Krankheiten, welche die zivilisierte Welt ins Land geschleppt hat, sind für die Naturmenschen oft tödlich. Manchmal sterben sie schon an einer einfachen Infektion, die unsereiner noch nicht einmal bemerkt. Sie verfügen über hervorragende Abwehrkräfte gegen die

Gefahren der Natur, gegen jene, die ihnen der Mensch bringt, haben sie jedoch nicht die geringste Chance. Die Tsaatan sind ein Opfer der Zivilisation. Anstatt ihren Lebensraum weiter einzuengen, was ihre endgültige Vernichtung bedeuten würde, sollten Schutzmaßnamen ergriffen werden, um die Ausrottung ihrer hochinteressanten Kultur zu vermeiden.

Auch wenn ich bei den Tsaatan viele Enttäuschungen erleben musste, im Endeffekt konnte ich sogar noch viel von ihnen lernen. Sie brauchen keinen Luxus, um glücklich zu sein. Ihnen genügt das Nötigste zum Leben und ihr höchstes Gut ist die Freiheit. Doch wie lange werden sie diese Freiheit noch haben? Immer wieder versucht die Regierung, die Nomaden seßhaft zu machen, doch das wäre ihr endgültiger Untergang. Sie kommen mit den Zivilisationskrankheiten nicht zu recht und ihr Wandertrieb würde sie für immer unglücklich machen. Sie passen nicht in unser System und unser System passt nicht zu ihnen. Sie sind die Nomaden der Taiga.

Wahre Lebensweisheit
besteht wohl darin,
im Alltäglichen
das Wunderbare zu sehen.

Schorsch Kirner

Wandern auf den Spuren König Ludwigs II., Klettern im Wilden Kaiser wie einst Anderl Heckmair oder heutzutage Stefan Glowacz, Eisgehen wie es Edmund Hillary in Österreich vor seiner Erstbesteigung des Mount Everest erlebt hat, oder auf sagenhaften Spuren von Hinterstein nach Hohenschwangau wandern. In den Berg-Sommerbildern schildern prominente Kenner der Berge ihre Erlebnisse.

132 Seiten, 30 farbige Abbildungen,
ISBN 3-88881-021-3, 1995, € 20.35

Verlag Tobias Dannheimer Kempten